U0838314

国家『十三五』重点图书出版规划项目
老年友好城市系列丛书

驯服“灰犀牛”
养老服务全产业链研究

TAME THE GREY RHINOCEROS
Research on the Whole Industry Chain of Eldercare Services

顾严 著
GU Yan

同济大学出版社
TONGJI UNIVERSITY PRESS
·上海·

前言

人口老龄化是一个世界性现象，给经济社会发展带来一系列“灰犀牛”式的风险挑战。与日益增加的老年人口和逐步凸显的养老需求相比，我国养老服务供给总体上还比较短缺，同时结构性供求失衡问题亟待破解。目前，养老服务大多处于微利或亏损的状态，内生增长动力不足，供给侧扩张和提质与需求侧发展和升级之间的良性循环尚未形成。对于积极应对人口老龄化来说，服务短缺恰是中国养老领域最大的“灰犀牛”，对相关风险有着多米诺骨牌效应，也成为阻碍老年友好城市建设的最大障碍之一。必须积极应对这一问题，在推进中国式现代化的进程中拓宽养老服务发展的路径，为老年友好城市建设提供最具基础性的服务支撑，进而为适应人口老龄化提供更加有效的解决方案。

本书提出了一种新的思路，将养老服务的人群从老年人拓展为以老年期为重点的全龄人群，将居家养老、社区养老、机构养老等全方式贯通起来，将企业、社会组织、政府等全主体协同起来，将国民经济全行业以养老服务环节为主导跨界融合起来，进而形成养老服务全产业链。这一思路与老年友好城市建设的思路是高度契合的。推动与养老服务全产业链相匹配的制度设计、政策优化和监管创新，有利于持续释放养老服务新供给，不断满足多层次多样化养老服务需求，真正驯服人口老龄化带来的最大“灰犀牛”，不仅可以促进养老服务行业自身的发展，而且还能助力新发展格局的构建，实现老年友好城市的目标。按此逻辑，通过逐一剖析养老照护、老年健康、老年文教、养老金融、老年用品制造、养老建筑等重点细分领域，进一步彰显了跨界融合对养老服务发展的重要性、必要性和迫切性。

本书详细分析了人口老龄化背景下养老服务短缺所带来的多米诺骨牌类“灰犀牛”风险，系统回顾了我国养老服务业的发展历程，通过大量的案例和详实的数据评价了养老服务全产业链各维度、各环节的现状和问题，并尝试提供在政策上较为实用的建议和对业界具有可操作性的方案。全书共分为 10 章：第 1 章探讨了人口老龄化的原因及风险类型；第 2 章重点论证了服务短缺问题是养老领域最大的“灰犀牛”；第 3 章对中国养老服务业的政策探索进行了回溯；第 4 章对新时代十年我国养老服务业的发展特别是迎来的历史性重大机遇作出分析；第 5 章探讨了与老年友好城市相契合的全产业链养老服务的框架体系；第 6 章对养老服务最核心的环节——养老照护进行了分析；第 7 章探讨了与养老照护服务联系紧密的医养结合、医养融合、健康养老、康养产业等老年健康服务；第 8 章从生命历程的视角分析了老年教育和旅居养老等老年文教服务；第 9 章重点对不时呈现出快速发展态势的养老金融、老年用品制造、养老建筑等细分行业提出了慢下来的思路和建议；第 10 章立足老龄化与现代化相伴随的观点和养老服务全产业链的视角提出了完善涉老政策的具体举措。

本书的出版拓展丰富了养老服务研究的思路和视野，对于养老服务领域的理论与实践具有鲜明的探索性，对于实现老年友好城市的目标具有重要意义。我们由衷希望，通过各界的共同努力，全产业链的养老服务能够使得人口老龄化带来的“灰犀牛”得到有效驯服，能够有力促进全社会在迈向现代化的同时动态适应老龄化，让每一位老年人、每个人的老年期都拥有更加充实、更有保障、更可持续的获得感幸福感安全感。

目录

第 1 章
人口老化：人类的追求和工业革命的必然

老年人口占总人口比重上升，即人口老龄化的进程，在人类历史的长河中曾经非常缓慢，只是从近现代以来才显著加速。看似忽然变“老”，实际上是工业革命带来生活水平提高、营养和医疗卫生条件改善后的必然。随着预期寿命延长、死亡率下降，老年人口必然增加。人口转变中的另一个重要变量——生育率的下降，进一步加速了老龄化。从风险类型上看，老龄化不是没有预料就突然出现的“黑天鹅”，而是早就存在却突然发动攻击的“灰犀牛”。

1.1 老龄化是"黑天鹅"风险吗

73 岁的退休法官萧成杉老先生，每天上午都到家附近的万寿公园打拳。不是老年人常打的太极拳，而是年轻人那种比较激烈的擒拿格斗拳。他一天走 60 里路是小菜一碟，甚至可以一掌把和他发生争执的小伙子劈倒在地。他拒绝承认自己老了，拒绝女儿给他请陪护。他给自己制订了一个 15 ～ 20 年的写作计划，要写三本大部头的法律著作，总计两三百万字。计划启动后，他每天坚持写作 5 个小时。万万没想到，只不过一个多月的工夫，萧老先生就突发大面积心梗，昏倒在地，被送到医院抢救，还做了搭桥手术。他这才清醒地意识到，要动手对付衰老这个东西了。

这位主人公和这些情节，来自"中国首部全面关注老龄社会的长篇小说"《天黑得很慢》[1]。我们身边有许多人，包括现在或将来的自己，其实都和"萧老先生"惊人地相似——不认老、不服老，但似乎一夜之间，就不得不开始面对无法逆转的衰老。就像个人忽然才意识到自己变老了一样，整个社会的老龄化好像也是突然发生的。

在人类漫长的历史中，变老曾经是一种奢侈。据考证，公元前 1 万年，当新石器文明从近东和埃及开始扩散的时候，人类的平均预期寿命只有 20 岁；到了相传耶稣出生的时候，人们经过了上万年的努力，才把预期寿命提高到 22 岁；1750 年，这个数字也只上升到了 27 岁[2]。

直到 20 世纪 50 年代，世界平均的预期寿命也只有 40 多岁（图 1-1），能活过 60 岁的人还不到总人口的一半（图 1-2）；而最近几年，人类的平均预期寿命已经超过了 70 岁，超过八成的人能活过 60 岁；即便是低收入的国家和地区，人的平均寿命也达到了 60 岁以上，有大约七成的人寿命超过 60 岁。公元前的上万年时间里，人类社会一直很年轻。在公元纪年开始后的近两千年后，世界依然不老。然而，就在 20 世纪向 21 世纪递送接力棒的时刻，人类迎来了老龄化社会——65 岁及以上年龄的人口占总人口的比重达到了 7%[3]。就在同一

1 周大新 . 天黑得很慢 . 北京：人民文学出版社，2018.

2 利维巴茨 . 繁衍：世界人口简史 . 北京：北京大学出版社，2005：27.

3 United Nations, Department of Economic and Social Affairs, Population Division. World Population Prospects 2019.

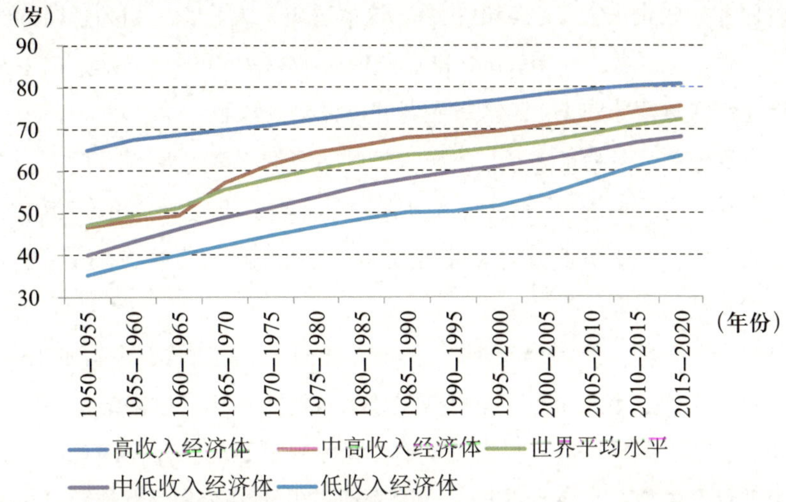

图 1-1　按世界银行收入组划分的出生时预期寿命

资料来源：United Nations, Department of Economic and Social Affairs, Population Division. World Population Prospects 2019.

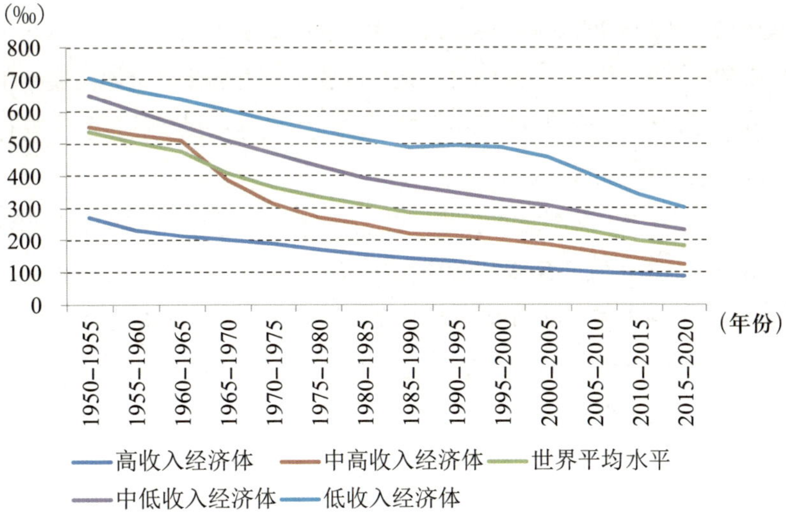

图 1-2　按世界银行收入组划分的 60 岁以下人口死亡率

资料来源：United Nations, Department of Economic and Social Affairs, Population Division. World Population Prospects 2019.

个时段，中国也进入了老龄化社会。这似乎更令人吃惊，因为那时的中国还是一个低收入国家，人均 GDP 排在全球后 1/3 的位置[4]，可是人口老龄化的程度已经接近全球前 1/3，未富先老的特征十分鲜明。

世界惊呼：老龄化来了！中国人惊呼：我们未富先老了！

老有什么可怕的？16 世纪末出版的一本收录 20 首作品的诗集《热情的朝圣者》中，有十多首被后人推测为莎士比亚之作，其中一首鲜明地对比了老年和青年的迥异（专栏 1-1）。

对个人来说，衰老影响到生活的方方面面。不能工作，没有了工资收入，需要靠养老金、个人储蓄、家庭成员或者政府的转移支付来维持生活。身体功能衰弱了，很多事情变得力不从心，做家务甚至洗澡都有困难。同时，心理上难免产生被社会抛弃的担心，因为现实生活中不会用点餐和打车 App、不敢碰电子银行和手机支付、不能看过于刺激的电影和电视节目、不被欢迎或不被允许参加一些社会活动等，产生被排斥的感觉。

对整个社会来说，老龄化的影响同样是多方面的。老年人越来越多，年轻人越来越少，经济发展所需要的劳动力资源越来越紧缺。当劳动力的平均年龄增高到一定程度后，劳动生产率开始下降。劳动力从量和质两个维度，双双压低潜在经济增长率。与老龄化相伴随，储蓄率也会下降，进而引起资本积累和投资的放缓；与此同时，社会的创新活力弱化，拖累全要素生产率的提升。虽然也有一些反例，但老龄化总体上会导致经济的下行，是目前多数文献所表明的观点。

来得如此突然，影响如此巨大，并且远超人们预料，这样的风险事件被称为“黑天鹅”。在风险管理专家纳西姆·尼古拉斯·塔勒布（Nassim Nicholas Taleb）的畅销书《黑天鹅：如何应对不可预知的未来》中，欧洲被卷入世界大战、1987 年股市大崩盘、“9·11”事件等罕见、影响巨大却几乎不可预测的事件，都被视为“黑天鹅”[5]。

4 顾严．且富且老：中国养老困局与治理出路．北京：中国财政经济出版社，2017.

5 塔勒布．黑天鹅：如何应对不可预知的未来．北京：中信出版社，2011.

专栏 1-1 《热情的朝圣者》第十二首

Crabbed age and youth cannot live together;
难缠的老年与青年，怎能同日而语；
Youth is full of pleasance, age is full of care;
青年人满心欢喜，老年人满心忧虑；
Youth like summer morn, age like winter weather;
青年人似夏日朝阳，老年人如冬日寒霜；
Youth like summer brave, age like winter bare.
青年人似夏之繁华，老年人如冬之凋敝。
Youth is full of sport, age's breath is short;
青年人生机勃勃，老年人气喘吁吁；
Youth is nimble, age is lame;
青年人敏捷矫健，老年人步履蹒跚；
Youth is hot and bold, age is weak and cold;
青年人热情勇敢，老年人虚冷羸弱；
Youth is wild, and age is tame.
青年人狂野奔放，老年人顺从乏味。
Age, I do abhor thee; youth, I do adore thee;
老年，我厌恶你；青年，我羡慕你；
O, my love, my love is young!
哦，我的爱人，我的爱人正年轻！
Age, I do defy thee: O, sweet shepherd, hie thee,
老年，我蔑视你：哦，亲爱的牧羊人，你走吧，
For methinks thou stay'st too long.
因为我觉得你已待得太久。

1.2 工业革命与寿命延长

很多人在谈论老龄化的时候，都把它看作“黑天鹅”类的风险，就像忽然发生了一场火灾，似乎人们也是忽然变老的。虽然人类寿命的持续快速提高是一个近现代现象，但长寿是上万年来人们孜孜以求的梦想。中国有嫦娥偷灵药、彭祖不老的传说，也有秦始皇求仙药炼丹药、汉武帝铸造承露盘等历史记载；希腊神话中奥林匹斯山上的鸽子运送的神之酒；北欧神话中由春之女神掌管的金苹果都能让人长生不老；日本神话中的人鱼肉则让人获得永生。

在现实中营养和医疗卫生条件的改善帮助人们不断提高寿命，经济发展则是幕后英雄，人类寿命持续较快地延长与人均产出的持续较快增长，几乎同时启动于18世纪中后期。工业革命的爆发，不仅带来了经济的显著增长，而且极大提升了寿命增加的速度。著名的经济史学家安格斯·麦迪森（Angus Maddison）开创性地估算了超长时间序列的跨国人均GDP数据，发现以发达国家为代表的很多经济体都是在工业革命前后开始出现持续的经济增长（图1-3）。与此同时，平均预期寿命也开始持续、快速地增加（图1-4）。

不少研究分析了经济增长与寿命增加之间的关系。比如塞缪尔·普雷斯顿（Samuel Preston）的系列研究分析了几十个国家的数据，发现平均预期寿命与

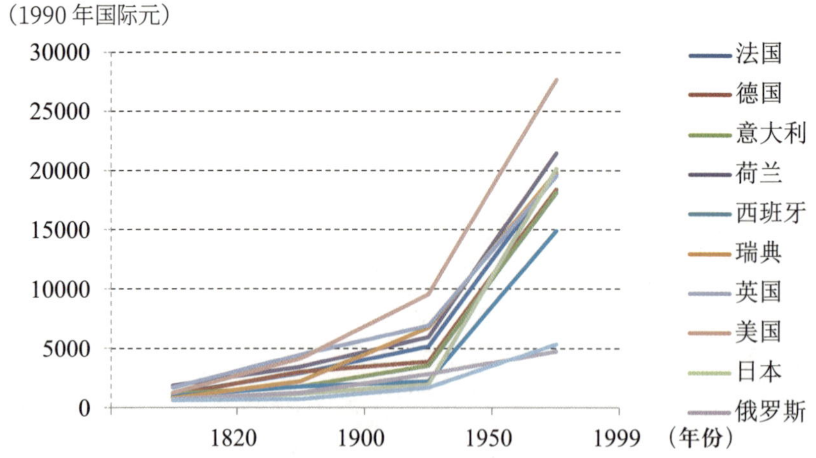

图1-3 工业革命与人均国内生产总值的持续快速增长
资料来源：麦迪森．世界经济千年史．北京：北京大学出版社，2003.

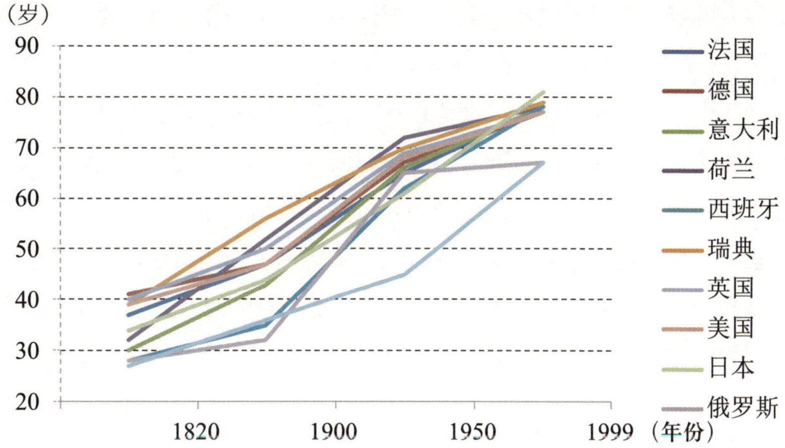

图 1-4　工业革命与平均预期寿命的持续快速增加
资料来源：麦迪森 . 世界经济千年史 . 北京：北京大学出版社，2003.

对数人均国民收入的相关系数高达 0.88 以上，表明经济发展能够很大程度上解释平均预期寿命的延长。拉多 · 鲁齐卡（Lado T. Ruzicke）也进行了类似的分析，发现亚太地区 13 个发展中国家的男性平均预期寿命与对数人均国民生产总值的二者相关系数为 0.6；他还分析了日本、澳大利亚、新西兰、新加坡、中国香港 5 个发达经济体的数据，计算出男性平均预期寿命与对数人均国民生产总值的相关系数为 0.82，人均国民生产总值的差别可以解释这些发达经济体之间平均预期寿命差别的 67% 以上。

人口学家通常把出生率和死亡率由高转低的现象称作人口转变（Demographic Transition），经济学家也对人口转变的现象进行了解释。比如乔治 · 斯托尼茨（George Stolnitz）将工业化国家出生率、死亡率由高到低的转变过程同经济发展联系在一起，认为发达国家在经济的持续发展中，从以农业为基础的经济模式转变为以工业化、城市化为基础的经济模式，人口与自然资源之间的关系发生了变化。与之相伴随，高出生率和高死亡率也转变为低出生率和低死亡率。他还指出，更低的死亡率使得家庭不需要生育太多孩子以保持过去的家庭规模，死亡率的下降在一定程度上也会导致生育率的下降。

资深的医疗卫生研究者，托马斯 · 麦基翁（Thomas McKeown）及其合作者们也认为，在导致欧洲国家死亡率下降的诸多因素中，最主要的是农业、工业革命触发的经济发展，以及随之而来的生活水平上升和营养水平改善。在死亡率下降的同时，平均预期寿命也不断延长。

经济发展通过改进健康带来死亡率下降和预期寿命延长的效应，不仅在宏观层面得到了理论解释，在微观层面也有研究的支持。这方面比较有特色的一项成果来自保罗·舒尔茨（Paul Schultz）。他用联立方程设计了一个“健康生产函数”，在固定了社区层面的价格、工资、相关计划和项目、环境条件等外生变量后，发现个人或家庭的健康投入、健康状况对死亡率有着十分显著的影响。尽管遗传方面和环境方面存在着个人或家庭无法改变的影响健康的因素，但人们能够通过健康投入来对个人健康予以“补偿”，进而降低疾病发病率以及死亡率（专栏 1-2）。

当然也有研究试图提出反例，对死亡率的“经济决定论”进行质疑。比如安斯利·科尔 (Ansley Coale）和埃德加·胡佛（Edgar Hoover）就发现，不少低收入的国家和地区，包括亚洲的斯里兰卡、马来西亚以及拉丁美洲、加勒比海地区的一些经济体，在工业经济比较落后、农业经济仍然作为主导产业的情况

专栏 1-2　经济发展与死亡率降低、预期寿命延长的理论解释

乔治·斯托尼茨、托马斯·麦基翁等：工业化、城市化增强了人们获得和利用资源的能力，提高了生活水平，改善了营养状况，进而降低了死亡率，同时提高了预期寿命。

安斯利·科尔和埃德加·胡佛：经济发展有利于医疗、公共卫生及环境的改善，不仅能为这些领域的改善计划提供更好的物质条件，而且能创造更容易接受的社会观念，医疗卫生和环境的改善使得死亡率下降。

保罗·舒尔茨：个人或家庭收入的增加可以用于更多的健康投入，以弥补遗传和环境方面无法改变的对健康的影响，进而改善健康状况，降低死亡率，延长预期寿命。

下，也出现了死亡率的迅速下降，而且下降的速度明显超出预期。他们认为，经济发展尽管是死亡率下降的充分条件，但已经不再是必要条件，尽管经济发展一定能够带来死亡率的下降，但是经济以外的因素也可以使死亡率降低，也就是说死亡率的降低并不完全依赖于经济发展。第二次世界大战以后，之所以非常普遍地出现了低收入国家死亡率的迅速下降，除了经济发展以外，还有以下四个因素发挥了十分重要的作用：一是抗生素药物增强了人类治愈感染性疾病的能力；二是杀虫剂的开发和应用提升了食物的安全性；三是公共卫生机构效率的提高；四是低成本环境卫生设施的发明和应用。在经济社会发展水平没有巨大变化的条件下，医疗、公共卫生和环境的明显改善也能促使死亡率降低。实际上，这些因素能起作用，是因为经济已经发展到一定水平，能够为医疗卫生和环境的改善提供更为有利的物质条件。随着工业化、城市化和现代化不断推进，人们在医疗卫生和环境方面进行理念更新、技术更新、财力投入，死亡率进一步下降、预期寿命进一步延长是可期的。

当渴望长寿的主观愿望遇到了它的实现条件，人类的寿命开始持续快速地延长，老年人口必然会不断增多，老年人口占总人口的比重即老龄化率就有了源源不断的上升动力。

1.3 生育率下降导致老龄化加速

生育率的下降使老龄化的进程加速。20 世纪 50 年代，从全世界看，一名育龄妇女在整个生育期平均孕育 5 个活产儿；20 世纪 70 年代，这个数字降到 4 个以下；到了 20 世纪 90 年代，进一步下降至 3 个以下（图 1-5）。高收入国家总和生育率的下降发生得更早，低收入国家要晚一些，但都出现了类似的过程。从 20 世纪 50 年代至今，世界平均的粗出生率也被“腰斩”，与总和生育率的变化高度一致（图 1-6）。

对于生育水平的下降，经济学界也进行了大量的研究。其中，开创性的研究可以回溯到哈维 · 莱宾斯坦（Harvey Leibenstein）。他运用边际分析方法，从养育孩子的成本与效用的视角，对家庭规模进行分析。莱宾斯坦把增加孩子所得到的效用分为三种：一是消费效用，指将孩子看作消费品，父母从孩子本身直接得到的效用；二是经济效用，指将孩子看作生产资料，当孩子成长为劳

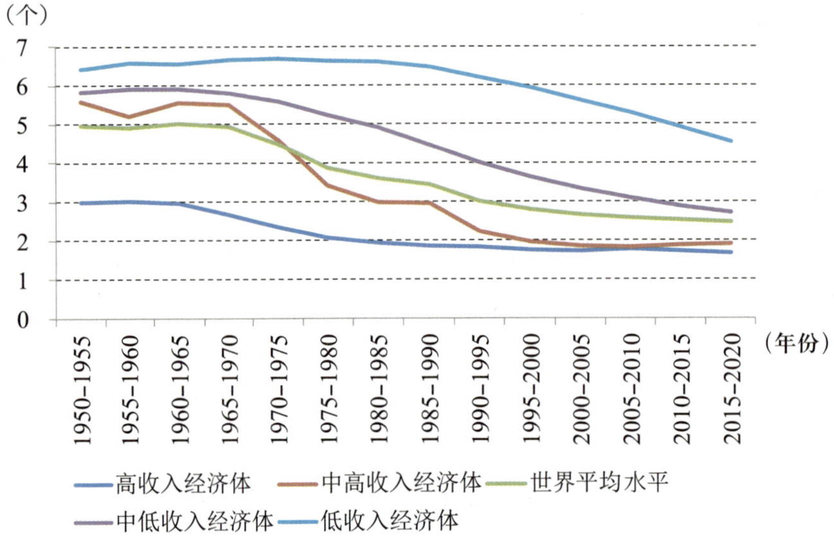

图 1-5 按世界银行收入组划分的总和生育率（活产儿数 / 育龄妇女数）

资料来源：United Nations, Department of Economic and Social Affairs, Population Division. World Population Prospects 2019.

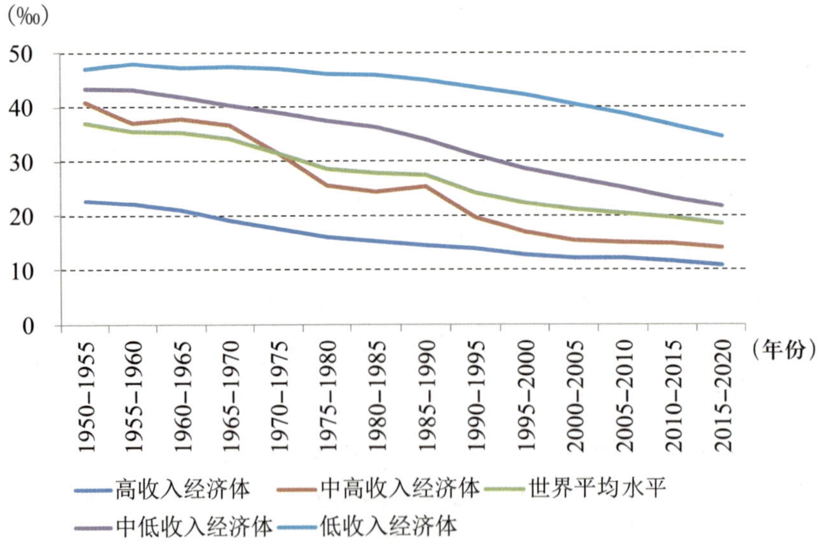

图 1-6 按世界银行收入组划分的粗出生率

资料来源：United Nations, Department of Economic and Social Affairs, Population Division. World Population Prospects 2019.

动力之后，父母从孩子的劳动或收入中间接得到的效用；三是潜在的保障效用，指将孩子看作社会保障，特别是养老保障，当父母进入老年阶段后，期望孩子能给予生活保障而得到的效用。家庭收入与养育孩子的成本呈正相关关系：收入较低的家庭，父母对孩子的投入较少，养育孩子的成本较低；当家庭的收入增加时，养育孩子的直接成本和间接成本双双上升。父母要维持一定水平的收入和效用，只有考虑减少生育孩子的数量。

加里 · 贝克尔（Gary Becker）在莱宾斯坦分析的基础上，运用消费者行为理论，从孩子数量与质量相互替代的角度，对生育率的决定进行了更进一步的阐释。他在分析父母选择生育孩子的数量和质量时，把孩子看作一种“耐用消费品”。通过一个效用函数或一组无差异曲线，对孩子带来的效用和其他物品带来的效用进行比较。效用函数和无差异曲线的形状是由对孩子数量和质量的选择决定的，而选择又受家庭的宗教信仰、民族、父母的年龄等因素影响。贝克尔认为，孩子的数量与质量之间具有明显的替代关系。在发达国家，父母对孩子质量的重视强于对孩子数量的重视，即宁愿选择孩子数量较少而质量较高，而不愿意选择孩子数量多而质量低。因此，随着家庭收入的提高，家庭选择生育孩子的数量会降低（专栏 1-3）。

理查德 · 伊斯特林（Richard Easterlin）及其合作者运用供求理论进一步扩展了对生育率的经济学分析，将影响生育率的因素从家庭自身扩展到家庭以外的经济社会环境，将家庭收入等经济因素扩展到医疗卫生、教育、家庭计划（计划生育）等非经济因素。伊斯特林认为，除了父母收入等直接影响孩子生育与养育的经济变量以外，在现代化的过程中，家庭以外的经济社会变量，也对孩子的养育与生育需求有着较大影响，主要有以下五个方面：第一，医疗和公共卫生领域的技术发明与改进，会提高妇女的自然生育率，同时会提高婴儿的存活率；第二，教育的发展，特别是正规的学校教育、义务教育，会减少生育需求，受教育程度越高的父母需要的孩子越少；第三，城市化带来节育的便利和低成本，也使人们减少生育需求；第四，新产品的涌现会改变青年夫妇的消费偏好，减少生育需求；第五，家庭计划（计划生育）政策的推行，如节育宣传活动、为节育者提供的低于市场价格的服务等，也会使生育率降低。综合来看，现代化会导致生育需求发生深刻变化，引发“生育率革命”，即伴随着经济和社会的现代化出现生育率从高到低的转变，人类的再生产行为从一种自然的生育体

专栏 1-3 经济发展与生育率降低的经济学解释

哈维·莱宾斯坦：运用成本效用比较分析揭示，家庭的收入与养育孩子的成本呈正相关关系，与孩子带来的消费效用、经济效用以及潜在的保障效用相权衡，收入增加带来成本增加，进而引起生育率下降。

加里·贝克尔：对于父母来说，孩子是“耐用消费品”，孩子的数量与质量之间存在替代关系，父母对孩子质量的重视强于对孩子数量的重视，因此收入越高，生育孩子的数量越少。

理查德·伊斯特林：家庭以外的经济社会因素对生育行为有显著影响，医疗卫生的改善会提高生育率，但教育、城市化、家庭计划等会降低生育率。

朱利安·西蒙：家庭收入在增加之初，养育孩子能力的提升带来生育率上升；但从长期看，人均国民收入的增加带来教育水平的提高、城市化的发展、避孕技术的普及等，进而使生育率降低。

系向夫妇实施家庭规模审慎控制的体系转变。

朱利安·西蒙（Julian Simon）将收入区分为个体的家庭收入和宏观的人均国民收入，认为前者对生育率的影响是短期的，后者的影响是长期的。从短期来看，个人或家庭收入的增加，带来养育孩子能力的增强，有提高生育率的作用。而从长期来看，人均国民收入的提高促进了教育水平的提高，推动了人口从农村迁往城市的城市化，这些因素却会导致生育率的持续降低。西蒙还区分了收入对发展中国家和发达国家的不同影响。对于发展中国家来说，尤其是传统的以农业为主的环境中，在收入增加的初期，家庭认为自身有能力抚养更多的孩子时，收入的提高会直接带来生育率的上升。但从长期看，收入增加带来受教育水平的提高、城市化率的上升、孩子健康水平的提高和预期寿命的增长、避孕技术的普及等，进而使生育率出现下降。对于发达国家来说，城市化和工业化起步比较早，人均收入水平已经较高，伴随着收入的进一步提高，生育率在较长时期内都呈现下降的趋势。

人类寿命越来越长，却生得越来越少，结果一定是老年人口占总人口的比重不断上升。

1.4 优先处置多米诺类“灰犀牛”事件

世界经济论坛全球青年领袖协会的成员米歇尔 · 渥克（Michele Wucker）把本来应该看到却没有看到的危险称为灰犀牛事件[6]。老龄化是人类追求长寿、减少生育的必然，当然是可以预期的，并非那种事先无法预料的“黑天鹅”，所以是“灰犀牛”。“黑天鹅”与“灰犀牛”都是影响巨大的，但前者是低概率的、难以预知的；后者却是高概率的、可以预防或准备的，就像一只真正的灰犀牛，体型巨大，动辄数吨重，如此醒目，不应该被忽视。但现实中确有大量的案例表明，对于那些有很高发生概率、破坏性极强的灾难，人们竟然看不到，也没能阻止，如安然公司的垮台、英国退出欧洲货币机制、2008 年国际金融危机以及之后的希腊债务危机，都提前出现过明显的征兆，却被人们有意无意地忽视了。

面对“灰犀牛”式的风险，米歇尔 · 渥克梳理出来的失败做法通常是：第一阶段，否认危险，或者弱化其危险性；第二阶段，承认风险，却采取拖延战术；第三阶段，在寻找解决方式时，相互指责和推诿；第四阶段，“灰犀牛”发动攻击时，惊慌失措；第五阶段，灾难发生后，亡羊补牢式的补救。

如果把对于老龄化的认识和行动放在上述框架中来审视，令人不寒而栗的是，我们可能在相当大的程度上已经复制了失败做法的前三个阶段，并且正在第四个阶段面临重蹈覆辙的风险。

法国人口学家阿尔弗雷 · 索维（Alfred Sauvy）在他的《人口通论》中曾经讲过：“在现代一切现象中，人口老龄化现象是最无可怀疑的，最易于衡量的，其后果是最有规律的，最易于在事前预测的，又是最有影响的[7]。”转换成渥克的语言，老龄化是人类社会最大的一头“灰犀牛”。当我们认真分析老龄化的影响后会发现，它会带来一系列风险挑战。老龄化可不只是一头“灰犀牛”，而是一群“灰犀牛”。

---

6 渥克 . 灰犀牛：如何应对大概率危机 . 北京：中信出版社，2017.

7 转引自党俊武 . 老龄社会的革命：人类的风险和前景 . 北京：人民出版社，2015.

1950年，全世界60岁及以上老年人口只有2亿人，占总人口的比重约8%；2020年，生活在地球上的60岁及以上老年人首次突破10亿人，占世界人口的比重达到13.5%；到21世纪中叶，全球老年人口会超过20亿人，这个规模相当于1950年世界总人口的80%，同期老龄化率会超过21%；到21世纪末，全球老年人口规模和占比将分别超过30亿人和28%[8]。

中高收入经济体的老龄化速度最为惊人。这些经济体的人口老龄化程度在20世纪50年代时落后世界平均水平约1个百分点，到21世纪初就超过了世界平均水平，到21世纪末还将追上高收入经济体（图1-7）。

中国作为中高收入经济体的一员，同时也是世界上老年人口最多的国家，快速的老龄化进程改写了全球老年人口的格局。按照60岁及以上老年人口的比例，近70年，中国的老龄化率从7.4%提高到18.1%[9]，平均每十年提高1.6个百分点。同一时期，世界的老龄化率从8%提高到13.5%[8]，平均每十年提高0.8个百分点。中国的老龄化速度是世界的2倍！在中华人民共和国成立之初，全国有4100万左右的60岁以上老年人口，占全球老年人口的比例约为1/5。2019年，我国老年人口超过2.5亿人，占全球的老年人口比例已经接近1/4。70多年来，中国先后经历了低收入、中低收入、中高收入的发展阶段，有望在“十四五”或“十五五”时期跨越世界银行设定的高收入经济体门槛水平。可以说，中国处在哪个收入组别，那个组别的经济体就对世界老年人口的增加作出重大贡献。

21世纪中叶，中国60岁及以上人口的总规模将达到4.8亿人的历史峰值，老年人口占比将达到35%左右，比目前的水平要再翻一番，而且此后仍然会持续提高（图1-8）。当我国建成富强、民主、文明、和谐、美丽的社会主义现代化强国之时，每3个中国人中就有1位是老年人。老龄化与现代化相生相伴，也会相互作用。老龄化对中国经济社会发展的影响是长期的、巨大的、持续的。

联合国在20世纪50年代就曾分析过人口老龄化对经济和社会的影响，很多结论到今天仍然成立。在十多年前的一份报告中，联合国经社理事会人口司再次重申：“人口老龄化是深刻的，给人类生活的所有方面都带来重大后果和

8 United Nations, Department of Economic and Social Affairs, Population Division. World Population Prospects

9 国家统计局 . 养老产业统计分类 2020：国家统计局令第 30 号 .

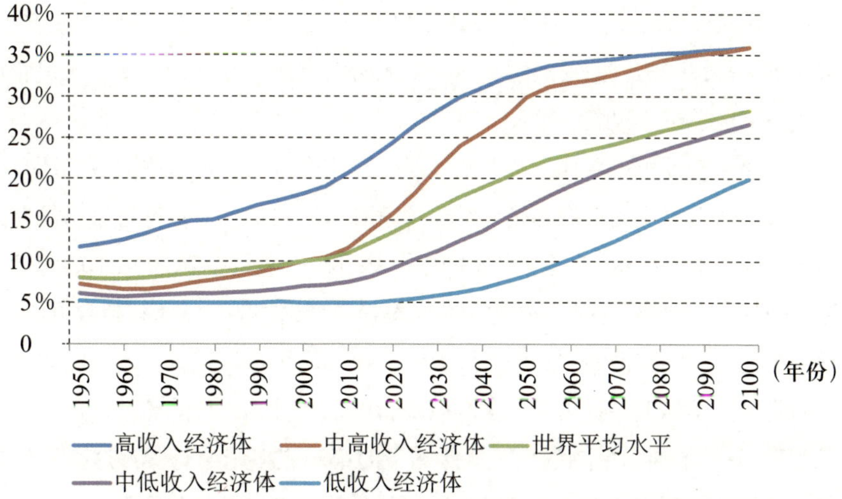

图 1-7 按世界银行收入组划分的老龄化率

资料来源：United Nations, Department of Economic and Social Affairs, Population Division. World Population Prospects 2019.

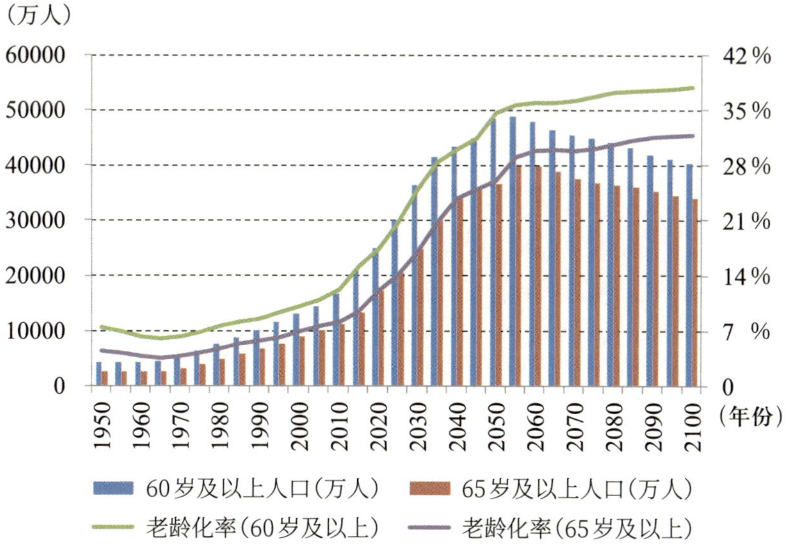

图 1-8 中国人口老龄化进程

资料来源：United Nations, Department of Economic and Social Affairs, Population Division. World Population Prospects 2019.

影响。在经济领域，人口老龄化影响经济增长、储蓄、投资、消费、劳动力市场、养老金、税收和代间转让。在社会领域，人口老龄化影响家庭构成和居住安排、住房需求、移民趋势、流行病学和对保健服务的需求。在政治领域，人口老龄化可能决定选举模式和政治代表。”

每一条影响都可以看作一头“灰犀牛”，体型巨大，但似乎离我们还有很远的距离。然而真实的情况却是：它们早就盯上了我们，一旦冲过来，没有准备的我们只能坐以待毙。在众多“灰犀牛”中，哪一头最应该引起我们的警觉？在渥克列举的九大类“灰犀牛”中，有一类是多米诺式的，它不仅自身很危险，而且会催化、加剧其他的“灰犀牛”风险。比如次级抵押贷款，本身就埋藏了重大的隐患，再加上金融机构松懈的风险管理以及普遍出现的流动性危机，最终导致了 2008 年国际金融危机。就像倒下的第一张多米诺骨牌，这类风险是最应该被优先处理的。哪一头才是人口老龄化的多米诺类“灰犀牛”？后文将逐一来分析风险或者负面影响逐一来分析。

第 2 章
服务短缺：养老领域最大“灰犀牛”

老龄化引起的一系列经济社会风险，都具有“灰犀牛”性质，影响巨大且显而易见，但在风险发动攻击以前貌似平和。人口不断老化，使劳动力减少，劳动生产率、储蓄率和投资率下降，进而导致经济增长放缓。面对沉重的养老金和医疗负担、越来越捉襟见肘的税源、愈发紧张的代际平衡关系，家庭和社会有被压垮的可能。在诸多风险中，有一个多米诺类的“灰犀牛”风险——养老服务短缺。它就像倒下的第一张多米诺骨牌，会触发甚至加剧其他多个重大风险。对它的优先解决，有助于缓解其他“灰犀牛”的威胁。因此，在应对人口老龄化风险中，养老服务的发展起着至关重要的作用。

2.1 延迟退休能缓解劳动力减少吗

老龄化对经济增长的负面影响，主要通过两个机制发生作用，一方面是劳动力的减少和劳动生产率的下降，另一方面是储蓄率或投资率的下降。

正规就业、拥有养老金的劳动者达到法定退休年龄时，通常会退出劳动力市场。非正规就业、没有养老金的劳动者则大多在达到一定年龄、身体机能下降到一定程度后，不再继续工作。因此，老龄化使得劳动力减少、劳动参与率降低。长期来看，经济增长是靠要素供给的增加及要素效率的提升实现的，劳动力、资本、土地、技术等是关键要素。老龄化对劳动力要素产生抑制，进而抑制经济增长。

国际金融危机后的十年间，即2009—2018年，经济合作与发展组织（OECD，以下简称经合组织）30多个成员国的年均国内生产总值增长率与年均劳动年龄人口（15—64岁）增长率之间，呈现出显著的正相关关系（图2-1），二者的相关系数接近0.5。其中，有两个国家的情况非常典型：一个是土耳其，这个国家劳动年龄人口的年均增长率在1.5%以上，在OECD国家中数一数二，它实现了年均5%以上的经济增长，是OECD国家中最快的；另一个是希腊，该国的劳动年龄人口过早地出现了较大幅度的负增长，平均每年净减少0.7%以上，

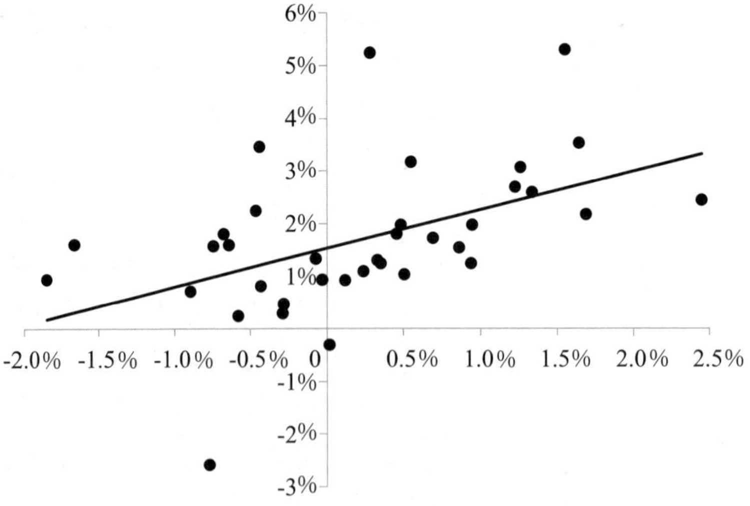

图2-1 经合组织成员国劳动年龄人口增长（横轴）与经济增长（纵轴）的关系
资料来源：OECD数据库. https://stats.oecd.org.

它的经济平均每年缩水的幅度在两个百分点以上，是 OECD 国家中最糟糕的。

日本是 OECD 国家中老龄化程度最高的，同时也是全球年龄结构最老的国家。根据日本国家人口与社会保障研究所（National Institute of Population and Social Security Research in Japan）预测，日本 15—64 岁劳动年龄人口在 2013 年降至 8000 万人以下，2027 年和 2039 年分别进一步下降至 7000 万人和 6000 万人以下，2051 年将跌破 5000 万人，2067 年将跌破 4000 万人，到 21 世纪末将只有不到 2500 万人；65 岁及以上人口占总人口的比重目前已超过 28%，2024 年将超过 30%，2038 年和 2061 年将先后突破 35% 和 40%，到 2076 年少儿人口和老年人口之和将超过劳动年龄人口，整个日本的人口抚养压力达到历史新高度（表 2-1）。

在老年人口持续增加的同时，劳动年龄人口的持续减少，给日本经济带来了超长时期的下行压力。根据《OECD 经济展望 2019》（*OECD Economic Outlook 2019*）预测，2030—2050 年期间，该组织成员国总体的 GDP 年度实际增长率将从 1.86% 小幅提升到 1.94%；其中，美国从 1.79% 升速至 2%，升幅是平均水平的 2 倍以上，但日本的经济增长率不升反降，将从 1.27% 减速至 1.12%（图 2-2）。此外，欧元区的实际经济增长率将从 1.44% 显著提升到 1.84%。可见，发达国家的经济增长仍然具有长期的可持续性，但日本却面临完全不一样的形势——增长动力持续弱化。

为了应对劳动力的减少，同时也缓解养老金支出的压力，延迟退休成为不少国家的公共政策选项。比如美国实行弹性退休的制度，提前退休会导致养老金“打折”，延迟退休则能够领到额外的“奖励”，以此激励人们自主选择延迟退休。

一个 1937 年出生的人，他的正常退休年龄是 65 岁。他可以选择 62 岁即提前 3 年退休，但只能领到正常退休养老金的 80%（假定正常退休后可领取 15 年即 180 个月，提前 3 年即 36 个月领取，待遇降低 1/5，表 2-2）。如果他选择推迟 5 年退休，到 70 岁才开始领取养老金的话，可以得到正常退休养老金的 132.5%（假定正常退休后可领取 15 年即 180 个月，推迟 5 年即 60 个月领取，待遇提高约 1/3）。

像美国这样允许一定程度的自愿选择、渐进式的退休制度还是比较少见的，大部分国家实施的都是“一刀切”的退休制度——规定一个退休年龄，达到这个法定的年龄并且满足缴费年限的要求才能领取养老金。在 OECD 国家中，除土耳其以外，男性的退休年龄最低为 61 岁（韩国），最高为 67 岁（冰岛、以色列、

表 2-1 日本人口总量和年龄结构变化展望

年份	人口规模（万人）				人口结构		
	总人口	0—14 岁	15—64 岁	65 岁及以上	0—14 岁	15—64 岁	65 岁及以上
2010 年	12805.7	1683.9	8173.5	2948.3	13.1%	63.8%	23.0%
2020 年	12410.0	1456.8	7340.8	3612.4	11.7%	59.2%	29.1%
2030 年	11661.8	1203.9	6773.0	3684.9	10.3%	58.1%	31.6%
2040 年	10727.6	1073.2	5786.6	3867.8	10.0%	53.9%	36.1%
2050 年	9707.6	938.7	5001.3	3767.6	9.7%	51.5%	38.8%
2060 年	8673.7	791.2	4418.3	3464.2	9.1%	50.9%	39.9%
2070 年	7590.4	691.1	3816.4	3082.9	9.1%	50.3%	40.6%
2080 年	6587.5	605.3	3267.0	2715.2	9.2%	49.6%	41.2%
2090 年	5726.9	516.1	2854.0	2356.8	9.0%	49.8%	41.2%
2100 年	4959.1	447.2	2473.3	2038.6	9.0%	49.9%	41.1%

资料来源：日本国家人口与社会保障研究所，2012.

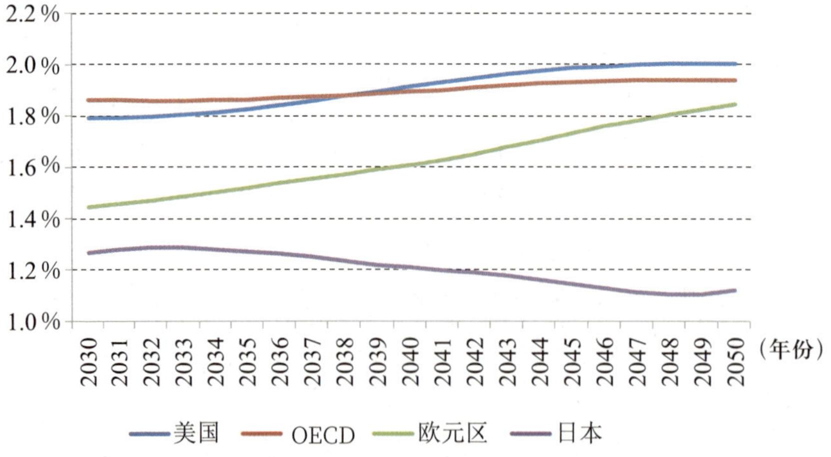

图 2-2 部分经济体 GDP 实际增长率预测
资料来源：OECD. OECD Economic Outlook 2019 .

表 2-2 美国提前退休、正常退休和延迟退休领取养老金比例

出生年份	1937 年及以前	1943—1954 年	1960 年及以后
正常退休 领取养老金	65 岁	66 岁	67 岁
62 岁	80%	75%	70%
63 岁	86.7%	80%	75%
64 岁	93.3%	86.7%	80%
65 岁	100%	93.3%	86.7%
66 岁	106.5%	100%	93.3%
67 岁	113%	108%	100%
68 岁	119.5%	116%	108%
69 岁	126%	124%	116%
70 岁	132.5%	132%	124%

资料来源：美国社会保障局养老金计划（https://www.ssa.gov/planners/）.
注：1938 年出生人口的正常退休年龄为 65 岁 +2 个月，1939 年为 65 岁 +4 个月，以此类推，1942 年为 65 岁 +10 个月，1955 年为 66 岁 +2 个月……1959 年为 66 岁 +10 个月；1933—1934 年、1935—1936 年出生人口延迟退休的养老金水平与 1937 年及以前其他时期出生人口的情况略有不同，70 岁领取养老金的比例分别为 127.5%，130%。

意大利、挪威，表 2-3），平均 64.6 岁；女性最低为 60 岁（奥地利、波兰），最高为 67 岁（冰岛、挪威），平均 63.9 岁。

调整法定退休年龄或延迟养老金领取的政策要实施，是一件很困难的事。此前的法国、韩国、俄罗斯都因此发生过较大规模的示威活动。

尽管法定退休年龄的调整是缓慢的，但 2000 年以来，大部分 OECD 国家实际的退休年龄都在延后。根据 OECD 养老金研究团队的估计，2000—2018 年，男性实际的退休年龄平均提高了 2 岁以上，匈牙利、韩国、新西兰、葡萄牙这四个国家提高了 5 岁以上。大部分（20 个）OECD 国家男性的实际退休年龄超过了法定退休年龄，小部分（16 个）国家男性的实际退休年龄还没有达到法定退休年龄。女性的实际退休年龄在以更快的速度提高，平均提升了近 3 岁，拉脱维亚、葡萄牙提升幅度超过了 5 岁，韩国、新西兰超过 6 岁，土耳其接近 8 岁（表 2-4）。不过，实际退休与法定退休年龄的关系，女性与男性几乎相反——

表 2-3 OECD 成员国法定退休年龄（截至 2018 年）

国家	男性	女性	国家	男性	女性
澳大利亚	65 岁	65 岁	韩国	61 岁	61 岁
奥地利	65 岁	60 岁	拉脱维亚	62 岁 +8 个月	62 岁 +8 个月
比利时	65 岁	65 岁	立陶宛	63 岁 +7 个月	61 岁 +11 个月
加拿大	65 岁	65 岁	卢森堡	62 岁	62 岁
智利	65 岁	65 岁	墨西哥	65 岁	65 岁
捷克	63 岁 +2 个月	62 岁 +8 个月	荷兰	65 岁 +8 个月	65 岁
丹麦	65 岁	65 岁	新西兰	65 岁	65 岁
爱沙尼亚	63 岁 +3 个月	63 岁 +3 个月	挪威	67 岁	67 岁
芬兰	65 岁	65 岁	波兰	65 岁	60 岁
法国	63 岁 +3 个月	63 岁 +3 个月	葡萄牙	65 岁 +2 个月	65 岁 +2 个月
德国	65 岁 +6 个月	65 岁 +6 个月	斯洛伐克	62 岁 +2.5 个月	62 岁 +2.5 个月
希腊	62 岁	62 岁	斯洛文尼亚	62 岁	61 岁 +8 个月
匈牙利	63 岁 +6 个月	62 岁	西班牙	65 岁	65 岁
冰岛	67 岁	67 岁	瑞典	65 岁	65 岁
爱尔兰	66 岁	66 岁	瑞士	65 岁	64 岁
以色列	67 岁	62 岁	土耳其	51 岁	48 岁
意大利	67 岁	66 岁 +7 个月	英国	65 岁	62 岁 +8 个月
日本	65 岁	64 岁	美国	66 岁	66 岁

资料来源：OECD, Pensions at a Glance 2019.

大部分（19 个）OECD 国家女性的实际退休年龄没有达到法定退休年龄，小部分（17 个）则是实际超过法定的退休年龄。

从全球来看，老年人进入劳动力市场的趋势越来越明显。根据国际劳工组织（International Labour Organization）预测，到 2030 年，法定的劳动年龄人口中，65 岁及以上人口的比例会达到 15.3%，比 2015 年上升 4.1 个百分点（图 2-3）；实际的劳动力中，65 岁及以上劳动力的比例将达到 5.3%，比 2015 年提高 1.6 个百分点（图 2-4）。

将劳动年龄人口（理论上的劳动力）的年龄结构与劳动力市场中实际的劳

表 2-4 OECD 成员国有效退休年龄（单位：岁）

国家	男性			女性		
	2000 年	2010 年	2018 年	2000 年	2010 年	2018 年
澳大利亚	62.0	64.5	65.3	59.6	62.7	64.3
奥地利	60.3	59.7	63.5	58.9	57.8	60.8
比利时	58.5	60.6	61.6	57.1	59.0	60.5
加拿大	62.7	63.4	65.5	60.8	62.3	64.0
智利	69.9	69.1	70.0	67.4	67.9	66.7
捷克	61.6	62.3	63.2	58.0	58.9	61.3
丹麦	63.4	64.0	65.1	59.8	61.8	62.5
爱沙尼亚	60.0	65.6	65.5	58.9	63.6	65.7
芬兰	60.2	61.7	64.3	59.8	61.7	63.4
法国	59.0	59.3	60.8	58.6	59.5	60.8
德国	61.0	62.0	64.0	60.3	61.2	63.6
希腊	63.2	61.9	61.7	62.7	60.3	60.0
匈牙利	58.3	60.1	63.4	55.8	58.9	60.0
冰岛	70.3	68.4	68.1	66.4	66.4	65.9
爱尔兰	65.2	63.0	65.6	66.0	64.0	64.1
以色列	66.3	67.6	69.4	64.1	65.0	66.0
意大利	60.4	60.6	63.3	58.4	59.0	61.5
日本	70.1	70.1	70.8	66.2	67.0	69.1
韩国	67.0	71.0	72.3	65.8	69.4	72.3
拉脱维亚	62.2	64.5	65.7	59.6	63.6	64.7
立陶宛	62.1	62.2	64.3	58.3	60.4	63.0
卢森堡	59.7	57.7	60.5	60.3	58.6	61.3
墨西哥	74.5	71.4	71.3	69.6	69.8	66.5
荷兰	60.6	62.9	65.2	58.7	61.4	62.5
新西兰	64.3	65.9	69.8	59.9	65.5	66.4
挪威	64.0	64.1	66.1	63.7	63.8	64.1
波兰	61.6	61.5	62.8	59.2	59.0	60.6
葡萄牙	63.5	66.5	68.5	60.3	64.7	65.4
斯洛伐克	59.3	60.0	61.1	55.8	56.8	59.9
斯洛文尼亚	61.1	61.4	63.1	56.1	58.0	60.1
西班牙	61.6	62.3	62.1	61.8	63.0	61.3
瑞典	63.7	65.4	66.4	62.4	63.3	65.4
瑞士	65.6	65.1	66.4	62.5	63.6	65.0
土耳其	61.6	63.3	66.3	57.0	65.1	64.9
英国	62.5	64.1	64.7	60.9	61.9	63.6
美国	64.8	65.6	67.9	63.7	65.3	66.5

资料来源：OECD. Pensions at a Glance 2019.

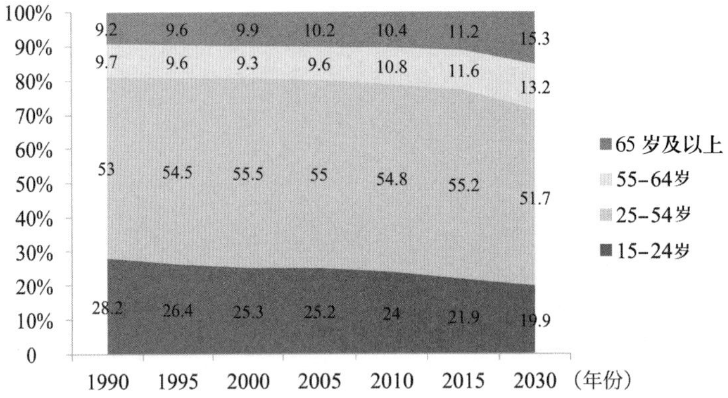

图 2-3　全球劳动年龄人口的年龄结构

资料来源：International Labour Organization, What about seniors? A quick analysis of the situation of older persons in the labour market. ILOSTAT Spotlight on Work Statistics, 2018.

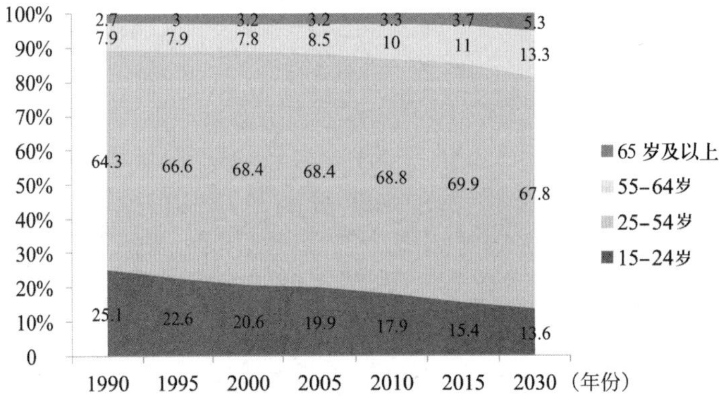

图 2-4　全球实际劳动力的年龄结构

资料来源：International Labour Organization, What about seniors? A quick analysis of the situation of older persons in the labour market. ILOSTAT Spotlight on Work Statistics, 2018.

动力年龄结构进行对比，可以得到一系列发现。首先，15—24 岁的青少年在劳动年龄人口和实际劳动力中的比例持续下降，背后既是生育率下降导致少子化的结果，也是教育发展水平不断提高、受教育年限持续延长的结果。其次，25—54 岁的中青年尽管在劳动年龄人口和实际劳动力中的比重会下降，但仍是主力军，即便到 2030 年，中青年仍然占实际劳动力的 2/3 以上，这一比例远高于其在劳动年龄人口中的占比，说明这部分群体在劳动力市场中是非常受欢迎的，实际的就业率也会比较高。再次，55—64 岁的大龄劳动力占比稳步提高，在理论上和实际中两个比例非常接近，就业竞争力尽管不如中青年，但明显强于老年人。最后，笔者最想强调的是，65 岁及以上的老年人尽管在劳动年龄人口和实际劳动力中的占比明显提升，劳动年龄人口占比甚至超过大龄劳动力，但这两个比例相差过于悬殊，实际劳动力占比只有劳动年龄人口占比的 1/3——老年劳动者就业率非常低。也就是说，延迟退休要对冲劳动力减少的影响，虽然能够在定义上增加劳动年龄人口，却无法在真实的劳动力市场中让增加的这部分老年劳动者都找到工作。

当延迟退休的效应恰好让原本应该退休、现在有意愿并且有能力就业的老年人进入劳动力市场的时候，政策效应是最优的。随着退休年龄的进一步延长，老年劳动者的就业率急剧下降，政策的效应就会大打折扣。

与中青年相比，老年人除了就业更加困难以外，还存在劳动生产率下降的问题，这也会限制延迟退休政策效应的发挥。从美国劳动力市场的情况看，以 2019 年第四季度为例，65 岁及以上年龄的劳动力周薪中位数为 942 美元，比 55—64 岁、45—54 岁、35—44 岁年龄组各低 10% 左右（图 2-5）。美国是市场化程度比较高的国家，薪酬的差异大体上反映了劳动生产率的差异。

早期一项更为严谨的研究，利用《财富》杂志前 1000 位公司长达 15 年、超过 30 万人的数据，测算了从 35—65 岁分年龄、分职位类型的员工生产率，发现超过一定年龄以后，员工的生产率就会随着年龄的进一步增加而不断降低[1]。其中，办公室职员和销售人员的最高生产率出现在 45 岁，当他们 65 岁时，生产率分别下降至最高水平的 1/4 和 1/5 左右；经理人的最高生产率出现得更早，在 41 岁，当他们 65 岁时，生产率甚至会降为负值，绝对值相当于最高水平的 1/3 左右（图 2-6）。

对 1950—1990 年 OECD 国家面板数据的一项研究，也分析了人口年龄结构对生产率的影响。研究者在加入人力资本后的扩展的索罗模型基础上，采用面板混合、固定、随机效应以及工具变量 GMM 估计等计量方法，得出了类似的

1 Kotlikoff L. Estimating the Age-Productivity Profile Using Lifetime Earnings. NBER Working Paper, 1988.

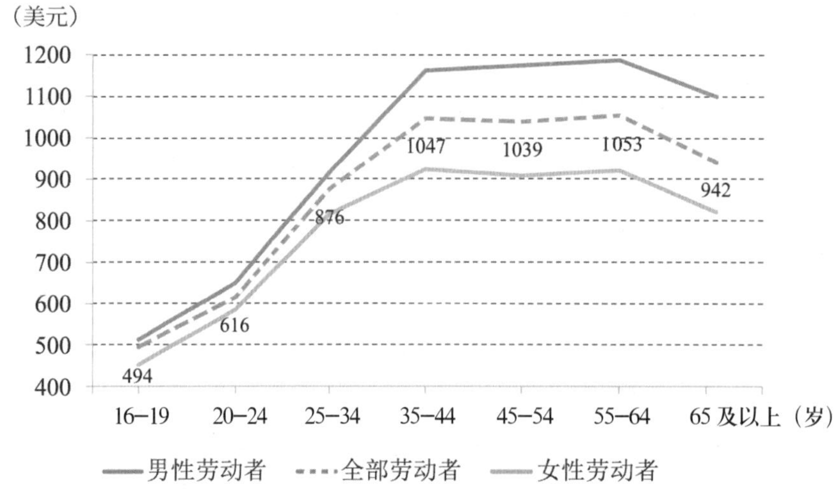

图 2-5 美国 2019 年第四季度分年龄组的周平均薪酬
资料来源：美国劳动统计局 . https://www.bls.gov/news.release/wkyeng.t03.htm

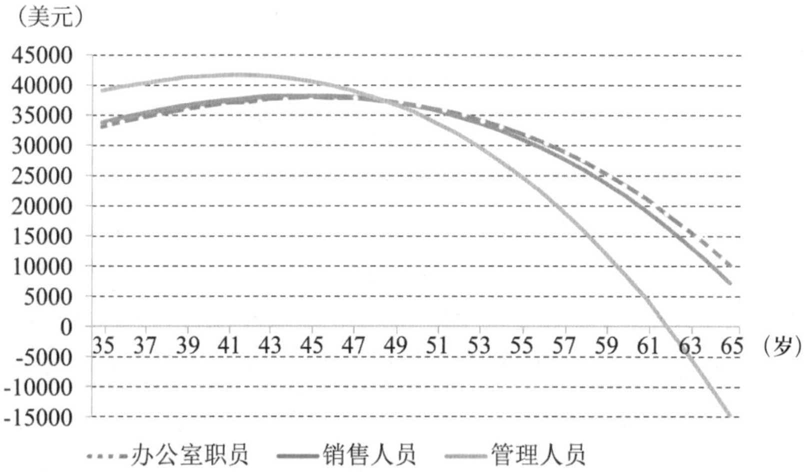

图 2-6 美国的年龄—劳动生产率曲线（男性）
资料来源：Kotlikoff L. Estimating the Age-Productivity Profile Using Lifetime Earnings. NBER Working Paper, 1988.

结论：生产率与年龄结构之间呈驼峰形态的关系。具体来说，15—29 岁年龄段人口对生产率的影响是负的，30—49 岁年龄段劳动力的增加有利于生产率的增长，50—60 岁年龄段劳动者对生产率贡献最大，65 岁以上人口对生产率影响为负。

我国的情况也大体如此。对我国东部和西部城市地区劳动生产率与年龄关系的测算表明，60—64 岁年龄组的劳动生产率比全部劳动力的平均水平低 22% ～ 26%；平均来看，退休年龄每延迟 1 岁，整体的劳动生产率会下降 5 ～ 6 个百分点[2]。另有一项研究以历次人口普查、1% 人口抽样调查的数据为样本，将劳动人口的年龄结构引入生产函数，利用嵌套了劳动人口年龄结构 CES 的柯布—道格拉斯函数，估计了中国的“年龄—劳动生产率”曲线，发现 30—44 岁的中青年劳动者边际劳动生产率最高，15—29 岁青年劳动者次之，45—64 岁中老年劳动者的边际劳动生产率为负值[3]。同样也可以说明，中老年人在劳动力市场中的数量增加，将导致整体劳动生产率的下降。

所以，延迟退休的政策不是万能的，而是有边界的，大龄劳动力和老年劳动力的就业率、劳动生产率决定了政策效应能在多大程度上进行发挥。在大龄和老年劳动力就业非常困难、生产率极其低下的条件下，延迟退休对于增加劳动力供给不会有积极作用，相反还会有负面影响。

比延迟退休更为重要的，是能够帮助大龄、老年劳动者就业并保持一定生产率的服务，包括公共就业服务、继续教育和技能培训服务、帮助保持或提高身心健康状况的服务、工作场所便利等。

服务不仅能够在更大程度上对冲老龄化的“退出效应”，即劳动力在进入老年阶段以后退出劳动力市场的影响，而且可以对冲“挤出效应”——随着老年人口特别是高龄、失能人口不断增加，家庭照料持续加重，中青年劳动者由于需要照顾家庭成员中的老年人，参与经济活动的时间被挤占，甚至不得不退出劳动力市场[4]。显而易见的是，便捷可及、专业化的养老服务有助于减轻家庭照料的压力，一方面使家庭成员能够回归劳动力市场，另一方面也能创造出新的就业岗位，为劳动参与率的提升创造条件。

应对人口老龄化对劳动力供给造成的负面冲击，延迟退休不是必要条件，有利于减缓就业率和劳动生产率下降的服务才更为有效，而且是必要条件。

2 顾严 . 实施延迟退休须满足四组先决条件 . 中国发展观察，2015（10）.

3 汪伟，刘玉飞，徐炎 . 劳动人口年龄结构与中国劳动生产率的动态演化 . 学术月刊，2019，51（8）.

4 周祝平，刘海斌 . 人口老龄化对劳动力参与率的影响 . 人口研究，2016，40（3）.

2.2 储蓄率下降与养老服务新动能

按照新古典经济学的索罗模型，经济增长是由劳动力、资本、技术等要素驱动的。人口老龄化通常与劳动年龄人口占比的下降以及其总规模的减少相伴，这是比较确定的。因此从劳动力的角度看，老龄化会降低潜在的经济增长率。储蓄率是决定资本积累的关键变量，一般来说，储蓄率越高，资本积累就越快，从而经济增长的速度也越快（图 2-7）。然而，人口老龄化对储蓄率的影响，却存在争议。

不同的理论可以推导出老龄化影响储蓄率的不同判断。

从生命周期理论看，老龄化会降低储蓄率、提高消费率。弗兰科 · 莫迪利安尼（Franco Modigliani）和他的研究生理查德 · 布伦伯格（Richard Brumberg）在 20 世纪 50 年代提出了这个关于支出的理论：给定每个人一生中可利用的资源，人们会对每个年龄段的支出作出理性选择[5, 6]。生命周期理论假定在儿童阶段和老年阶段都没有收入、只有支出，劳动年龄阶段有收入，但不能完全用于支出——因为必须考虑偿还儿童阶段的消费负债，并为老年阶段的消费支出进行储蓄。从开始工作到退休前的劳动年龄阶段，是储蓄不断增加、财富不断积累的阶段；退休后的老年阶段，则是储蓄不断被消耗、财富不断减少的阶段（图 2-8）。在不考虑遗产的情况下，到生命最后一刻将财富消耗殆尽，是一个人的最优选择。

老龄化意味着处于储蓄时期的人口比例降低、处于负储蓄时期的人口比例上升，因此全社会的储蓄率会下降、消费率会上升。在考虑遗产的情况下，储蓄率的下降会扣除遗产部分，消费率的上升也会扣除这一部分，但并不影响老龄化使储蓄率下降、消费率上升的总体趋势。

不少实证研究支持了生命周期理论。20 世纪 60 年代的一项研究将居民储蓄看作收入、老年抚养比和少儿抚养比的函数，利用 74 个国家的横截面数据验证了人口抚养比和储蓄率的关系，结果表明，老年抚养比和少儿抚养比都与

5 Deaton A. Franco Modigliani and the Life Cycle Theory of Consumption,2005.

6 Modigliani, F. Life Cycle, Individual Thrift, and the Wealth of Nations. American Economic Review, 1986,76(3).

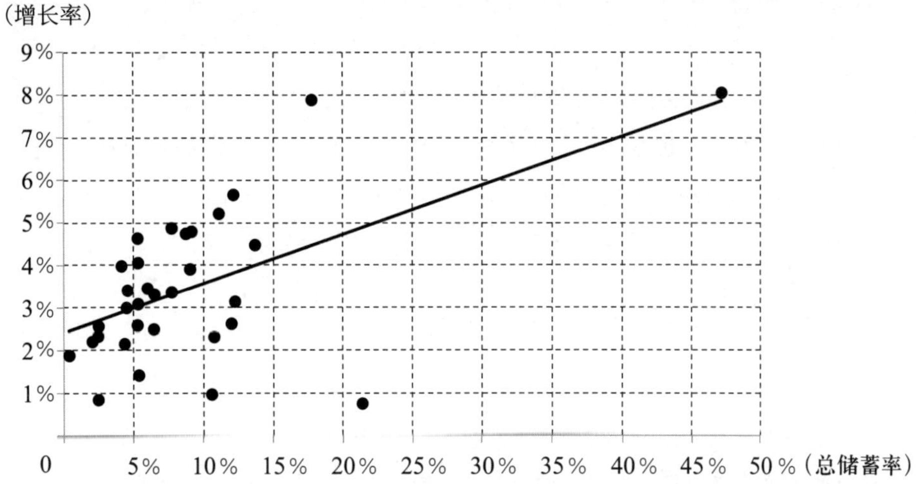

图 2-7　部分国家 2015 年 GDP 名义增长率与总储蓄率
资料来源：OECD. OECD Economic Outlook 2019.

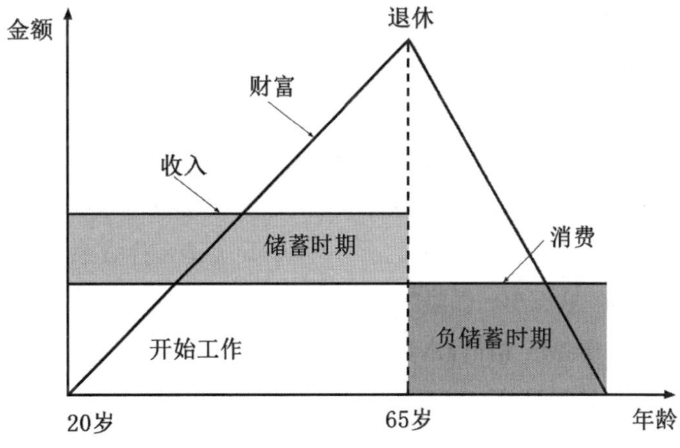

图 2-8　莫迪利安尼生命周期假说
资料来源：www.economicshelp.org.

储蓄率负相关，老年抚养负担的上升会对国民储蓄率产生显著的负向影响。由于储蓄率与消费率之和是 100%，人口老龄化在降低储蓄率的同时，也导致消费率的提高。20 世纪 90 年代的一项研究利用上百个国家和地区 1950—1989 年的数据进行估计，也得出老年抚养比的上升对储蓄带来不利影响的结论，此外还会负面影响投资。世纪之交的一项研究基于对全球 102 个国家和地区的大样本数据分析发现，如果老年抚养比上升 3.5%，国民储蓄率将会下降 2%。21 世纪的一项研究利用跨国大样本数据进行分析，发现老年抚养比上升 1 个百分点，将使国民储蓄率下降 0.54 个百分点；其中，亚洲国家的样本显示出更大的老年负储蓄效应——老年抚养比上升 1 个百分点，会带来国民储蓄率 1.2 个百分点的下降。莫迪利安尼与合作者对中国的实证研究表明，生命周期理论不仅适用于发达国家，还适合于发展中国家，随着人口抚养比的提高，中国的居民储蓄率逐渐下降，同时消费率逐渐上升。

然而，从预防性储蓄理论看，老龄化却会提高储蓄率、降低消费率。我们所处的环境充满不确定性，一个审慎的人为了备不时之需，通常会减少一部分当前的消费，用于应对不确定性风险，因而产生了一部分额外的储蓄——预防性储蓄。美国消费金融调查显示，90% 以上的人或多或少会有储蓄，36% 以上的人会为紧急和意外情况进行预防性储蓄，32% 以上的人会为退休和养老而储蓄（表 2-5）。

不确定性上升，预防性储蓄增加。伴随老龄化进程的深化，寿命在延长，负储蓄时期也变得更长，退休后的养老、医疗等开支明显增加，进而引发更多的预防性储蓄。所以，老龄化也有增加储蓄、降低消费的效应。利用王朝效用函数世代交替模型的一项研究表明，预期寿命的延长会带来更长的、退休后的老年期生活，为了保持老年期的消费水平不下降，工作期就需要更多的储蓄，这会带来储蓄率的上升。另一个理论模型分析了预期寿命提高带来的加总效应，发现预期寿命的提高会使每一个年龄阶段的人群都提高储蓄率，从而带来更高的总储蓄率。

有实证分析支持了预防性储蓄理论关于老龄化会提高储蓄率的观点，例如一项利用全球 61 个国家和地区 1960—2000 年面板数据的研究，发现在社会保障制度不完善、存在提前退休激励的条件下，预期寿命的提高确实能够促使储蓄率提高。储蓄率的提高就意味着消费率的下降，对中国的实证分析也有支持

表 2-5 预防性储蓄的动机

储蓄动机	被调查者占比
紧急情况、未雨绸缪、其他意外需要、安全、独立	36.2%
生病、医疗（含牙医）支出	6.3%
预防失业风险	2.4%
手头有现金、流动资金	2.5%
退休、养老	32.4%
为了未来提高生活水平	6.2%
为自己、配偶、子女、孙子女的教育	18.2%
帮助子女、家庭摆脱困境	5.4%
购买自有住房、别墅、二套房，或者装修、修缮、还贷	11.5%
购买汽车、船、其他交通工具、耐用消费品，或者旅游度假	17.6%
投资企业或农场、购买设备	1.8%
没有特别理由，钱剩下来了	0.6%
没有钱用于储蓄	6.8%
其他	7.4%

资料来源：Kennickell ,Lusardi. The Survey of Consumer Finances 1995，2005.

这一方观点的。比如李仲生（2004）指出，中国人口老龄化的加深改变了居民的消费结构，使得老年人的医疗保健、家庭用品支出比重呈现出逐渐扩大的趋势，然而居民消费率却呈现出逐渐降低的趋势。王金营和付秀彬（2006）区分了少儿人口和老年人口对消费的不同影响，引入“标准消费人”概念，建立了标准消费人的消费模型。模型中，因变量是标准消费人的消费支出，自变量包括人均收入水平、老龄化率等。他们利用 1978—2003 年的时间序列数据对模型进行回归分析后，发现人口老龄化程度的加深明显减弱了居民消费水平的提高程度。

特别具有戏剧性的是，另有一些研究认为老龄化对储蓄率、消费率并没有显著影响。比如，从抚养负担的角度看，老年人口比重不断上升，政府需要持续增加用于老年人口的福利支出，在现收现付的社保制度下，中青年劳动者的税负会增加，他们当期的可支配收入会减少，消费会受到限制；与此同时，老年抚养比的上升加大了家庭的养老负担，劳动年龄人口会拿出一部分收入用于赡养老人的当期支出，这在一定程度上又增加了消费率、降低了储蓄率。也有不少实证研究表明，人口抚养比、老年抚养比与储蓄率、消费率之间，并不存在显著的相关关系。

高等院校和科研院所的经济学家、人口学家出于兴趣进行研究，不论对错，并不需要为自身的研究结论付出什么代价。可是投资银行的分析师们就不同了，他们的判断与所属机构的投资回报、个人的绩效薪酬密切相关。所以从现实的角度看，投行分析师的判断不应该被忽视。例如，世界级的金融集团摩根大通旗下的资产管理部门预测，受人口因素特别是人口老龄化的影响，美国、德国、日本、中国的居民储蓄率都有长期走低的发展趋势（图 2-9）。

老龄化与储蓄率究竟是什么关系？仔细探究，不同的理论只是解释的角度不同，并非针锋相对。从整个生命历程和全部年龄阶段人口的角度看，老龄化总体上还是会降低储蓄率的。预防性储蓄理论所揭示的储蓄率增加主要是在工作期，这部分额外增加的储蓄最终会在退休后被消费掉。中青年抚养老年人的负担增加，当期用于自身的消费确实会减少，但用于老年人的消费会增加，储蓄率提高的幅度就不可能很大，甚至有可能为零。

最大的风险在于，老龄化程度过重，负储蓄时期过长，工作期的收入和财富积累不足以应对没有收入的老年期。这就需要寻找减缓储蓄率降低的“救命稻草”，挖掘和培育经济增长新的动能。另一个风险是，工作期的储蓄形不成有效的投资，投资形成的产品和服务又不符合老年期消费的需要，工作期额外的储蓄在老年期找不到消费的对象，这就会出现有效需求的不足。

养老服务既是减缓储蓄率降低、可以担当经济增长新动能的重要因素，同时也是在储蓄和消费之间、工作期和老年期之间实现平衡的关键因素。一方面，养老服务是老龄化进程中越来越有前景的投资项目。随着老年人收入水平的提升和消费意愿的增强，潜在的购买力不断积累，针对老年人特点、面向老龄化社会需求的投资项目具备可观的回报，资本流向养老服务领域，储蓄率就有了向上的动力。另一方面，养老服务一头连着储蓄、

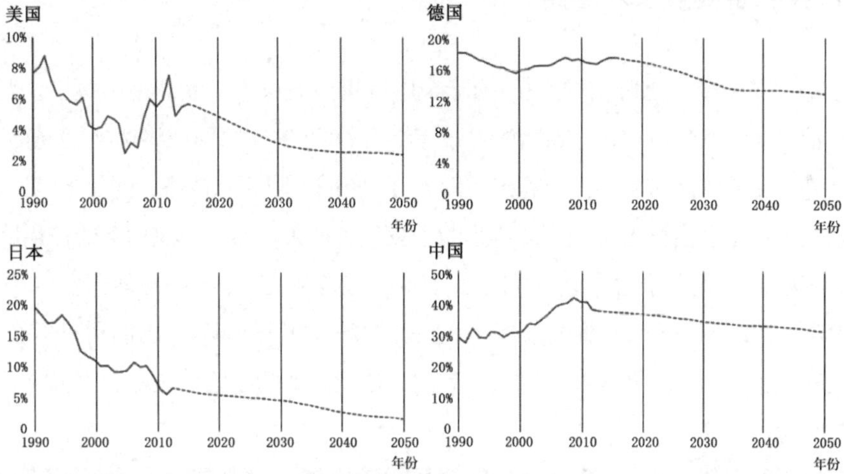

图 2-9 美德日中四国居民储蓄率长期趋势
资料来源：Mandel. J.P. Morgan Asset Management, 2017.

一头连着消费。适销对路的产品和服务，让年轻人、中青年的未来可期，工作阶段为养老进行的储蓄有的放矢、规模适度，退休后能够将这部分储蓄高效利用、顺利转化为消费，进而实现整个生命周期的最优规划和最大效用。

反之，如果没有适宜的养老服务，储蓄不能转换为消费，会形成恶性循环式——老年期买不到好的服务，储蓄用不出去，干脆不储蓄了；消费没有对象，干脆不消费了；投资既没有资本支持，又没有合理回报，干脆不投资了；养老服务就更加不足，进而又对储蓄、消费、投资产生负面影响。

可见，在老龄化影响储蓄率这一链条上，养老服务是关键一环。

2.3 养老金要多少才够用

2009 年 10 月，肇始于美国的国际金融危机余波未了，欧洲又出事了，履新的希腊新一届政府宣布：希腊的财政赤字占 GDP 的比重预计将达到 12.5%，远远高于此前估计的 3.7%，也超出了欧元区 3% 的上限要求数倍。同年 12 月，国际三大信用评估机构纷纷下调希腊的主权债务评级，希腊政府债务的信用跌至“垃圾级”。正在欧洲争论是否救助、如何救助希腊之际，危机迅速向爱尔兰、意大利、西班牙、葡萄牙等国家蔓延，主权债务违约风险飙升，国债利率飞涨，失业率高企，不得不紧缩财政以减少赤字、偿还外债的政策动议引起不满，大规模的游行示威不断。

处于欧洲债务危机水深火热中的葡萄牙、意大利、爱尔兰、希腊、西班牙五个国家，除爱尔兰以外的四个国家都可以追寻到养老金的问题。债务危机的背后是财政危机，财政危机的背后则是养老金危机。

养老金支出规模远远超过预期寿命的需要，支出的强度远远超过了积累的家底，公共财政被不合理的养老负担捆绑得严严实实，养老金是高财政赤字和高政府债务背后的推手。比如，意大利人的预期寿命比 OECD 成员国平均寿命高 2 岁，但公共养老金支出占 GDP 的比重、占财政支出的比重相当于 OECD 的 2 倍！该国养老金相当于退休前收入的比例，即养老金的粗替代率比 OECD 平均高近 4 个百分点，但养老保险基金资产占 GDP 的比重比 OECD 平均低 6.3 个百分点以上（表 2-6）。又如，希腊男性的预期寿命仅比 OECD 平均高 1 岁，女性预期寿命比 OECD 平均还要低半岁，但是该国公共养老金占 GDP 的比重已经达到了 OECD 的 1.7 倍，养老金占财政支出的比重相当于 OECD 的 1.6 倍。希腊养老金的粗替代率高达 95.7%，但是养老保险基金的资产只有区区 6300 万美元——占 GDP 的比重几乎可以忽略不计！葡萄牙和西班牙也有同样的问题。

人口老龄化导致享有养老金的人越来越多、养老金支出的规模不断扩大，同时缴纳养老保险费用的人数有可能减少、资金来源越来越窘迫，这本是正常现象。在老龄化持续深化的过程中，养老金收支之间的矛盾总体上会越来越大，但变化应该是较为平缓的，比如公共养老金占 GDP 的比重会稳步提高，但不应该是飙升（如表 2-7 所示大部分 OECD 国家的情况）。然而，

表 2-6 欧债危机爆发之前五国的养老金概况

国家或国际组织	男性预期寿命（岁，2005—2010年平均）	女性预期寿命（岁，2005—2010年平均）	公共养老金支出占GDP比重（2007年）	公共养老金占财政支出比重（2007年）	养老保险基金资产占GDP比重（2009年）	养老金粗替代率（男性中位数水平）
葡萄牙	75.4	81.9	10.8%	—	13.4%	54.4%
意大利	78.1	84.1	14.1%	29.4%	4.1%	64.5%
爱尔兰	77.5	82.3	3.6%	9.7%	44.1%	34.9%
希腊	77.1	81.3	11.9%	26.3%	0.0%	95.7%
西班牙	77.6	84.1	8.0%	20.5%	8.1%	81.2%
OECD	76.1	81.8	7.0%	16.5%	67.6%	60.6%

资料来源：OECD. Pensions at a Glance 2011.

像希腊那样，超越发展阶段的、过度的养老金支出，透支了未来，还引发了更为广泛的财政危机、债务危机甚至是经济危机，更加不利于养老金的长期收支平衡。

公共养老金的管理作为一项公共服务，私人养老金的管理作为一项市场化的服务，都是广义养老服务中的重要事项。养老金的账户、制度并非建立起来就可以高枕无忧了，常态化的监测分析、多元化的拓源增收、动态化的审慎调整，都十分重要。

在老龄化并不过分严重的情况下出现养老金危机，这样的教训足以令我们引以为戒。作为快速老龄化的国家，中国也面临着养老金收不抵支的压力，也要避免超越发展阶段的养老金支出强度。笔者曾经将中国城镇职工养老保险的增量进行分解，一部分为享受养老保险待遇人数增加而带来的“老龄化因素”，另一部分为养老保险待遇水平提高而带来的“福利化因素”，结果发现大多数年份都存在“福利化因素”高于“老龄化因素”的问题（图 2-10）。也就是说，造成我国职工养老保险支出增加的主要原因，并非享受养老保险待遇的老年人增多了，而是养老保险待遇水平在大幅提高。要实现长期可持续，作为一项公共服务的我国养老保险管理显然也有优化的必要。

表 2-7　部分 OECD 成员国公共养老金支出占 GDP 比重

国家或国际组织	2020 年	2030 年	2040 年	2050 年
澳大利亚	3.7%	4.3%	4.7%	4.9%
奥地利	13.0%	13.8%	13.9%	14.0%
比利时	11.8%	13.9	14.6%	14.7%
加拿大	5.8%	6.6%	6.5%	6.3%
捷克	6.9%	7.1%	8.4%	10.2%
丹麦	10.6%	10.6%	10.4%	9.6%
爱沙尼亚	5.9%	5.6%	5.4%	5.3%
芬兰	12.6%	13.9%	13.6%	13.3%
法国	13.6%	14.2%	14.4%	14.2%
德国	10.5%	11.5%	12.1%	12.3%
希腊	13.2%	17.1%	21.4%	24.0%
匈牙利	11.0%	11.0%	12.2%	13.2%
爱尔兰	4.6%	5.4%	6.4%	8.0%
意大利	14.1%	14.8%	15.6%	14.7%
韩国	1.4%	2.5%	3.9%	5.5%
卢森堡	9.9%	14.2%	18.4%	22.1%
荷兰	7.8%	9.3%	10.3%	10.3%
新西兰	5.3%	6.7%	7.7%	8.0%
挪威	11.5%	12.7%	13.4%	13.3%
波兰	9.7%	9.4%	9.2%	9.1%
葡萄牙	12.4%	12.6%	12.5%	13.3%
斯洛伐克	6.3%	7.3%	8.3%	9.4%
斯洛文尼亚	11.1%	13.3%	16.1%	18.2%
西班牙	9.5%	10.8%	13.2%	15.5%
瑞典	9.4%	9.5%	9.4%	9.0%
瑞士	6.8%	8.1%	8.6%	8.6%
英国	6.9%	7.6%	8.0%	8.1%
美国	4.9%	4.9%	4.8%	4.8%
OECD	8.9%	10%	10.8%	11.4%

资料来源：OECD. Pensions at a Glance 2011.

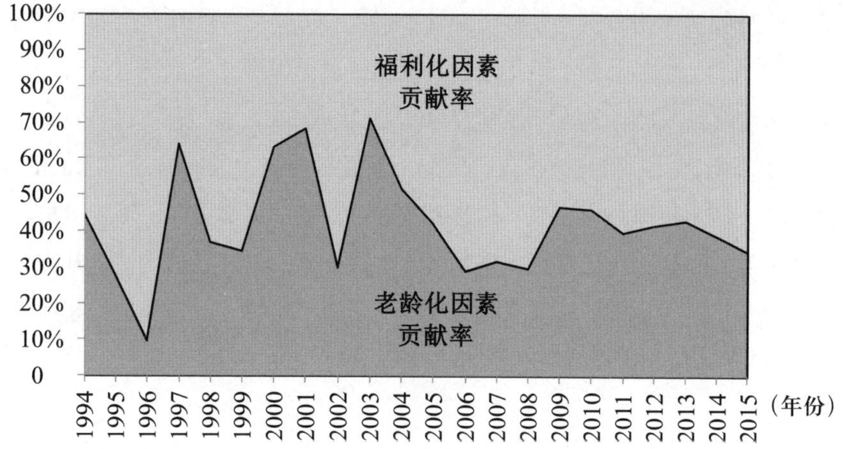

图2-10 中国城镇职工养老保险支出增量的贡献分解
资料来源：顾严．且富且老：中国养老困局与治理出路．北京：中国财政经济出版社，2017.

当然，在过去很长一段时期，我国养老保险的待遇水平是偏低的。提高养老保险待遇，是改善老年人生活的必然要求。1992年，城镇职工养老保险平均待遇水平（全国养老保险基金支出额与参加退休费用社会统筹的离退休人员数之比）一年只有1600元左右，月均不到150元[7]；2018年，平均待遇已达3.78万元，比1992年增加了20多倍，月均超过3000元[8]。

从替代率的角度看，我国养老保险的待遇并不算低。根据前述OECD养老金概览2011年版的估计，2010年以前我国男性的养老金粗替代率高达82.5%，比欧盟和OECD国家平均水平高出20个百分点左右，仅低于丹麦（84.7%）、希腊（95.7%）、冰岛（109.1%）、以色列（85.3%）、卢森堡（90.3%）、荷兰（89.1%）等国家。

可是，即便是已经连续10多年持续大幅提高了养老保险待遇，且替代率在绝大多数欧盟和OECD国家之上，普通的中国老年人依然买不起养老服务。一项在2014年年底到2015年年初利用网络大数据挖掘（网络爬虫）方法搜集养老机构信息的研究显示，当时全国平均的养老机构自理、半自理、全护理、

7 劳动部，国家统计局．关于1992年劳动事业发展的公报，1993.

8 人力资源和社会保障部．2018年度人力资源和社会保障事业发展统计公报，2019.

特护床位月收费价格分别为1427元、1998元、2408元、3010元，加权平均价格为1612元[9]。另据《2014年度人力资源和社会保障事业发展统计公报》，全国城镇基本养老保险的平均待遇为27145元/年或2262元/月[10]。

这意味着，入住养老机构的自理老人，要花掉养老金的63%用于床位租金；半自理老人则要花掉88%，余下养老金就连付餐费都捉襟见肘；需要全护理的失能老年人，面对比自己养老金还要高的收费价格，对养老机构望而却步；需要特护的老年人，不得不从家庭成员或其他渠道“化缘”，才能付得起比养老金高出1/3的床位和护理费用（表2-8）。

表2-8 养老机构收费价格与养老保险待遇（2014年）

区域	自理床位	半自理床位	全护理床位	特护床位	加权平均	养老金
全国平均价格（元/月）占养老金比重	1427	1998	2408	3010	1612	2262
	63.1%	88.3%	106.5%	133.1%	71.3%	100%
北京平均价格（元/月）占养老金比重	2787	5467	5820	8047	4592	3064
	91.0%	178.4%	189.9%	262.6%	149.9%	100%
河南平均价格（元/月）占养老金比重	1385	1712	1985	3046	1371	2270
	61.0%	75.4%	87.5%	134.2%	60.4%	100%
贵州平均价格（元/月）占养老金比重	1433	1711	1965	2954	1368	1952
	73.4%	87.7%	100.6%	151.3%	70.1%	100%

资料来源：王灏晨，陈鹤．中国残疾老年人长期照料支出预测，2016；北京市人力资源和社会保障局．2014年度北京市社会保险事业发展情况报告，2015；河南省人力资源和社会保障厅．2014年度河南省人力资源和社会保障事业发展统计公报，2015；贵州省人力资源和社会保障厅，贵州省统计局．关于公布2014年贵州省城镇单位从业人员平均工资和企业离退休人员平均基本养老金的通知，2015.

9 王灏晨，陈鹤．中国残疾老年人长期照料支出预测//联合国人口基金会驻华代表处和中国人口学会青年学者小额研究资助项目文集，2016.

10 人力资源和社会保障部.2014年度人力资源和社会保障事业发展统计公报.2015.

值得注意的是，并非养老保险待遇越高的地方，老年人越容易购买养老服务。以北京市为例，2014 年该市城镇职工养老保险的平均待遇为 36772 元 / 年或 3064 元 / 月，比全国平均高出 35%。[10] 然而，北京市养老机构自理、半自理、全护理、特护床位月收费价格分别为 2787 元、5467 元、5820 元、8047 元，加权平均价格为 4592 元。[9] 北京市的自理老人要花掉养老金的 91% 才能入住养老机构，半自理、全护理、特护的费用相当于养老金的 1.8 倍、1.9 倍、2.6 倍！

河南养老机构自理、半自理、全护理、特护床位的月收费价格分别相当于养老金的 61%，75%，88% 和 1.3 倍，贵州这四个指标分别为 73%，88%，101% 和 1.5 倍。从养老机构收费价格与养老金的相对水平看，中部地区的河南、西部地区的贵州情况都好于东部地区的北京。

为什么养老金待遇更高的地方，养老机构收费价格畸高，老年人反而更加负担不起？这个问题提示我们，养老金水平的高低不是绝对的，而是相对的。养老金水平再高，但养老服务的供给跟不上，也是枉然。如果养老服务相对充足，反而不需要特别高额的养老金就能保障老年人的生活。

就像人们不会嫌自己收入高一样，养老金也是多多益善。但在人口老龄化的大背景下，享受待遇的人越来越多，缴费的人有可能减少，养老保险收不抵支的风险不断加剧，养老金持续大幅提高的余地越来越小。养老金待遇的高低，实际上是以养老服务的价格作为参照的。只要大部分老年人能够负担得起养老服务，养老金就是大体够用的。

鉴于此，除了传统上拓宽养老保险筹资来源、确保养老金支出增长适度以及延迟退休等政策以外，更应该重视的是增加养老服务的有效供给。通过供给扩张来降低养老服务的相对价格，进而确保养老金的相对充足。

2.4 养老服务是应对老龄化的关键

联合国列举受老龄化影响的经济社会发展中的一系列重要变量，都与养老服务密切相关。前文已经讨论了老龄化对劳动力、储蓄率、养老金等的影响，揭示了养老服务对于减轻这些变量遭受负面影响的关键作用。这里再对这些变量以及其他重要变量做一点补充讨论。

经济领域，储蓄—消费—投资是一组紧密关联的变量，它们和劳动力的供给共同决定了潜在经济增长率的水平。老龄化会降低储蓄率、投资率，抑制资本积累，同时压低了劳动力的数量和劳动生产率，进而造成潜在经济增长率的下行。养老服务是人口老龄化进程中非常具有投资前景的项目，有助于缓解储蓄率降低的态势，促进工作期的储蓄顺畅转化为退休期的消费，为经济增长提供新的动能。针对大龄和老年劳动力的教育培训、工作便利、健康促进以及公共就业服务，可以帮助他们提升就业能力，延长在劳动力市场中积极作为的年限，并且保持有一定竞争力的劳动生产率，从而对冲老龄化对劳动力供给及生产率的不利影响。

在养老保险制度全覆盖的条件下，老年人口的总量扩张必然造成养老金支付压力增大，老年人口占总人口的比重上升意味着劳动力与老年人口之间的比例关系向着抚养负担越来越重的方向发展，养老保险收不抵支的风险加剧。对养老保险的管理是一种公共服务，如果能够统筹考虑老年人提高生活水平的需要与年轻世代可承受的经济压力，结合对预期寿命增加、老龄化发展趋势、储蓄率变动、经济增长形势等的研判，确保养老金待遇在合理区间，就可以让养老保险长期可持续地运转。一旦超越发展阶段、超越工作人口的承受能力，采取过度福利倾向来管理养老保险，不仅会降低养老金自身的可持续性，还可能引发财政、金融乃至经济危机，欧债危机就是前车之鉴。作为公共服务的养老保险管理，需要拓宽收入来源，合理控制支出。但养老金究竟够不够用，还取决于养老服务的供给及其价格。在养老服务供给不足、价格居高不下的情况下，养老金筹集再多也是杯水车薪。只有养老服务更加充裕、价格合理，老年人能购买得到、购买得起，养老金才能变得更加充足。

在讨论了人口老龄化对养老金的影响以后，很容易推导出其对代际间转移支付的影响。养老金支付压力越来越大，待遇提升的空间被迫收窄。在支付困难的时候，养老金待遇还会出现下降。与延迟退休、提高养老保险缴费率的压力相仿，年轻世代不得不增加对老年群体的转移支付，不仅给自身的生活水平造成一定的影响，也被迫消耗掉了一部分用于未来退休后生活的储备。代际间转移支付的额度一方面取决于养老金和老年人在工作期的财富储备，养老金相对充足、为养老所做的财富储备相对充足，对转移支付的需要就越小；另一方面取决于养老服务的供给和价格，这与前面对养老金的分析有着相同的逻辑——养老服务越充裕、越价廉，对代际间转移支付的需要就越小，养老服务越短缺、越昂贵，就越需要高额的代际间转移支付。

经济中还有一个重要变量——税收。不少研究都表明，人口老龄化会对税源和税基产生负面影响。最直接的影响是劳动力即纳税的工作人口减少，加之劳动生产率和收入的下降，个人所得税和消费税会随之减少。间接的影响还包括储蓄率下降、资本积累放缓后，与投资相关的税收减少。此外还有经济增长放缓对税收增长的整体下拉，以及经济下行中的税收不稳定风险。

以美国个人所得税的情况为例。2011 年，65—74 岁劳动者的年平均收入为 36320 美元，相当于最高收入组（45—54 岁）的 71%；65—74 岁劳动者的年平均所得税为 621 美元，仅相当于最高收入组的 43%。同年，75 岁及以上的劳动者年平均收入为 25417 美元，平均所得税为 272 美元，分别相当于最高收入组的 50% 和 19%（图 2-11）。老年劳动力的平均收入与中青年相比有明显的下降，平均的个人所得税下降的幅度更大。在人口结构逐步老化的进程中，税收受到的负面影响比劳动力收入和劳动生产率遭受的负面冲击更大。

税收是政府收入的最主要来源，收税本身不是政府的目的，它是实现政策目标的手段。老龄化社会的税收，越来越多地用于养老金、医疗卫生、社会救助、长期照护等方面的公共支出。受人口老龄化影响，税收收入下降但公共支出扩张，结果必然是财政赤字攀升。如何破解这一难题？如何使得公共财政能够增收减支？

在税源和税基不断收缩的情况下，靠提高税率的办法来增加税收，政策难度是很大的。延迟退休实际上以一种变相提高社会保险税率的做法，在动议和实施的大部分国家都引发了大规模的示威。要直接提高名义税率，任何一个执政党都会面临严峻的挑战。在西方式的民主国家，减少公共支出通常会让执政党丢掉选票，有时甚至会因此而丧失执政地位。多方共赢、广泛接受的策略，还是要找到新的税源。作为经济增长新动能的养老服务，就可以提供新税源，既包括养老服务投资和运营带来的增值税、企业所得税、资源税等，又包括养

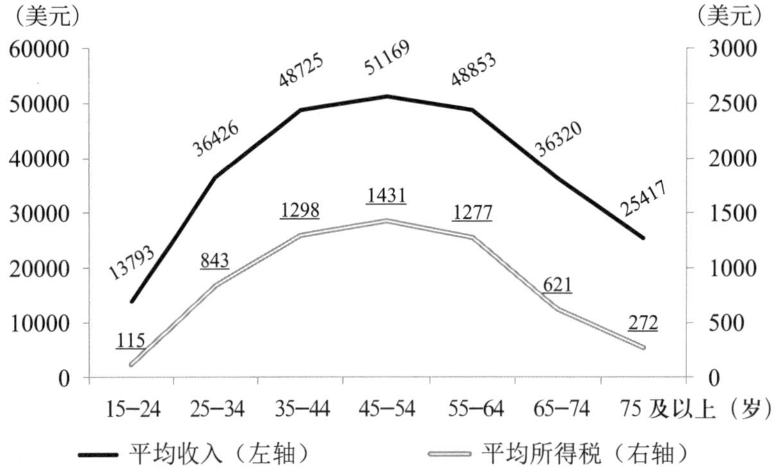

图 2-11 2011 年美国不同年龄组劳动者平均收入和平均所得税
资料来源：Felix A.,Watkins K. The Impact of an Aging U.S. Population on State Tax Revenues. Federal Reserve Bank of Kansas City Economic Review, 2013.

老服务供应商吸纳就业后产生的个人所得税、消费税等。此外，如前所述，养老服务供给的扩张还有利于降低其价格，提高养老金的相对购买力，这样对政府公共支出也有减压作用。由此可见，要减轻老龄化对税收的负面影响，养老服务可以发挥十分重要的作用。

老龄化的作用不仅在经济领域，对于家庭、住房、医疗、公共卫生等社会议题也有非常深刻的影响。

与老龄化相伴随，家庭规模呈现出缩小的变化趋势。1982 年我国城乡居民家庭平均每户的人口为 4.4 人，1990 年下降至 4 人，2000 年进一步降至 3.4 人，2010 年只有 3.1 人。1982 年 6 人及以上户占全国总户数的 28%，2010 年这个比例降至 6.6%，同期 5 人户占比从 18.4% 下降到 10%，4 人户从 19.5% 下降至 17.6%；3 人户则从 16.1% 提高到 26.9%，2 人户从 10.1% 提高到 24.4%，1 人户从 8% 提高到 13.7%[11]。平均每户人口规模的缩小和 4 人及以上家庭占比的下降，是一个硬币的两面。在家庭的裂变中，老年人的照料成为难度越来越大的问题。1982—2010 年，在全部老年人家庭中，老年夫妇家庭所占的比例从 13.7% 猛增到 29.2%；老年人与未婚子女共同居住的比例则下降了一半，老年人与子女、

11 彭希哲，胡湛 . 当代中国家庭变迁与家庭政策重构 . 中国社会科学，2015（12）.

孙子女三代共同居住的家庭占比从 47.2% 下降到了 32.8%；老年人仅与已婚子女共同生活、仅与孙子女共同生活的家庭比例有所提高（表 2-9）。这组数据说明，当老年人需要照料时，越来越多要靠老年夫妇之间提供支持，而来自未婚子女、已婚已育子女的支持越来越少。在子女已婚未育时，老年人通常处于能够自理的阶段，因此，老年人与子女共同居住的二代直系户占比提高，并不意味着需要照料的老年人更多地得到了子女的支持。老年人与孙子女共同居住的隔代户比例提高，说明老年人更多地在为家庭中的未成年人提供照料，而不是更多地在接受来自家庭成员的照料。

传统的家庭养老功能正在弱化。老龄化持续深化，高龄化越来越明显，再加上离婚率的提高、丁克夫妇和不婚族的增多，家庭裂变必然会加剧。越来越多的家庭需要养老服务，以弥补家庭照料的不足。

老龄化过程中的家庭裂变，并非我国的特例。发达国家在漫长的人口老化历史中，家庭户均规模同样在缩小。加之文化上的因素，会有更高比例的老年夫妇家庭和老年人独居家庭。来自新西兰的调查数据显示，总体上看，一个家庭中最年长的成员岁数越大，这个家庭的人口规模就越小（图 2-12）。当一个

表 2-9 我国 65 岁及以上老年人家庭各类型占比

年份	1982 年	1990 年	2000 年	2010 年
独居老人	12.2%	9.6%	9.6%	12.5%
老年夫妇（一代核心户）	13.7%	17.1%	23.9%	29.2%
老年夫妇与未婚子女（标准核心户）	6.9%	6.6%	5.0%	3.6%
单个老人与未婚子女（缺损核心户）	4.6%	3.8%	3.1%	2.3%
其他二代核心户（扩大核心户等）	3.4%	2.7%	2.3%	2.8%
老年人与已婚子女（二代直系户）	3.5%	3.7%	5.2%	6.9%
老年人与孙子女（隔代户）	3.8%	3.7%	5.2%	5.6%
老年人与子女及孙子女（三代直系户）	47.2%	47.4%	41.4%	32.8%
其他扩展家庭户	3.8%	4.8%	3.6%	3.2%

资料来源：彭希哲，胡湛．当代中国家庭变迁与家庭政策重构．中国社会科学，2015（12）．

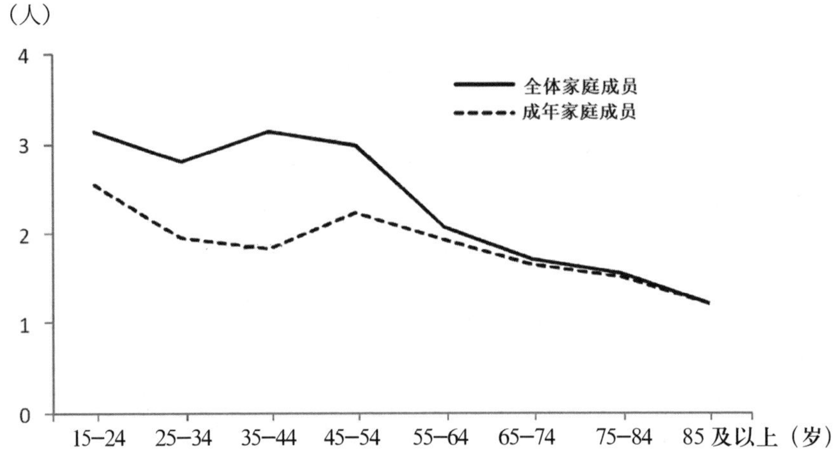

图 2-12 新西兰家庭规模与户主年龄的关系
资料来源：Creedy J., Enright J., Gemmell N.,et al. Population Ageing and Taxation in New Zealand. New Zealand Economic Papers,2010.

家庭中最年长的成员在 55—64 岁时，这个家庭基本上就没有其他年龄阶段的成员了。依靠家庭成员来照料老年人，是非常少见的情况。社会化的养老服务，是应对老年人照料难题的必选答案。

家庭在裂变，成员中只有老年人的家庭在增多，使得居住需求发生深刻变化，给建筑业、房地产业等行业带来新的机遇和挑战。家庭越来越小，寿命越来越长，意味着社会需要越来越多的居住单元，包括建筑、装饰装修、房产销售和租赁、物业管理等在内的广义房地产业以及以房产为抵押物的金融服务，都具备长期持续发展的基本面。然而，在裂变中，家庭购置和租赁房产的能力会打折扣。不同年龄结构的家庭，居住需求出现分化，同质化的产品和服务难以满足多元化的需求。老年人家庭无障碍的要求凸显，不论是居住区整体的规划，还是居室内的装修设计，都出现了新的更高要求。这都需要把人口老龄化的背景和养老服务的视角纳入房地产的规划、设计、开发、建设、销售、运营、管理等各个环节。房子好不好卖，不只取决于区位和房子本身，还取决于与房产相关联的养老服务。房地产不再是拿地—盖楼—卖掉那样简单粗暴，“快钱”越来越不好赚，必须精耕细作、细水长流，需要全链条改造和升级，关键是要与养老服务建立紧密的连接。

医疗卫生行业也是一样。千百年来以治病救人为主的医疗，如果只是片面强调治疗环节，而忽视了预防、康复、慢性病管理，是难以承受老龄化导致的巨大负担的。从我国的情况看，老年人的人均医疗费用是其他人群的 6 倍左右[12]。如果不能按照世界卫生组织健康老龄化所倡导的全生命周期理念来更新我们的健康系统，持续快速的老龄化最终会导致家庭财务和公共财政的崩盘。在疾病和失能预防、身体机能和心理康复、高血压糖尿病等日常管理等方面，都需要养老服务的力量——依靠全生命周期的服务，最大限度遏制医疗开支不合理增长。

老龄化是灰犀牛式的风险，给经济社会带来一系列挑战，我们已经远远地看见了它们，它们可能也发现了我们，有的已经准备开始攻击。其中有一头多米诺类的灰犀牛，一旦它冲向我们，犀牛群的攻击就无法避免了。在养老领域，服务短缺正是这头多米诺类的灰犀牛。它不仅自身具有危险性，而且加剧了其他风险。养老服务的短缺，会让储蓄率和经济增长率更明显地下降，让养老金收不抵支的风险进一步放大，让好不容易才能实施的延迟退休政策发挥不出什么实质效应。养老服务如果跟不上老龄化社会的要求，家庭小型化进程中的老年人照料难题会越发凸显，房地产业即便拥有良好的基本面，也有可能一蹶不振，越来越沉重的医疗支出会压垮一个又一个家庭，直至压垮整个社会。

我们能不能不断适应持续变老的社会，能不能不因为追求长寿的美好愿望和伟大努力而反受其乱，关键取决于养老服务的发展。

---

12 顾严 . 且富且老：中国养老困局与治理出路 . 北京：中国财政经济出版社，2017.

第 3 章
筚路蓝缕：中国养老服务业的政策探索

养老服务是由政府、企业、社会组织等社会主体提供的，面向一切人的老年期的产品和服务的总称。20 世纪 50 年代，我国养老服务属于老年社会福利和社会救助的范畴。改革开放后，城市开始探索市场化养老，农村的集体养老逐步恢复。进入 90 年代，我国养老服务启动了法制化和社区化的新一轮探索。但受制于经济社会发展水平，养老服务仍然处于方兴未艾的状态。世纪之交，我国进入老龄化社会，针对未富先老与未备先老相叠加的严峻挑战，社会保障、医疗卫生等制度建设进行了“大补课”，为养老服务业的发展补上了关键短板。然而，一度风光的运动式建设社区养老设施的项目折戟沉沙，提醒我们必须遵循规律来施策。

3.1 狭义与广义的养老服务业

业内有个戏谑的说法："养老服务是个筐，什么都可以往里装。"可见，养老服务是一个比较宽泛的概念。现有研究中，宽口径的界定认为，养老服务是指家庭、政府和社会为老年人安享晚年所提供的所有正式、非正式的安排，包括物质、精神保障方式及其相应的制度安排，接近于整个社会养老制度安排。类似的界定，认为养老服务是养老服务主体为满足老年人晚年生活需求所提供的物质和精神方面的支持与帮助的总和。

实际上，宽口径的养老服务还可以更宽泛，服务目的和服务对象都可以再放宽一些。

2019 年 6 月，为落实中加两国总理见证下签署的备忘录有关安排，笔者随团出访加拿大。在大多伦多地区一家养老机构访问时，负责人告诉代表团，该机构所在的安大略省此前已经很多年没有增加政府购买的养老床位了，近期却忽然增加了一大批。彼时，加拿大执政的党派为巩固其地位，集中出台了一系列民生改善政策，其中就包括增加政府购买养老床位的政策。加拿大 60 岁以上人口占比超过 24%，65 岁以上人口占比接近 18%[1]，老年选民是非常重要的"票田"。这部分增加的养老床位，尽管名义上是为了老年人，最终也确实让老年人受益，但严格来说，政策的出发点并非为了老年人。

在《银发市场现象：老龄化社会营销与创新思维》中，费洛里亚 · 科尔巴赫（Florian Kohlbacher）和科尼利厄斯 · 赫斯塔特（Cornelius Herstatt）专门用了一整章的篇幅介绍了日本新宿京王百货公司的案例。在零售业竞争激烈的新宿地区，在竞争对手普遍紧盯着年轻顾客的时候，京王通过分析客户数据和相关研究成果，发现老年顾客特别是老年女性的消费潜力巨大，于是采取了细分客户类别、有针对性地重新规划和改造楼层布局、开发设计老年专属商品和品牌等策略，吸引了大量忠诚的老年客户，业绩脱颖而出。在 2008 年国际金融危机爆发的困难时期，京王也表现出很强的韧性和抗跌能力。这家百货公司的转型，顺应了日本人口老龄化的趋势，客观上为老年人提供了更适宜的产品和

---

1 United Nations, Department of Economic and Social Affairs, Population Division. World Population Prospects

服务，但究其主观目的，还是为了企业的生存和发展、在竞争中立于不败之地。

养老服务的主要目的，有时不一定真的只为老年人。

加拿大的执政党增加政府购买的养老床位、京王百货公司进行适应老龄化的营销转型，其目的可能不是主要为了老年人，也是为了选票和钞票。但只要是向老年人提供的服务，就应该算作养老服务。与其说养老服务是“为”老年人提供的（for the elderly），不如说是“向”老年人提供的（to the elderly）。

养老服务的对象，也不一定只有老年人。

在养老金融产品中，有养老金“第二支柱”之称的企业年金，是一种补充性的养老保险。年金由企业和职工共同出资缴存，并委托专业机构进行投资管理，一般在职工退休后可以领取。在缴存企业年金的时候，职工还没有进入老年期。但是在这个阶段，专业机构已经开始为他们服务了——通过投资实现职工年金资产的保值增值。同时，这些专业机构也开始收取年金的管理费，通常是管理资产的一个比例。服务已经发生，费用已经支付，但职工尚未变老。年金的投资管理服务，针对的是职工未来进入老年、退休以后的生活，此类服务，与其说是向老年“人”提供，不如说是向职工的老年“期”提供。

拥有年金的人，在任何国家都是少数。对于绝大部分人来说，存钱养老是更接地气的选择。在青年、中年时期把一部分收入存进银行，为老年时期的各种花费作储备。与企业年金的投资管理类似的是，银行提供的资金保管和增值服务（如支付利息），在储户退休之前就已经提供了。银行为中青年提供的储蓄服务，直接的服务对象并非老年人，但面向的是储户的老年期。中青年购买的理财、信托、商业养老保险产品，都有类似的性质。

在进一步放宽养老服务的目的和对象后，笔者认为，最宽口径或最广义的养老服务是指：一切主体，向一切人的老年期，提供的一切支持。这些支持可以是有形的，也可以是无形的，既有正式的，也有非正式的，具体包括但不限于产品、设施、人力、资金、环境、政策、法律法规、体制机制等。

从定义看，养老服务涉及多个维度，包括内容、属性、主体等。通常对养老服务狭义与广义的划分，是从服务的内容维度作出的。比如，认为养老服务是指为老年人安度晚年提供的各类照料和护理服务，从服务内容看就是一个偏狭义的界定；前述认为养老服务接近于整个社会养老制度安排的观点，无疑是广义的定义。

按照服务内容划分，狭义的养老服务简称为养老照护，是指向老年人提供的生活照料服务。广义的养老服务面向老年期生活的方方面面，包括养老照护、老年健康、老年文教、养老金融等第三产业范畴的服务，老年用品、养老建筑等第二产业范畴的产品，以及涉老政策等。

从属性的维度看，很多文献和政府文件对养老服务都有所谓“事业”和“产业”的区分。广义的养老服务既包括具有社会福利、非营利性质的养老事业，也包括具有市场消费、营利性质的养老产业；狭义的养老服务主要是指后者。笔者对养老事业与产业的划分充分理解，但并不完全认同。我国的养老服务是从城市老年福利、农村五保供养起步的，一开始完全是社会福利和社会救助性质的，在相当长的一段时期被视为政府或集体的职责，因为不需要老年人付费，所以并不被认为是人们通常理解的产业，而是事业。改革开放以后逐步出现市场化服务，需要老年人或者其家庭来付费了，凸显出鲜明的个人消费特征和营利性质，这部分新增的服务才被当作产业，而非事业。事业和产业的区分是有历史背景的，也是国情的反映。

然而，产业自身的定义并不必然包含营利与否的要求。产业经济学一般认为，产业是社会分工的产物，随着社会生产力不断提高，社会分工不断细化，新兴的产业不断出现。联合国《国际标准产业分类》包括 21 个产业门类，归类的原则主要是考虑以下四个方面：一是产品、服务、生产要素的投入，二是生产的工艺和技术，三是产出的特点，四是产出的用途[2]。并没有对经济活动主体的盈利状况或营利与否进行规定。

参照联合国的产业分类，由国家统计局和中国标准化研究院起草、国家质量监督检验检疫总局和国家标准化管理委员会（2017）发布的我国《国民经济行业分类》（GB/T 4754—2017），把“Industry”翻译为“行业”，将其界定为从事相同性质经济活动的所有单位的集合，其中的单位是指有效地开展各种经济活动的实体。在 20 个国民经济行业门类中，有很多传统上认为是非营利事业的行业也在其中，比如教育、卫生和社会工作；又如水利、环境和公共设施管理业，它包含的多个大类（见表 3-1 中的大类 76—79），过去

2 United Nations, Department of Economic and Social Affairs, Statistics Division. International Standard Industrial Classification of All Economic Activities Revision 4, 2008.

表 3-1 国民经济行业分类（全部门类和部分大类）

A 农、林、牧、渔业	K 房地产业	Q 卫生和社会工作
B 采矿业	L 租赁和商务服务业	R 文化、体育和娱乐业
C 制造业	M 科学研究和技术服务业	S 公共管理、社会保障和社会组织
D 电力、热力、燃气及水生产和供应业	N 水利、环境和公共设施管理业	91 中国共产党机关
E 建筑业	76 水利管理业	92 国家机构
F 批发和零售业	77 生态保护和环境治理业	93 人民政协、民主党派
G 交通运输、仓储和邮政业	78 公共设施管理业	94 社会保障
H 住宿和餐饮业	79 土地管理业	95 群众团体、社会团体和其他成员组织
I 信息传输、软件和信息技术服务业	O 居民服务、修理和其他服务业	96 基层群众自治组织及其他组织
J 金融业	P 教育	T 国际组织

资料来源：《国民经济行业分类》（GB/T 4754—2017）.

常被认为是非营利的，近年来随着环保产业的兴起，整个行业的盈利前景变得愈发乐观，营利性的经营主体大量产生但仍然有众多不赚钱的、具有基本公共服务性质的服务内容。国民经济行业分类中甚至还有公共管理、社会保障和社会组织这个大类，其包含的大类有执政党、国家机关、民主党派等组织的活动——这些活动完全是非营利的，但不影响它们被纳入国民经济的行业分类，广义上也是产业。

本书对产业的理解，是国民经济核算意义上的，等同于《国民经济行业分类》中的行业。笔者对养老服务业属性的理解，也是广义的——作为国民经济核算视角下、国民经济中的产业或行业，养老服务既包括赚钱的、营利的、市场化提供的活动，也包括不赚钱的、非营利的、福利化提供的活动。本书随后的章节将探讨，完全不赚钱的福利化路径是不可持续的，而高利润的市场化路径也是无法实现的，需要找到二者的平衡点，找到能够让需求方接受、让供给方可持续的适度利润率。

养老服务的供给方，即提供养老服务的主体，广义上既包括政府、企业、社会组织，又包括老年人的家庭成员、亲友以及老年人自身。家庭内部提供的养老服务，可以称之为家庭养老服务。来自家庭以外的主体提供的养老服务，可以称之为社会养老服务。从主体的维度看，广义的养老服务包括家庭养老服务和社会养老服务，狭义的养老服务是指社会养老服务。

我国国民经济核算中，家庭内部提供的养老服务并没有计入国内生产总值（GDP），但这部分服务实质性地在创造增加值。本书开篇引用的小说《天黑得很慢》中，萧成杉老先生的女儿给他请了一名陪护员，月工资4500元。如果是在现实中，这个金额会按照收入法、以劳动者报酬的形式计入GDP，为居民服务、修理和其他服务业的增加值作出贡献。后来，小说的情节曲折发展：萧老先生的女儿女婿远赴美国，陪护员小钟与不靠谱男友分手后却发现怀上了他的孩子，小孩生下后跟着小钟一起在萧家生活，眼看到了上学的年龄却还没有户口，萧老先生为了帮助孩子落户，提出与小钟“假结婚”……从萧老先生和小钟领取结婚证的那一天起，小钟过去提供的社会养老服务就转变为家庭养老服务了，萧家再支付的陪护工资，只能算作家庭成员的内部收入转移，不再增加GDP和行业增加值了。萧老先生并没有乘人之危，除了一纸婚约外，他与陪护员的关系没有发生任何变化，但是陪护员提供的服务已经不“创造”GDP了。从这个角度反推，家庭成员提供的养老服务，实际上是有价值的，甚至价值很高。只不过，在现行的国民经济核算中并未体现。

家庭养老与社会养老之间，有着紧密的互动关系。家庭养老服务需要得到外部的支持，有些家庭服务还会被替代，也只有这样，社会养老服务才能更好地发展起来。反之，社会养老服务的发展，如果能够对家庭养老形成支持或者替代，则有利于家庭照料者腾出更多时间和精力从事其他经济活动，可以直接和间接地创造更多价值。

除了内容、属性、主体的维度以外，还有一个维度是养老服务的对象。如前所述，现有的主流定义将养老服务的对象界定为老年人，笔者认为这是狭义的。广义的养老服务不仅是直接提供给老年人的，而且包括青年人、中年人甚至儿童为老年期做准备的相关活动。广义的养老服务对象，不仅包括老年人，而且包括为老年期做准备的青年人和中年人。

综合上述几个维度，本书对养老服务的界定在服务对象、服务属性、服务内容上是广义的，在服务主体上是狭义的：养老服务的对象是一切人的老年期；养老服务的主体主要是政府、企业、社会组织等社会主体；养老服务的属性既有营利性的、市场化的，又有非营利性的、福利化的；养老服务的内容既包括第三产业范畴的养老照护、老年健康、老年文教、养老金融，也包括第二产业范畴的老年用品、养老建筑，还包括涉老政策（表 3-2）。

表 3-2 养老服务的狭义与广义界定

界定的维度	狭义的养老服务	广义的养老服务
服务的对象	全体老年人	一切人的老年期：全体老年人、儿童、中青年人的老年期
服务的主体	社会养老服务：企业养老服务、社会组织养老服务、政府养老服务	社会养老服务； 家庭养老服务
服务的属性	营利性； 市场化提供	营利性和非营利性； 市场化和福利化提供
服务的内容	养老照护：机构托养服务、社区支持服务、居家上门服务	养老照护、老年健康、老年文教、养老金融、老年用品、养老建筑、涉老政策

3.2 新中国的老年社会福利和五保供养

中华人民共和国成立之初，家庭养老是居于绝对主导地位的方式，社会养老的空间十分有限，这与当时的人口结构、家庭规模、经济发展水平是分不开的。

20 世纪 50 年代初期，我国的人口预期寿命只有 48 岁左右；1953 年第一次人口普查时，65 岁及以上人口占总人口比重仅为 4.4%，15—64 岁人口占 59.3%，14 岁及以下人口占 36.3%。人口结构刚刚脱离年轻型、迈入成年型，抚养照料的主要任务是少儿，而非老年。从 20 世纪 50 年代初期到 60 年代中期，城乡户均人口规模在 4.3 ～ 4.4 人左右，家庭照料老年人是有人力基础的。老年人占比并不高，家庭规模比较大，养老服务主要由家庭成员提供，社会养老服务的需要并不旺盛。那时，我国经济发展水平十分低下。1949 年，城镇居民人均现金收入还不到 100 元，农村居民人均纯收入不足 50 元，城乡居民收入中的 80% 用于吃和穿的开支[3]。1952 年，人均国内生产总值仅有 119 元；到 1956 年，全国居民人均可支配收入也只有 98 元，人均消费支出仅为 88 元[4]。整个国家的大部分人口处于贫困线以下，农村几乎全部处于赤贫状态，根本没有购买力来形成社会养老服务的需求。

当时提供社会化养老服务的，在城市主要是政府设立的生产教养院。这些机构很多是从国民政府时期的救济院接收和改造而来的，具有社会救济性质，收容的对象包括孤老、孤儿、孤残和流浪者（那时被称作“游民”）。与救济院相区别，更名后的新机构特别注重生产与教养的结合，组织有劳动能力的原救济对象、现教养对象进行劳动生产。这样做的目的，一方面是为了缓解国家财政的支出压力，另一方面是为了改造所谓的寄生思想。生产教养院承担的功能类似于后来的社会福利院（老年福利院、儿童福利院）、城市救助管理站（流浪人员救助站）、福利企业等的综合集成，当然那时的设施设备、专业能力、服务理念都无法与现在相提并论。

早期的生产教养院是“差额补助”单位，对于“游民”采取生产自给的政策，部分老年人、残疾人也要参加劳动生产。后来，逐步将“游民”分离

3 国务院新闻办公室 . 中国人权发展 50 年 . 人民日报，2000-02-18（3）.

4 国家统计局 . 中国统计年鉴 2019. 北京：中国统计出版社，2019.

出来、实施集中劳动教养后，从 1956 年 7 月起，对各残老儿童生产教养院才开始实行“全额供给”的政策。[5] 生产教养院从差额补助转变为全额供给的同一时期，一些地方开始单独设立残老院。名义上全额供给，也有不能完全落实的情况，不少老年人在教养院、残老院中还需要进行劳动，不是完全被供养的状态。1957 年，“延安五老”之一、时任内务部部长的谢觉哉同志在河北保定视察教养院，发现那里的 90 多位残老人员仍然有的在从事生产劳动，非常体恤地对他们说：“你们要保重身体，以养为主，做点力所能及的事情。”

作为生产教养院、残老院的业务主管部门，当时内务部工作的重点并非养老，而是政权建设、优抚和救灾——这是 1950 年第一次全国民政会议上确定的。那次会议的中心议题是民主建政问题，相比之下，养老在当时确实不是一个非常突出的问题。

从政府部门的机构设置和职能也不难看出，当时养老工作在内务部各项工作中的地位是比较边缘的。《中央人民政府内务部试行组织条例（草案）》规定，内务部 6 个内设司局中，社会司主管社会福利工作，游民改造是列在首位的职能，社会救济是排在最后的职能（表 3-3）。养老工作是社会司排在最后一位职能中的一项非常“小众”的工作。

聊胜于无。在业务主管部门的推动和财政等部门的支持下，社会养老服务在 20 世纪五六十年代，还是实现了较快的发展。1956 年，全国范围的残老院等收养安置老年人 5.3 万人；1959 年，全国城市建有残老院 379 家，收养安置老年人约 6.5 万人。20 世纪 60 年代，残老院改为社会福利院、养老院。1964 年，全国城市社会福利院和养老院增至 733 家，收养老年人近 7.9 万人。[6] 从 1956—1964 年，城市养老机构收养老年人数量累计增加近 50%，年均增长率在 5% 以上。

在城市，公有制经济制度下，社会养老服务作为政府社会福利、社会救济的一项工作，以机构化的方式提供，对象主要是无依无靠的孤老。在

5 安徽省民政厅，财政厅 . 关于残老儿童生产教养院实行全额供给取消差额补助的联合通知：（56）民财字第 1143 号 .

6 姚远 . 对我国养老服务历史经验的研究与借鉴 . 北京：华龄出版社，2018.

表 3-3 中央人民政府内务部内设机构及职能（1949 年）

内设机构	主要职能
办公厅	主管部令的公布，印信的典守，文件的收发缮校，图书、资料、档案的管理，会议的准备，督促决议的执行，联系各司工作，本部人、财、物的各项工作等
干部司	主管由本部办理的地方行政人员的任免、调动、调整，各级行政人员的铨叙、登记、统计、教育训练，工作人员的福利等
民政司	主管地方人民政权建设，地方行政机关的设置，行政区域的划分调整、名称和治所的厘定、图志的收集编印，疆界的测量勘查，水陆地图的审查，户籍、国籍的管理等
社会司	主管社会福利，游民改造，社团和宗教团体的登记，公葬公墓，人民褒扬奖励，移民，社会救济等
地政司	主管农村土地改革，土地的清丈、登记和颁发土地证，城市房地产政策，城市营建的计划考核，公共房地产的保护，其他地政事项
优抚司	主管烈、军、工属和革命残废军人的优待抚恤，退伍安置和退休工作人员的处理，烈士褒扬追悼，烈士传记编纂和事迹遗物的搜集保管，烈士纪念物的兴建管理保护，优军，其他优抚事项等

资料来源：陈杰昌 . 民政部组织机构与职能演变 // 民政部 . 中国民政年鉴 2002. 北京：中国社会出版社，2003.

农村，实行集体经济制度，社会化的养老服务主要由集体来提供。1956 年 6 月 30 日，《高级农业生产合作社示范章程》经第一届全国人民代表大会第三次会议通过。其中，第五十三条规定：“农业生产合作社对于缺乏劳动力或者完全丧失劳动力、生活没有依靠的老、弱、孤、寡、残疾的社员，在生产上和生活上给以适当的安排和照顾，保证他们的吃、穿和柴火的供应，保证年幼的受到教育和年老的死后安葬，使他们生养死葬都有依靠。”同一时期由中共中央提出的《1956 年到 1967 年全国农业发展纲要》即“农业四十条”中的第三十条也有类似的要求：“农业合作社对于社内缺乏劳动力、生活没有依靠的鳏寡孤独的社员，应当统一筹划，指定生产队或者生产小组在生产上给以适当的安排，使他们能够参加力能胜任的劳动；在生活上给以适当的照顾，做到保吃、保穿、保烧（燃料）、保教（儿童和少年）、保葬，使他们的生养死葬都有指靠。”

“五保”就是保吃、保穿、保烧、保教、保葬的统称，供养五保对象的经费来自集体经济组织，主要是公益金。《高级农业生产合作社示范章程》第十四条规定：“社员的土地转为合作社集体所有、取消土地报酬以后，对于不能担负主要劳动的社员，合作社应该适当地安排适合于他们的劳动，如果他们在生活上有困难，合作社应该给以适当的照顾；对于完全丧失劳动力，历来靠土地收入维持生活的社员，应该用公益金维持他们的生活，在必要的时候，也可以暂时给以适当的土地报酬。”

根据《高级农业生产合作社示范章程》第二十二条和第四十三条的规定，公益金是用来发展合作社文化、福利事业的专门资金。合作社全年收入（包括实物和现金）在依据国家有关规定纳税、再扣除本年度消耗的生产费以后，按照不超过 2% 的比例留出。20 世纪 50 年代，我国近 90% 的人口居住在农村，全国耕地灌溉面积不到 2000 万公顷，农业机械总动力只有区区 18 万千瓦，粮食总产量只有 1 亿多吨。农村的社会化养老只能依托集体经济、依靠互助共济。然而，那个时候农业基础十分薄弱，生产水平很低，基本上是“靠天吃饭”。合作社可以留存用于公益金的收入极其有限，“五保户”的供养状况可想而知。但就是在捉襟见肘的窘迫条件下，农村五保制度建立起来，为远远多于城市的救济对象提供了社会化的养老服务。

1958 年，人民公社运动兴起。从夏季开始，全国 74 万多个农业生产合作社在短短几个月的时间里，改组成为 2.6 万个人民公社。人民公社不仅创办了著名的“吃饭不要钱”的公共食堂，而且兴办了大量的托儿所、幼儿园、敬老院等集体福利事业。这一年的 12 月，党的八届六中全会通过《关于人民公社若干问题的决议》，明确提出“要办好敬老院，为那些无子女依靠的老年人（‘五保户’）提供一个较好的生活场所”，并对加强敬老院工作人员的思想政治教育、做好服务性工作、改造旧式房屋等提出了要求。1958 年年末，全国农村五保户 413 万户、519 万人，兴办农村敬老院 15 万家、收养老年人 300 多万人。

随后的三年困难时期，严重冲击了农村集体经济，农村敬老院的建设和运转变得难以为继。1962 年，全国农村敬老院仅存 3 万家左右，在院老年人减少到 55 万人左右，这两个指标均比 1958 年大幅“缩水”80% 以上。

对养老服务更大的负面冲击，来自 1968 年年末决定、1969 年年初宣布，被誉为共和国“第一大部”的内务部的被撤销。养老服务的管理一度陷入无部门监管状态，直到 1972 年 3 月，原内务部主管的救灾、救济、优抚、拥军优属等工作才明确划归财政部管理，但养老服务发展建设的力度和速度已不能同此前相提并论。到 1978 年，农村敬老院仅存 7000 多家，在院老年人仅有 10 万人左右，与 1962 年相比又双双“缩水”80% 左右（表 3-4）。城市也无法独善其身，1978 年，全国的社会福利院剩 577 家，收养老残等各类人员 3.8 万人。

表 3-4 城乡养老服务机构发展概况（20 世纪 50 年代末至 70 年代末）

年份	城市残老院、养老院、社会福利院（家）	收养老年人（万人）	年份	农村敬老院（万家）	在院老年人（万人）
1959 年	379	6.5	1958 年	15.0	>300
1964 年	733	7.9	1962 年	3.0	55
1978 年	577	3.8*	1978 年	0.7	10

注：标注“*”的数据包括老残等人员。
资料来源：姚远 . 对我国养老服务历史经验的研究与借鉴 . 北京：华龄出版社，2018.

3.3 城市养老市场化与农村集体养老的恢复

1978 年 3 月 5 日，第五届全国人大一次会议通过决议，设立中华人民共和国民政部，任命程子华为民政部部长。同年 5 月，民政部正式成立，承袭了原内务部的主要职责，内设机构有：办公厅、政治部、优抚局、农村社会救济司、城市社会福利司、民政司、政府机关人事局和中国盲人聋哑人协会。8 月，国务院办公厅负责的行政区划工作也移交给民政部。9 月，第七次全国民政会议在北京召开。根据党中央、国务院的指示，明确了民政工作的主要任务：优抚、复退安置、生产救灾、社会救济和社会福利，并承办行政区划、婚姻登记和殡葬改革等工作。10 月，党中央、国务院决定，县、社直接选举的具体事务由民政部门负责[7]。

民政部成立后，与之前的内务部相比，社会救济和社会福利的职能明显加强了，体现为专门设置的两个司局。城市老年福利工作、农村五保救助工作分别由城市社会福利司、农村社会救济司来负责，在很大程度上加强了行政管理。但在成立之初，民政部门的养老工作仍然主要着眼于孤老、残老、五保老人等传统的救助和福利对象。

在计划经济体制下，社会养老服务的对象是非常有限的。养老照护这个关键服务由城市的社会福利机构和农村的敬老院来提供，背后是国家财政和村集体经济，性质是社会福利和社会救济，并没有形成供给与需求双方主动参与的服务市场。既不是有钱就能购买所需要的服务，又不是有服务的供给能力就一定能够发挥作用。老年健康、老年文教、养老金融、老年用品、养老建筑等市场也没有细分出来，部分功能在城市以单位福利、劳动福利、干部职工福利的形式体现，在农村则是集体福利、合作社福利、公社福利，涉老政策则处在整个政策体系的边缘和角落。在家庭人口规模比较大、城市有单位福利体制、农村有集体经济保障的情况下，勉强能够维持社会福利、社会救助性质的养老机构及服务运转。计划经济时期，服务业的发展受到抑制。国际通行的国民经济核算理念和方法还没有引进，我国使用的苏联物质平衡

---

7 陈杰昌 . 民政部组织机构与职能演变 // 民政部 . 中国民政年鉴 2002. 北京：中国社会出版社，2003：658-667.

表体系主要围绕物质生产进行统计核算，工农业总产值是最重要的核算指标。在这个核算体系中，服务业对价值的创造功能被大大低估甚至是忽视了，其所反映的服务需求和服务供给都被压抑了。养老服务停留在补缺型的社会福利、兜底性的社会救济的狭窄范围，服务对象只有城镇无依老人和农村五保老人。对于更广大的老年人来说，一方面缺乏经济条件来支撑有效的购买力，另一方面则缺乏适销对路的产品和服务供给。

1978 年 12 月 18—22 日，党的十一届三中全会在北京举行。全会决定“全党工作的着重点应该从 1979 年转移到社会主义现代化建设上来”，开启了我国改革开放新的伟大征程。改革开放后，随着市场经济不断发展，城市的单位制逐步瓦解，农村集体经济也在快速的环境变化中受到冲击，再加上家庭的裂变，福利化的养老模式支撑不下去了。在城乡居民收入持续增长中，家庭可用于养老的收入和财富储备在增加，养老服务的需求基础在巩固和扩大。面向传统福利和救济对象以外的老年人、市场化的养老服务开始出现。

早期的市场化养老服务主体并不是凭空产生的，实际上仍是计划经济条件下的养老服务机构，面向新的需求实现了新的功能。

1979 年 11 月，民政部在北京组织召开了“全国城市社会救济福利工作会议”，标志着社会福利事业和机构养老服务的全面恢复。会议一方面批评了过去不分收养对象、一律“以教为主”的办院方向，重申了原内务部时期就提出过的“以养为主”；另一方面明确提出，要突破以传统“三无”对象为收养范围的规定，积极创造条件、有计划地开展双职工家庭残疾人员和退休孤老职工的自费收养业务。此后，在全国范围内，越来越多的社会福利机构开始突破原先只收养“三无”对象的限制，更加注重从教养向服务转变，更广泛的社会养老服务需求有了实现的途径。

五年后的 1984 年 11 月，由民政部主办的“全国城市社会福利事业单位改革整顿经验交流会”在福建漳州召开（以下简称“漳州会议”）。在这次会议上，正式提出了依靠社会力量来发展城市社会福利事业的思路，还明确了社会福利事业要进一步向国家、集体、个人一起办的体制转变，具体目标是要实现“三个转变”——由救济型向福利型转变，由供养型向供养康复型转变，由封闭型向开放型转变。此后又过了近五年的时间，1989 年 5 月，民政部在湖南湘潭召开“全国城市社会福利事业单位深化改革工作座谈会”（以下简称“湘潭会议”），总结了漳州会议以来的改革进展。这次会议的纪要显示，全国已经出现了多渠道、多层次、多形式兴办城市社会福利事业的局面，表现出“五个改变”。

一是改变了社会福利事业由国家包办的体制，出现了社会福利社会办的新局面。截至 1988 年，由政府兴办的社会福利事业单位有 1098 所，五年间增加了 26.4%，与 1978 年相比几乎翻了一番；由街道举办的集体福利事业单位有 8133 个，五年间增加了 24 倍之多。此外，还出现了一批企事业单位和个人出资兴办的社会福利机构。

二是改变了单纯救济和恩赐观点，确立了全心全意为收养人员服务的思想。通过改革和整顿，社会福利事业单位的队伍建设得到加强，服务质量和管理水平有所提高，包括孤老在内的收养人员生活状况有所改善，院容院貌发生了明显变化。

三是改变了只重社会效益、忽视经济效益的观念，开辟了自我积累、自我发展的新路子。各地社会福利事业单位坚持社会效益、经济效益“两手抓”，积极开展生产经营活动，经济收入逐年增加。增加的生产经营收入，用于改善收养人员生活条件和改造危旧房屋。据 1988 年不完全统计，全国城市社会福利事业单位生产总值超过 3000 万元，纯收入超过 1600 万元，后者相当于全年事业费的 10% 左右。

四是改变了单纯供养的做法，实行了供养与康复相结合的模式。各地社会福利事业单位认真贯彻供养与康复并重的方针，积极开展老年人、残疾儿童、精神病人等收养对象的康复活动。其中，参加康复训练的残疾儿童比例达到 40%，参加康复训练的老年人比例也有 24%。以药物治疗、心理治疗、劳动治疗、文娱治疗四结合疗法为主要内容的精神病人康复活动，则是普遍开展。有些福利事业单位还利用人员、技术、设备等相对占优势的条件，指导和帮助街道开展社区康复活动。

五是改变了封闭式的办院模式，开展了社会化服务活动。许多社会福利事业单位在做好“三无”对象收养工作的前提下，面向社会实行有偿服务，收养了离退休的孤老、家庭无力照顾的老年人、残疾儿童以及精神病人，不断拓宽社会化服务的领域。

在总结经验的同时，湘潭会议也剖析了城市社会福利事业发展仍然存在的突出问题，即三个不适应：一是 20 世纪 50 年代建立的主要收养无依无靠、无家可归、无生活来源的“三无”老人的办院模式不适应新的发展要求，“三无”对象明显减少，离退休孤老、身边无人照顾的老人日益增加，这部分社会群体及其养老服务需求再也无法忽视，相关的服务需要加快走上多样化的道路；二是福利事业单位单纯依靠国家拨款吃“大锅饭”的状况不适应改革开放和市场经济（当时的提法还是“商品经济”）的要求，领导班子臃肿、科室林立、人浮于事的现象比较普遍，投入产出效益不高；三是政府办福利机构的设备条件、人员素质不适应日益增长的福利要求，全国社会福利事业单位仍有高达 40 万平方米的危房，相当于总建筑面积的 1/4，医疗设备停留在“老三件”（听诊器、血压计、温度计）、医护人员缺乏、医疗水平不高的问题十分突出，全国 50% 以上的县和中小城市还没有社会福利机构。

针对这些问题，湘潭会议提出了改革管理体制、增加服务内容、提高服务质量、增强自我发展能力的要求，并且特别强调要依靠社会力量，国家、社会、家庭相互结合、互相补充，福利与生产相结合、事业与实业相依托、以实业补事业。此次会议后的一段时期，民政部门以外的主体兴办福利机构特别是老年福利机构、养老院、幸福院、敬老院等养老服务机构越发踊跃。1991 年，街道、厂矿、企业主体等举办的集体性质的社会福利机构床位 64.8 万张，收养人员 49.9 万人，分别是政府办社会福利机构的 5.5 倍和 5.3 倍；1995 年，全国由个人举办的福利院已经超过 100 家[8]。

改革开放初期，城市社会福利事业在快速恢复和探索市场化道路的同时，农村五保制度总体上也在恢复，但相对缓慢，甚至出现了曲折。改革始于农村，以安徽凤阳小岗村为代表，以家庭承包为主要形式的农业生产责任制在全国迅速推开。1984 年年底，全国农户中，实行家庭联产承包责任制的比例就超过了 90%——这一方面激发了农业生产的活力，促进了农业产出和农民收入的提高。但另一方面阶段性地引发传统集体经济发生重大变化，原先依托于从村集体经济提取公益金的农村五保制度，基础一度被削弱。当然，我们需要辩证地、发展地看待这一问题。不从根本上释放农业生产力，农村五保制度无法持续发展。短期遇到的问题是发展中的问题，随着农业农村的发展，农村五保供养的物质基础实质性地巩固了。

8 宋士云．中国社会福利制度的改革与转型．河南大学学报（社会科学版），2010（3）．

在经济基础不断巩固之中，政策也不断颁布和完善。1982 年 1 月，中共中央 1 号文件批转《全国农村工作会议纪要》，澄清了包干到户仍然是社会主义农业经济的组成部分、应当逐步发展成更为完善的集体经济，而非“土地还家”、平分集体财产、分田单干，不同于合作化以前的小私有的个体经济。因此，不仅要接受国家的计划指导，还要有一定的公共提留，用于统一安排烈军属、五保户、困难户的生活[9]。这对家庭联产承包责任制推行中，部分五保老人被忽视、被抛弃的状况进行了纠偏。1984 年的中央 1 号文件提出，要保证农村合理的公共事业经费，各地可根据农民的经济状况，由乡人民代表大会定项限额提出预算，报县人民政府批准，由基层统筹使用[10]。这对基层保障五保老人的经费给出了制度性的安排。1985 年 10 月，中共中央、国务院印发《关于制止向农民乱派款、乱收费的通知》，提出乡和村兴办教育、修建公路、实施计划生育、优待烈军属、供养五保户等事业的费用，原则上应当以税收或其他法定的收费办法来解决。这为下一步推进法制建设指明了方向。当然，考虑到基层实际，该通知要求在新的制度建立以前，仍然按照 1984 年中央 1 号文件的规定来收取公共事业统筹费[11]。

从 1982 年年底到 1984 年年初，民政部通过普查的形式对全国五保对象、供养形式及标准进行了摸底，并在普查中推动五保制度的完善和落地。在普查期间，为将近 30 万应保未保的人员落实了五保待遇，新建了 3000 多所农村敬老院、收养人员增加了 3 万多人；同时也发现不少突出问题，比如相当大比例的五保对象还要划田自耕或者代耕，供养标准很低，粮食不够吃、烧柴没着落、生病无人照料、屋漏无人过问。农村五保供养仍然是低水平的，五保老人等供养对象的生活依然十分困难。而且，乡村仍然是兴办农村敬老院的主体，市场力量还没有进入农村办养老的趋势。

9　中共中央 . 全国农村工作会议纪要：中发〔1982〕1 号 .

10　中共中央 . 关于一九八四年农村工作的通知：中发〔1984〕1 号 .

11　中共中央，国务院 . 关于制止向农民乱派款、乱收费的通知：中发〔1985〕21 号 .

3.4 城乡养老法制化和社区化

进入20世纪90年代，养老服务政策出现了两个新的变化，一个是走上了法制化的道路，另一个是开展了社区化的探索。

农村养老方面，1991年12月，国务院以行政法规的形式颁布了《农民承担费用和劳务管理条例》，对农村“三提五统”进行了规范，也对农村五保供养的经费提出了法定要求。在村提留中，公益金用于五保户供养、特别困难户补助、合作医疗保健以及其他集体福利事业。乡统筹费除了用于安排乡村两级办学、计划生育、优抚、民兵训练、修建乡村道路等民办公助事业，也可以用于五保户供养；但如果五保户供养已经从乡统筹费中列支，就不得在村提留中重复列支[12]。

1994年1月，国务院颁布了《农村五保供养工作条例》，为创立了近40年的农村五保制度奠定了法规基础。该条例明确界定了五保供养对象，即无法定扶养义务人（或法定扶养义务人无扶养能力）、无劳动能力、无生活来源的老年人、残疾人和未成年人；明确了五保供养的内容，即对五保对象在吃、穿、住、医、葬方面给予的生活照顾和物质帮助；明确了五保供养的责任主体，即农村集体经济组织负责提供五保供养所需的经费和实物，乡、民族乡、镇人民政府负责组织实施；明确了五保供养所需经费和实物的来源，从村提留或者乡统筹费中列支，有集体经营项目的地方可以从集体经营收入、集体企业上缴的利润中列支；明确了集中供养和分散供养两种形式，乡镇政府是兴办敬老院的主体；此外，对五保供养的主管部门、对象确定、实际标准等也作出了规定[13]。1997年3月，针对集中供养设施的建设管理，民政部以部门规章的形式印发了《农村敬老院管理暂行办法》，对供养对象、院务管理、财产管理、生产经营、工作人员等进行了规范，并明确放宽了兴办主体——敬老院以乡镇办为主，五保对象较多的村也可以兴办；同时还提倡企业、事业单位、社会团体、个人兴办和资助敬老院。

城市养老方面，1993年4月，民政部以部门规范性文件的形式颁布了《国

12 国务院.农民承担费用和劳务管理条例：国务院令第92号.

13 国务院.农村五保供养工作条例：国务院令第141号.

家级福利院评定标准》，对由国家投资兴建、县以上民政部门负责管理的社会福利院、儿童福利院和精神病人福利院，提出了床位总数和利用率、专业人员队伍、设施设备、院容院貌、服务能力和满意率、康复参与率和有效率、工作人员与收养休养人员比例、事业费开支用于收养休养人员的比例等要求（表 3-5）。值得特别注意的是，在评定标准中，关于医疗、护理、康复的指标占有很重要的权重，在养老机构早期的标准中，实际上已经有了现在所讲的"医养结合"概念。1999 年 12 月，民政部以部门规章这一具有更高法律效力的形式颁布了《社会福利机构管理暂行办法》。由国家、社会组织和个人等各类主体举办的，为老年人、残疾人、孤儿和弃婴等对象提供养护、康复、托管等服务的机构，其审批、管理及法律责任等得到了统一规范[14]。

我国养老法制建设具有里程碑意义的法律，是 1996 年 8 月 29 日第八届全国人大常委会第二十一次会议通过的《中华人民共和国老年人权益保障法》（以下简称"1996 版老年法"）。据当时担任中国老龄协会调研室主任的张同春介绍，出席会议的 136 位全国人大常委会委员全部投了赞成票，没有反对票，也没有弃权票，可见老年法确实为民心所盼。1996 版老年法对"老年人"这个尽人皆知，但理解并不统一的概念给出了法律界定，即 60 周岁以上的公民。家庭、国家（政府）、社会的养老责任，也在法律中作出了明确规定。

家庭是养老的第一责任主体。1996 版老年法规定："老年人养老主要依靠家庭，家庭成员应当关心和照料老年人。"关于家庭的条款并不多，但都是硬责任，包括赡养人对老年人的经济供养、生活照料、精神慰藉、医疗护理、住房安排等，农村老年人的赡养人还有代耕田地、代管林木和牲畜的责任。

关于国家和政府责任的条款比较多，归纳起来可以分为三类：一是兜底保障责任，二是优先优待责任，三是产业促进责任。国家（政府）兜底保障老年人的合法权益、养老保险和基本生活、医疗保险和基本医疗需要，对"三无"老人给予直接的救济。国家和政府的兜底责任是明确的、边界清晰的，主要是守住法律的底线，建立社会保险制度以保障老年人的基本需求，依托社会救济或补缺型的社会福利制度来照料特殊困难老年人。优先优待的责任体现在发展计划、财政投入、表彰奖励以及老年人参观游览、乘坐公共交通工具等方面。

14 民政部 . 社会福利机构管理暂行办法：民政部令第 19 号 .

表 3-5 国家级福利院评定标准（1993 年）

具体要求	国家一级福利院	国家二级福利院
床位总数	150 张以上	100 张以上
医护人员应占全院职工总数的比例	70% 以上	65% 以上
院容院貌	花园式单位	绿化先进单位
收养、休养人员及其家属满意率	95% 以上	90% 以上
单病种的治愈好转率	95% 以上	90% 以上
收养、休养人员的康复参与率	达到 98%	达到 90%
收养、休养人员的康复有效率	达到 90%	达到 85%
床位利用率	98% 以上	95% 以上
工作人员与正常老人的比例	1 ：4	
工作人员与生活不能自理老人的比例	1 ：1.5	
收养、休养人员年生活费开支占年事业费的比例	达到 80%	达到 70%
按职工总数计算每人每年平均创收	4000 元	3000 元

资料来源：民政部 . 国家级福利院评定标准，1993.

尽管没有直接用养老产业、养老服务业、老龄产业等称谓，但国家促进养老产业发展的责任，多维度、大范围地体现在 1996 版老年法之中，涉及老有所养、老有所医、老有所为、老有所学、老有所乐方方面面（表 3-6）。在“养”方面，鼓励、扶持社会组织或者个人兴办老年福利院、敬老院、老年公寓。在“医”方面，鼓励、扶持社会组织或者个人兴办老年医疗康复中心，加强老年医学的研究和人才的培养。在“为”方面，为老年人参与社会主义物质文明和精神文明建设创造条件。在“学”方面，发展老年教育，加强领导并统一规划，鼓励社会办好各类老年学校。在“乐”方面，鼓励、扶持社会组织或者个人兴办老年文化体育活动场所。此外，还有专门针对企业参与养老产业的条款：“引导企业开发、生产、经营老年生活用品。”

在国家与社会的共同责任中，发展社区服务是重要的一条，涉及生活服务、文化体育活动、疾病护理与康复。在 1996 版老年法起草的过程中，与养老法

表 3-6 《中华人民共和国老年人权益保障法》（1996 年版）规定的主体责任

家庭（赡养人）责任	对老年人经济上供养、生活上照料和精神上慰藉，照顾老年人的特殊需要。 对患病的老年人提供医疗费用和护理。 妥善安排老年人的住房。 耕种老年人承包的田地，照管老年人的林木和牲畜等，收益归老年人所有
国家（政府）责任	保护老年人依法享有的权益。建立养老保险制度，保障老年人的基本生活。根据经济发展、人民生活水平提高和职工工资增长的情况增加养老金。城市的老年人，无劳动能力、无生活来源、无赡养人和扶养人的，或者其赡养人和扶养人确无赡养能力或者扶养能力的，由当地人民政府给予救济。建立多种形式的医疗保险制度，保障老年人的基本医疗需要。 将老年事业纳入国民经济和社会发展计划，逐步增加对老年事业的投入，并鼓励社会各方面投入。对维护老年人合法权益和敬老、养老成绩显著的组织、家庭或者个人给予表扬或者奖励。根据当地经济发展水平，逐步增加对老年福利事业的投入，兴办老年福利设施。在参观、游览、乘坐公共交通工具等方面，对老年人给予优待和照顾。 鼓励、扶持社会组织或者个人兴办老年福利院、敬老院、老年公寓、老年医疗康复中心和老年文化体育活动场所等设施。引导企业开发、生产、经营老年生活用品，适应老年人的需要。加强老年医学的研究和人才的培养，提高老年病的预防、治疗、科研水平。发展老年教育，鼓励社会办好各类老年学校。对老年教育应当加强领导，统一规划。为老年人参与社会主义物质文明和精神文明建设创造条件
国家（政府）和社会共同责任	健全对老年人的社会保障制度，逐步改善保障老年人生活、健康以及参与社会发展的条件。农村的老年人，无劳动能力、无生活来源、无赡养人和扶养人的，或者其赡养人和扶养人确无赡养能力或者扶养能力的，由农村集体经济组织负担保吃、保穿、保住、保医、保葬的五保供养，乡、民族乡、镇人民政府负责组织实施。 老年人患病，本人和赡养人确实无力支付医疗费用的，当地人民政府根据情况可以给予适当帮助，并可以提倡社会救助。医疗机构应当为老年人就医提供方便，对 70 周岁以上的老年人就医，予以优先。有条件的地方，可以为老年病人设立家庭病床，开展巡回医疗等服务。开展各种形式的健康教育，普及老年保健知识，增强老年人自我保健意识。 开展适合老年人的群众性文化、体育、娱乐活动，丰富老年人的精神文化生活。发展社区服务，逐步建立适应老年人需要的生活服务、文化体育活动、疾病护理与康复等服务设施和网点。鼓励和支持社会志愿者为老年人服务。 重视、珍惜老年人的知识、技能和革命、建设经验，尊重他们的优良品德，发挥老年人的专长和作用
全社会责任	保障老年人合法权益。 广泛开展敬老、养老宣传教育活动，树立尊重、关心、帮助老年人的社会风尚。 发扬邻里互助的传统，提倡邻里间关心、帮助有困难的老年人

资料来源：《中华人民共和国老年人权益保障法》（1996 年 8 月 29 日全国人大常委会表决通过）.

制化进程相伴随的，是养老的社区化。

1993 年 3 月，国务院批准了国家计委关于全国第三产业发展规划的基本思路。这个思路提出：“发展以各种便民家庭服务、维修、医疗康复、文化娱乐、幼儿园、托儿所、养老院等为内容的，兼有社会福利性质的社区综合服务中心。”同年 8 月，民政部、国家计委、国家体改委等 14 个部委联合发出《关于加快发展社区服务业的意见》。当时认为，社区服务业以老年人、残疾人、优抚对象服务和便民利民服务为主要内容，是在政府倡导下，为满足社会成员多种需求，以街道、镇和居委会的社区组织为依托，具有社会福利性的居民服务业[15]。

社区服务业的发展，需求源于人口的老龄化和家庭的小型化，供给则面向广大老年人及其家庭。世界人口展望 2019 版数据显示，1990 年我国 60 岁及以上老年人口占总人口比重已经达到 8.5%，与 1980 年相比上升了 1 个百分点；同期，80 岁及以上的高龄老人占老年人口的比例从 5.6% 提高到 7.5%[16]。第四次人口普查数据显示，1990 年我国家庭户平均人口首次跌至 4 人以下——3.96 人[17]，与 1982 年第三次人口普查时的 4.4 人相比出现了较大幅度的下降。老龄化快速发展，高龄化态势凸显，加之家庭规模的收缩，使得社会养老服务的需要明显上升。

虽然养老机构也在快速发展，但受制于家庭收入和观念，绝大部分老年人，甚至大部分实际需要集中照料的老年人，尚不能接受机构养老这种方式。1990 年，城镇居民家庭人均可支配收入只有 1500 多元，农村居民家庭人均纯收入还不到 700 元，城乡家庭的恩格尔系数都在 50% 以上[18]，温饱型的生活水平显然还难以承担机构养老相对较高的支出。那时，居住在福利院、敬老院等养老机构中的老年人，大多数仍然是“三无”和“五保”对象。尽管在 3.3 节所述的改革中，养老机构已经对传统的民政对象以外的老年人敞开了大门，但送老人进养老院在很多地方仍然被视为“不孝”。在社区就能享受到养老服务，而不需要进机构，这为社区养老服务提供了广泛的意愿基础。

不过，由于老年人及其家庭的购买力不足，加之向服务付费的消费习惯也

15　民政部，国家计委，国家体改委，等 . 关于加快发展社区服务业的意见：民福发〔1993〕11 号 .

16　United Nations, Department of Economic and Social Affairs, Population Division. World Population Prospects

17　国家统计局 . 关于一九九〇年人口普查主要数据的公报（第一号）.

18　国家统计局 . 中国统计年鉴 2019. 北京：中国统计出版社，2019.

没有形成，对社区养老服务尽管有着强烈的“需要”，却没有有效的“需求”。社区服务业作为幼稚产业，在很大程度上还要依赖政府的扶持。进入 20 世纪 90 年代，特别是邓小平同志南方谈话以后，我国正加快明确并实现建立社会主义市场经济体制的目标任务。国有企业在转换经营机制、建立现代企业制度，城乡紧密结合、国内国际相互衔接的统一开放的市场体系建设全面启动，效率优先、兼顾公平的收入分配制度在以更大力度鼓励一部分地区、一部分人先富起来，科技、教育、农村、对外开放等领域的改革如火如荼，政府则忙着转变职能、培育发展市场体系，同时在搭建多层次的社会保障体系。养老和社区，在党的十四届三中全会通过的《中共中央关于建立社会主义市场经济体制若干问题的决定》中，主要体现在社会保障部分。因此，前述民政部等 14 个部委《关于加快发展社区服务业的意见》，把社区服务业看作在改革开放中发展起来的新兴社会服务业，是社会保障体系和社会化服务体系中的一个重要行业。[15]

在当时的历史时代和发展阶段下，尽管人们已经认识到了社区养老服务的重要性，但不论是公共财政还是社会资本，都不具备大举进军社区的条件。《关于加快发展社区服务业的意见》提出的到 20 世纪末各类社区服务设施达到 26 万个的目标，实现情况并不理想。截至 2000 年年底，全国城镇社区服务设施 18.1 万处，虽然与 1992 年年底的 11.2 万处相比大幅增加了 60% 以上，但与 14 部委意见的要求相比，目标实现程度不足 70%[19]。

政策上的法制化和社区化，大方向是正确的，但要落实，却面临较大的困难。究其原因，主要是养老服务业发展的支撑体系尚未建立起来。老年人收入低，家庭财富储备不足，养老保险、医疗保险制度覆盖面小，老年人除了生活、医疗费用以外，没有余下的“闲钱”用于购买社会化的养老服务。企业进入快速发展的历史阶段，但处于建立现代企业制度的早期，社会责任并没有纳入重要考量，以老年人为主要服务对象的社会企业在 20 世纪 90 年代罕见。成长性好、利润率高、回报迅速的产业迎来了重大机遇，社会资本趋之若鹜，需要精耕细作、细水长流、短期内收益不高甚至会亏损的养老项目，也就得不到青睐。社区和社会组织发育迟缓，没有能力作为养老服务的重要提供主体。

养老服务要发展，不仅需要产业政策的引领，而且需要社会保障等配套政

19 民政部财务和机关事务司 .1992 年民政事业发展统计报告 .1993-04-04.

策的支撑。这是 20 世纪行将结束、21 世纪即将开启时，我国养老服务业非常紧迫的政策需求。

3.5 世纪之交养老服务加快补短板

第五次人口普查显示，中国大陆 65 岁及以上老年人口占总人口的比例于 2000 年 11 月 1 日达到了 6.96%。按照联合国老年型人口的标准，65 岁及以上人口占总人口的比例达到 7%，是老龄化社会的标志[20]。我国在进入新千年、迎来新世纪的时候，正式步入了老龄化社会。当时，中国社会未富先老的特征非常明显——以人均 GDP 衡量的经济发展水平，在全球约 200 个经济体中排在后 1/3 的位置；而以 65 岁及以上人口占比衡量的老龄化水平，已经跻身全球前 1/3 的行列。我国当时的人均 GDP 刚刚超过 1000 美元，处于同一发展阶段的经济体，有洪都拉斯、巴拉圭、斯威士兰、尼加拉瓜、菲律宾等，这些国家的老龄化率在 3% ～ 4.5%；而与我们同样处于 7% 左右的老龄化水平的国家，如黎巴嫩、圣文森特和格林纳丁斯、突尼斯、泰国、安提瓜和巴布达、特立尼达和多巴哥等，人均 GDP 少则 2000 多美元，多则有 1 万美元[21]。如果说老龄化是“富贵病”的话，彼时的中国可以说是“穷人得了富贵病”。

更为严峻的挑战是，未备先老与未富先老相叠加，增加了老龄化带来的经济社会风险。2000 年，全国城镇从业人员已经超过 2 亿人，然而其中仅 1 亿人纳入了城镇基本养老保险，城镇职工中只有 1/2 拥有养老保险；全国农村从业人员接近 5 亿人，其中只有 6100 多万人纳入了农村社会养老保险，农村劳动者仅 1/8 拥有养老保险；全国 60 岁及以上人口约 1.3 亿人，其中只有 3100 多万城镇离退休人员纳入了基本养老保险社会统筹，占比仅为 1/4；全国 9400 多万贫困人口中，得到低保救济的居民只有 700 多万人，占比仅为 1/13；全国 12.7 亿总人口中，农村居民的医疗保障处于空白状态，参加基本医疗保险的只有 4300 多万城镇职工，后者占总人口的比例仅为 1/30。[21] 毫不夸张地说，拥有养老保险在当时几乎是一种“特权”，拥有医疗保障更是特权中的特权。

为应对人口老龄化的挑战，加快补短板的工作积极开展起来。

---

20 United Nations. The Aging of Population and Its Economic and Social Implication. Population Studies, 1956, 26.

21 顾严 . 且富且老：中国养老困局与治理出路 . 北京：中国财政经济出版社，2017.

首先是国家层面统筹协调机制的建立。1999年10月，国务院主管全国老龄工作的议事协调机构——全国老龄工作委员会（以下简称“全国老龄委”）正式成立。全国老龄委的职责主要有5项：一是研究、制定老龄事业发展战略及重大政策，协调和推动有关部门实施老龄事业发展规划；二是协调和推动有关部门做好维护老年人权益的保障工作；三是协调和推动有关部门加强对老龄工作的宏观指导和综合管理，推动开展有利于老年人身心健康的各种活动；四是指导、督促和检查各省、自治区、直辖市的老龄工作；五是组织、协调联合国及其他国际组织有关老龄事务在国内的重大活动。全国老龄委下设办公室，办公室设在民政部，办公室主任由民政部部长兼任，具体工作委托中国老龄协会承担[22]。

在成立之初，全国老龄委的主任由中共中央政治局常委、国务院副总理兼任，常务副主任由分管民政工作的国务委员兼任，副主任包括民政部部长、国务院副秘书长、劳动保障部部长、中组部副部长，委员由成员单位分管领导兼任。除民政部、劳动保障部、中组部以外，成员单位还包括中宣部、中直机关工委、中央国家机关工委、国家计委、教育部、国家民委、民政部、司法部、财政部、人事部、建设部、文化部、卫生部、广电总局、体育总局、新闻出版署、总政治部、全国总工会、全国妇联、中国老龄协会。全部23个成员单位，覆盖了应对人口老龄化相关工作的党政军部门。

在全国老龄委成立后的第二年，2000年8月，中共中央、国务院印发《关于加强老龄工作的决定》（中发〔2000〕13号），对加强老龄工作的重大意义进行了论述，明确了老龄工作的指导思想、原则和目标，并对切实保障老年人的合法权益、发展老年服务业、加快老龄事业发展、开展生动活泼的老年思想政治工作、加强对老龄工作的领导等重点任务进行了部署。这部中华人民共和国成立以来首个专门针对老龄问题的中央文件提出了六个“坚持”的原则，其中前三条原则与养老服务业的发展密切相关。

第一条原则是“坚持老龄事业与国民经济和社会发展相适应，促进老龄事业健康发展”。未富先老的现实说明，老龄化与经济发展是不协调的。未备先老的窘境表明，涉老政策作为养老服务中具有公共服务性质的重要方面，需要加快补齐短板。下文的简要梳理将表明，这一时期的养老服务政策，比较成功的是在养老保险、医疗卫生、基本民生保障等公共服务方面的“大补课”。

第二条原则是“坚持家庭养老与社会养老相结合，充分发挥家庭养老的积

22 国务院. 关于成立全国老龄工作委员会的通知：国发〔1999〕22号.

极作用，建立和完善老年社会服务体系”。按照本书的界定，这一条原则中的社会养老与向老年人提供的养老服务是等价的。基于长期以来的社会传统，并且给定社会化养老服务供给难以在短期内满足需求的社会实际，必须让家庭养老继续充分地发挥作用。在社会养老方面，则是要构建起老年社会服务体系，或者说是社会化的养老服务体系。在该文件关于老龄事业发展的主要目标中，对这个体系进行了明确表述，即“以老年福利、生活照料、医疗保健、体育健身、文化教育和法律服务为主要内容的老年服务体系”。

第三条原则是“坚持政府引导与社会兴办相结合，按照社会主义市场经济的要求积极发展老年服务业”。在养老服务业的发展上，政府与社会的关系是明确的，政府主要是引导，社会力量则是兴办的主力军。实践证明，养老服务是不可能由政府包揽的，福利化的路径是一条死胡同。主要依靠企业、社会组织乃至公民个人在内的社会力量，在市场经济规律作用下，紧密对接并不断满足规模巨大、多层多样、持续变化的养老服务需求，才是应对老龄化的根本出路。

为贯彻第三条原则，首部专门针对老龄工作的中央文件单独列明一条任务，即“发展老年服务业”。在这条任务中，首先强调了社区的养老功能，这与20世纪90年代以来的养老社区化发展趋势一脉相承。其次，部署了养老设施建设及其服务提供。再次，对老年医疗保健、老年文化体育、老年教育等服务提出了要求。随后，特别强调了老年服务业发展道路的问题，社会化、产业化是要求。最后，对需求侧的老年消费市场发展也指明了方向（专栏3-1）。

在世纪之交，我国城乡老年人整体上处于入不敷出、收不抵支的状况，有相当大比例的老年人在经济上保障不足。中国城乡老年人口一次性抽样调查显示，2000年城市老年人的年平均收入接近8500元，但年平均支出超过8700元——支出超过收入2.7%；农村老年人年平均收入2232元，年平均支出2280元——支出超过收入2.2%。在城市，有38%的老年人获得了子女的经济支持，家庭成员支持在老年人收入中的占比近18%；在农村，超过64%的老年人获得子女经济支持，老年人收入中的30%以上来源于家庭成员的转移支付（表3-7）。在城市，接近3/4的老年人享有退休金，超过1/4的老年人认为自己在经济上没有保障；在农村，老年人享有退休金的比例仅仅略高于5%，近1/2的老年人认为自己经济没保障[23]。

23　全国老龄工作委员会办公室，中国老龄协会“中国城乡老年人口一次性抽样调查”课题组.

专栏 3-1 《关于加强老龄工作的决定》对发展老年服务业的部署

要加强社区建设，依托社区发展老年服务业，进一步完善社区为老年人服务的功能。

各地要充分利用现有设施，积极兴办不同形式、不同档次的老年福利院、老年护理院、老年公寓、托老所等，为老年人提供生活照料、文化、护理、健身等多方面的服务。

各级医疗卫生机构要大力开展多种形式的老年医疗保健服务，逐步建立起完善的社区卫生服务机构，健全老年医疗保健服务网络，提高服务质量。

各级文化、体育、广播电视等部门和工会、妇联等群众团体要进一步加强老年文化体育工作，发展老年文化体育事业。

各级部门要重视发展老年教育事业，发展广播、电视、网络和函授教育，鼓励和指导社会力量按照有关规定兴办各类老年学校。

老年服务业的发展要走社会化、产业化的道路。

要培育和发展老年消费市场。

社会保障制度覆盖率偏低，老年人经济上对子女的依赖程度较高，这样的状况很难支撑消费的自主性。养老服务尽管有需要，但是严重缺乏经济学意义上有效需求。养老保险的“大补课”成为养老服务业发展的先决条件。

20 世纪 90 年代，国务院先后印发了《关于城镇企业职工养老保险制度改革的决定》《关于深化企业职工养老保险制度改革的通知》《关于建立统一的企业职工基本养老保险制度的决定》3 个养老保险制度改革与建设的重要文件，正式提出了“国家、企业、个人三方共同负担”的职工养老保险制度，构建起社会统筹与个人账户相结合的制度框架，并且统一了企业和个人缴费的比例。实际上，养老保险制度建设在我国进入老龄化社会之前就已经开始提速了。然而，受当时经济发展水平和公共财政能力的制约，加之亚洲金融危机、国有企

表 3-7 中国城乡老年人口状况一次性抽样调查（2000 年）经济状况主要数据

指标	城市	农村
老年人年平均收入（元 / 人）	8496	2232
老年人月平均支出（元 / 人）	727（> 收入 2.7%）	190（> 收入 2.2%）
老年人享有退休金的比例	72.2%	5.5%
老年人继续从事工作或生产劳动的比例	0.8%	48.8%
老年人得到政府或集体救助的比例	4.8%	10.4%
老年人获得子女经济支持的比例	38%	64.3%
家庭成员支持量占老年人收入比重	17.9%	30.9%
老年人认为自己经济没有保障的比例	26.3%	45.3%

资料来源：全国老龄工作委员会办公室，中国老龄协会"中国城乡老年人口一次性抽样调查"课题组．中国老年人的现状、问题及政策建议："中国城乡老年人口一次性抽样调查"总报告，2003.

业职工下岗等冲击，职工养老保险扩大覆盖面的过程不太顺利，甚至还出现了反复。

1993 年，参加基本养老保险的城镇职工有 7336 万人。到 1996 年，这个数字攀升到 8800 万人。三年间，平均每年增加近 500 万人。然而，此后两年参保职工的人数不增反降，1997—1998 年累计减少了 320 多万人。自 1999 年开始，参保职工规模才重新恢复增长。2000 年，参加基本养老保险的职工首次超过 1 亿人。2011 年，这个数字进一步突破 2 亿人——十年左右翻一番、年均增加近 1000 万人的速度，明显超过 20 世纪 90 年代中前期。

在 2010 年，十一届全国人大常委会第十七次会议通过了《中华人民共和国社会保险法》，养老保险制度上升为法律制度，国家有责任多渠道筹集社会保险基金，用人单位和职工有义务缴纳基本养老保险费。社会保险法正式实施的 2011 年，参加基本养老保险的城镇职工就增加了 2100 多万人（图 3-1）。

与职工养老保险制度相比，城乡居民养老保险制度的建设要滞后一些。其中，农村养老保险的发展还一度出现曲折。1999 年，全国参加农村养老保险的居民大约 8000 万人，城市还没有建立全国性的、针对居民的养老保险制度。

2000—2004 年，参加农村养老保险的居民人数出现连续五年的持续下降；2005 年以很小的幅度恢复增加后，2006—2007 年又出现了连续两年的下降。到 2007 年，全国参加农村养老保险的居民只有 5100 多万人，比 1999 年减少了 1/3 以上。在经受住国际金融危机冲击后，2009 年 9 月，《国务院关于开展新型农村社会养老保险试点的指导意见》印发，明确将年满 16 周岁（不含在校学生）、未参加城镇职工基本养老保险的农村居民，纳入“新农保”。中国农民几千年来只能依靠家庭和土地养老的状况，发生了根本性转变。新农保采取个人缴费、集体补助、政府补贴相结合的筹资制度，实行社会统筹与个人账户相结合。在财政投入力度不断加大的条件下，新农保从 1999 年试点覆盖全国 10% 的县级行政单元，参保人数近 8700 万人，到 2011 年就覆盖了全国所有的省级行政单元和 2/3 的县级行政单元，参保人数超过 3.2 亿人，两年间，参保人数几乎翻了两番。2011 年，《国务院关于开展城镇居民社会养老保险试点的指导意见》（国发〔2011〕18 号）印发，年满 16 周岁（不含在校学生）、不符合职工基本养老保险参保条件的城镇非从业居民，被纳入“城居保”。

随着社会保障制度不断建立健全，老年人的基本生活变得更有保障。按照“中国城乡老年人口状况追踪调查”的可比口径，城市老年人享有退休金或养

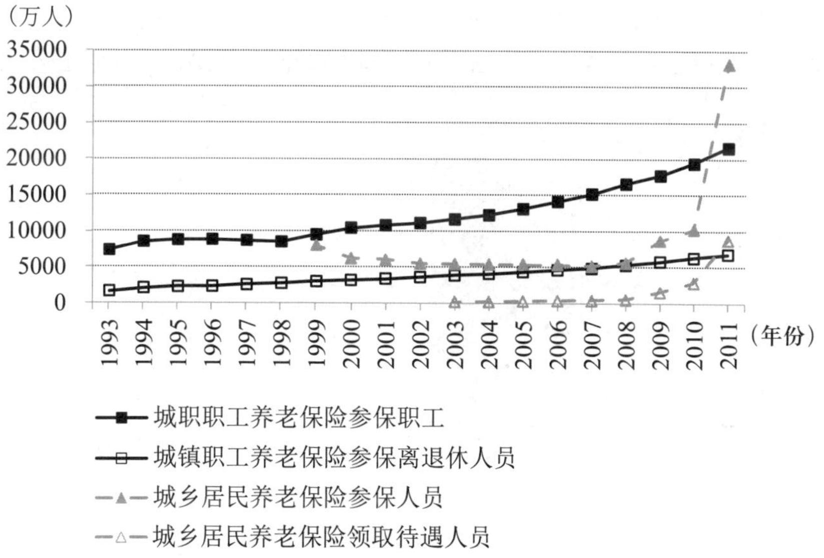

图 3-1 基本养老保险参保人数（1993—2011 年，万人）
资料来源：根据劳动事业发展公报、劳动事业发展统计公报、劳动和社会保障事业发展统计公报、人力资源和社会保障事业发展统计公报统计数据整理 .

老金的比例，从 2000 年的 69.1% 提升至 2006 年的 78%，2010 年进一步提升至 84.7%，十年间提升了 15 个百分点以上。农村老年人则从 2000 年的 3.3% 小幅提高到 2006 年的 4.8%，随后大幅提高到 2010 年的 34.6%，十年间提高 30 个百分点以上（图 3-2）。

与养老保险制度建设相伴随，医疗保障和社会救助体系也集中进行了“大补课”。从 20 世纪 80 年代中后期开始，我国卫生总费用中由个人承担的部分占比持续攀升，到 2001 年达到了 60% 的历史峰值，相当于 20 世纪 80 年代中期的 2 倍、1978 年的 3 倍。老百姓看病的负担越来越重，老年人作为患者中的“主力军”，承担了巨大的经济压力。2000 年，城市和农村老年人都要拿出收入的将近 20% 用于医疗开支。在城市老年人的医疗支出总额中，约 1/6 是由子女或其他亲属负担的；对于农村老年人，这个比例接近 1/2（表 3-8）。不论在城市还是在农村，都有超过 50% 的老年人担心生病没钱治。医疗保障的不完善，导致老年人原本不宽裕的生活更加拮据，更加无力形成对养老服务的有效需求。

2002 年，第四代中央领导集体履新后，卫生总费用中的个人负担比例就开始下降了。2005 年，国务院发展研究中心葛延风研究员向媒体透露了他的团队对 20 多年来中国医疗卫生体制改革的评价结论——“医改基本不成功”，引发全社会的热烈讨论和强烈共鸣。新一轮医药卫生体制改革呼之欲出，医疗卫生过度市场化的倾向开始得到纠偏。彼时，卫生总费用中个人负担比例已经比 2001 年峰值下降了近 8 个百分点。2006 年，深化医药卫生体制改革部际协调工作小组正式成立，

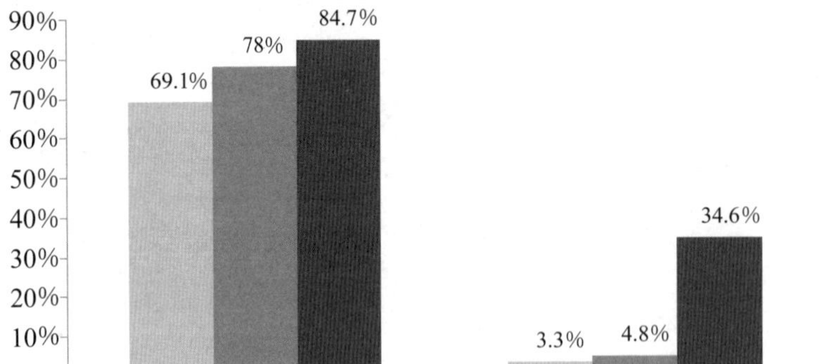

图 3-2　城乡老年人享有退休金（养老金）的比例

资料来源：吴玉韶，郭平，苗文胜 . 2010 年中国城乡老年人口状况追踪调查数据分析 . 北京：中国社会出版社，2014.

表 3-8 中国城乡老年人口状况一次性抽样调查（2000 年）医疗卫生主要数据

指标	城市	农村
消费低于低保线的老年人健康状况差的比例	30.2%	34.7%
消费高于低保线的老年人健康状况差的比例	20.8%	25.3%
健康状况差的老年人反映经济困难的比例	37%	58%
老年人享受公费医疗的比例	60.8%	3%
老年人年平均医疗支出（元 / 人）	1664	422
老年人医疗支出中由子女或亲属负担的比例	15.7%	47.4%
老年人担心生病没钱治的比例	57%	50.2%
老年人担心生病时无人照料的比例	40.8%	38.8%
独居老年人担心生病时无人照料的比例	50.4%	48.3%
无子女老年人担心生病时无人照料的比例	68.9%	69.4%

资料来源：全国老龄工作委员会办公室，中国老龄协会“中国城乡老年人口一次性抽样调查”课题组 . 中国老年人的现状、问题及政策建议 :“中国城乡老年人口一次性抽样调查”总报告，2003.

党的十六届六中全会提出要“坚持公共医疗卫生的公益性质，深化医疗卫生体制改革”“建设覆盖城乡居民的基本卫生保健制度，为群众提供安全、有效、方便、价廉的公共卫生和基本医疗服务”。2007 年，医改协调工作小组在 8 家机构提供的建议方案基础上，形成了深化医药卫生体制改革总体方案的初稿。党的十七大报告把“人人享有基本医疗卫生服务”写进了实现全面建设小康社会奋斗目标的新要求，并要求“建设覆盖城乡居民的公共卫生服务体系、医疗服务体系、医疗保障体系、药品供应保障体系”。2008 年，《关于深化医药卫生体制改革的意见（征求意见稿）》公开向社会征求意见。到了这一年的年底，个人负担卫生费用的比例比 2005 年又下降了将近 12 个百分点。2009 年，《中共中央 国务院关于深化医药卫生体制改革的意见》正式印发，新医改全面破冰。到 2011 年，卫生总费用中个人负担比例已经降至 35% 以下，十年间降低了 25 个百分点以上；政府负担比例则提高到 30%，十年间提高了近 15 个百分点[24]。

24 顾严 . 且富且老：中国养老困局与治理出路 . 北京：中国财政经济出版社，2017.

个人医疗负担的减轻，得益于在新一轮医药卫生体制改革酝酿的同时，医疗保障在政府大力投入的支持下取得的空前进展。2003 年，城镇职工基本医疗保险覆盖范围开始扩大，新型农村合作医疗制度启动建立。2006 年，农民工参加医疗保险的专项扩面行动在全国范围内实施。城镇居民基本医疗保险于 2007 年开始试点，2009 年全面推开。

老年人可以说是医改和医保的最大受益群体。按照“中国城乡老年人口状况追踪调查”的可比口径，城市老年人享有医疗保障的比例，在 2000 年刚刚超过 50% 的水平，仅用十年就几乎翻了一番，2010 年超过了 95%；同一时期，农村老年人享有医疗保障的比例，则从 10% 以下飙升至 98% 以上（图 3-3）。医保快速覆盖城乡老年人，在很大程度上缓解了因看不起病所造成的后顾之忧。老年人在医疗方面的开支，2010 年的人均水平与 2000 年相比略有下降；老年人医疗支出占收入的比例则从 2000 年的近 20% 降至 2010 年的 10% 以下[25]。十年间，就医的绝对负担稍有减轻，相对负担减缓了一半甚至更多。

应该说，养老保险、医疗保障的迅猛发展，为 21 世纪初的养老服务业提供了愈加巩固的制度基础，让养老服务的需要开始向有效需求转化。

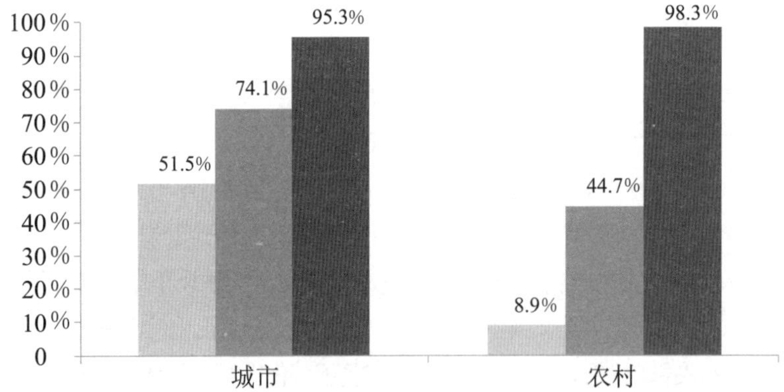

图 3-3 城乡老年人享有医疗保障的比例

资料来源：吴玉韶，郭平，苗文胜．2010 年中国城乡老年人口状况追踪调查数据分析．北京：中国社会出版社，2014.

25 吴玉韶，郭平，苗文胜．2010 年中国城乡老年人口状况追踪调查数据分析．北京：中国社会出版社，2014.

3.6 昙花一现的“星光老年之家”

客观地看，老年人在收入上仍然欠缺独立性，因而在消费上也就欠缺自主性。养老服务业要快速发展甚至是跨越式发展，条件尚不成熟。

第五次和第六次人口普查数据显示，到 2010 年时我国老年人第一位的生活来源，依然是家庭其他成员的供养。尽管这部分数量在收入中的占比在十年间下降了 3 个百分点，但还是在 40% 以上。老年人第二位的生活来源，仍然是劳动收入。从 2000—2010 年，劳动收入在老年人各项收入中的占比从 33% 下降至 29.1%，这意味着老年人要维持一定的生活水平，继续工作、继续从事生产劳动是非常重要的选项。但劳动收入的重要性在降低，退休金、养老金的重要性在上升。退休金或养老金的占比从接近 19.6% 提高到 24.1%[26]。在这十年间，最低生活保障金对老年人收入的重要性有所上升，占比从 1.6% 提高到 3.9%（表 3-9）。这得益于全面覆盖城乡，并且较快实现应保尽保的最低生活保障制度。财产性收入的占比虽然翻了一番，但还没有达到 0.5%，一直处于可以忽略的程度。

给定上述条件，养老服务业应循序渐进发展，既需要进一步加强社会保障，又需要持续增加老年人收入，还需要培育老年人的消费习惯。自 2001 年开始，一场运动式的“社区老年福利服务星光计划”如火如荼开展起来。通过以福利彩票公益金资助为主的方式，短短 3 年内，全国就建成了 3.2 万个“星光老年之家”，其中 2.6 万个得到福彩公益金资助。那时，全国共有街道乡镇 4.3 万个，“星光老年之家”大体上覆盖了全国 3/4 的街道乡镇。2004 年，全国“星光计划”总结表彰工作会议上，还提出了“力求实现全覆盖的目标”。

3 年总投入多达 134 亿元，相当于 2001 年全年的福彩销售规模。单个项目的资助强度在 40 万～ 50 万元，折算成当前的价格，都可以建成小型的嵌入式养老机构了，可“星光老年之家”大多只是老年人活动室而已。令人遗

26 姜向群 . 社会保障建设是积极应对人口老龄化的民生之本 // 邬沧萍 . 全面建成小康社会 积极应对人口老龄化 . 北京：中国人口出版社，2016.

表 3-9　中国老年人收入来源构成

收入来源 \ 年份	2000 年	2010 年
劳动收入	33.0%	29.1%
退休金养老金	19.6%	24.1%
家庭成员供养	43.8%	40.7%
低保金	1.6%	3.9%
财产性收入	0.2%	0.4%
其他	1.8%	1.8%

资料来源：姜向群 . 社会保障建设是积极应对人口老龄化的民生之本 // 邬沧萍 . 全面建成小康社会 积极应对人口老龄化 . 北京：中国人口出版社，2016.

憾的是，到如今，曾经遍布城乡社区的“星光老年之家”早已难觅踪迹[27]。少量残存的招牌下，是福利彩票的销售点兼小卖部，不禁让人唏嘘。

现在看来，除了重建设轻管理、重文化娱乐轻照料康复、重部门政绩轻老年人参与这些主观原因外，也有养老市场发育不充分、养老服务有效需求不足、老年人养老消费不旺盛等客观原因。从需求侧看，养老服务的消费意愿和购买力都比较有限，这样的产业肯定需要相当长的时间来培育，不可能一蹴而就，运动式的发展道路从一开始就埋下了不可持续的隐患。从供给侧看，散在社区的、相互孤立的小型设施，毫无规模经济的效应可言，无法有效降低成本，也就无法适应较低的购买力水平。对于产业和企业来说，没有持续的营收，赚不到利润，自然存活不了太久。

原本具备一定规模经济效应的、可以发挥示范引领作用的养老机构，在当时却发展得相对缓慢。在社区“星光老年之家”掀起建设热潮的同时，全国城乡可提供食宿的收养性单位在 2001—2004 年却不增反降。从后来的实践看，社区养老尽管比机构养老面向更多老年人，但孤立地发展社区养老恐怕是行不通

27　朱恒顺 . 投入上百亿的“星光计划”为何结局惨淡 . 中国青年报，2015-09-17.

的。在一定阶段重点发展养老机构，条件成熟时将机构服务向社区延伸，是更为可行的道路。

2000—2010 年，城乡老年人中的纯老户（即空巢户）比例明显升高，城市中从 42% 升至 54%，农村从 37.9% 升至 45.6%（图 3-4）。直观上推论，空巢老人在增加，他们到机构养老的可能性应该会增加。然而从养老意愿看，城市老年人愿意入住机构的比例在 2000—2010 年期间快速下降，从 18.6% 降至 11.3%；农村老年人的意愿先出现小幅上升，后出现明显下降，总体上也呈下降态势，从 2000 年的 14.4% 降至 2010 年的 12.5%（图 3-5）。这再次说明，养老服务业的发展并不是一帆风顺的，潜移默化比立竿见影更符合这个行业。

在 21 世纪之初，受医疗过度市场化、教育过度产业化等影响，市场化、产业化在很大程度上被"污名化"了。养老服务业虽有中央文件提出的"社会化、产业化"方向，但真正按照产业的路径来发展、谋划产业政策来支持，还显得遮遮掩掩，没有那么理直气壮。

老年人与中年人、青年人、儿童相比，是一个整体，可老年人内部的差异是巨大的，收入水平、健康状况、文化程度、社会参与积极性等，存在着

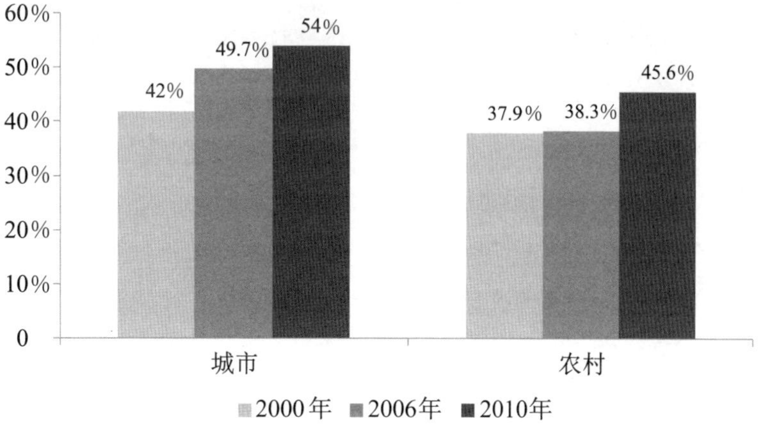

图 3-4　城乡老年人空巢户占比

资料来源：吴玉韶，郭平，苗文胜．2010 年中国城乡老年人口状况追踪调查数据分析．北京：中国社会出版社，2014.

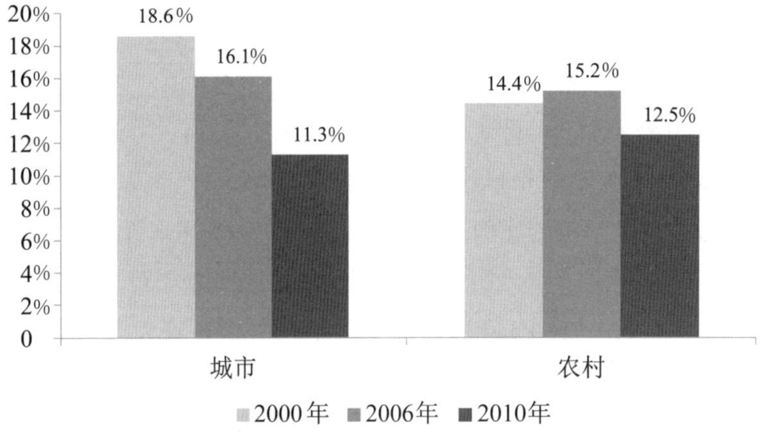

图 3-5 城乡老年人愿意入住养老机构的比例
资料来源：吴玉韶，郭平，苗文胜 . 2010 年中国城乡老年人口状况追踪调查数据分析 . 北京：中国社会出版社，2014.

城乡差别、区域差别、人群差别及个体差异。与多层次、多样化的需求相比，模式单一、业态单调、产品和服务不丰富的养老服务业不能满足初步形成的有效需求。

在社会保障等配套制度建立健全以后，作为幼稚产业、微利产业的养老服务业需要更有针对性的政策来支持，特别是需要遵循市场经济规律、按照产业发展逻辑来设计的产业政策，养老服务业在呼唤新政策，呼唤养老新时代！

第 4 章
历史机遇：养老服务业进入新时代

中国特色社会主义进入新时代以来，养老服务业的发展也迎来了历史性的重大机遇。2013 年，新修订的老年法正式施行，积极应对老龄化以法律的形式被确立为国家战略。同一年，国务院印发了加快发展养老服务业的 35 号文，党的十八届三中全会提出了加快建立社会养老服务体系和发展老年服务产业的任务，此后关于养老服务的一系列政策措施高密度出台，这一年被业界称为养老服务业的“元年”。政策红利与养老需求形成良性互动，养老机构建设、养老企业注册呈现出前所未有的“井喷式”发展态势。在政策实施中，也出现了供给与需求结构性失衡的新问题。党的十八届五中全会对此进行了回应，更加注重医养结合、更加注重政策落实，成为此间养老服务业发展的新方向。2016 年，中央政治局以集体学习的方式开始谋划应对老龄化新的顶层设计。同年，全面放开养老服务市场的新一轮政策落地实施。2017 年党的十九大召开后，老龄工作机构的改革调整和中央纲领性文件的研究编制同步谋划。2018 年，全国老龄委的日常工作移交给国家卫生健康委承担。2019 年，民政部牵头的养老服务部际联席会议制度建立起来。这一年，党中央关于老龄工作新的纲领性文件《国家积极应对人口老龄化中长期规划》颁布实施，我国新时代积极应对人口老龄化的理论视野跃升至新境界，制度安排达到了新高度，政策措施将产生新效能。

4.1 积极应对老龄化上升为国家战略

2012年，党的十八大胜利召开，中国特色社会主义进入新时代。党的十八大报告提出：“积极应对人口老龄化，大力发展老龄服务事业和产业。”这是首次在党代会报告中明确“积极应对人口老龄化”的战略部署，可以看作对《关于加强老龄工作的决定》中“适应人口老龄化”的表述进行了升级。将老龄服务的事业与产业并列提出，给产业化发展养老服务提供了符合新时代中央精神的“尚方宝剑”。

此前，2010年10月党的十七届五中全会通过了《中共中央关于制定国民经济和社会发展第十二个五年规划的建议》，提出“积极应对人口老龄化，注重发挥家庭和社区功能，优先发展社会养老服务，培育壮大老龄服务事业和产业”。那是在中央全会决议中首次提出“积极应对人口老龄化”，并将老龄服务事业和产业同列，可以看作对党的十八大相关重要表述的理论酝酿和政策铺垫。

党的十八大闭幕后两个多月，2012年12月28日，十一届全国人大常委会第三十次会议通过了《中华人民共和国老年人权益保障法》的修订草案。新版的老年法（以下简称“2012版老年法”）于2013年7月1日起施行。

从1996版老年法到2012版老年法，不仅是内容上得到了充实和丰富——6章50条大幅度地拓展为9章85条，更重要的是首次以法律的形式明确了积极应对人口老龄化作为国家的一项战略部署。

回看1996版老年法，通篇没有“老龄化”这个关键词。全法主要是明确了家庭、政府、集体、社会组织等主体应当履行的涉老责任和义务，是针对老年人最基本的法律权益进行的最低限度的规定与保障。1996版老年法第一章第一条“发展老年事业”中的老年事业，实质上是狭义的——针对老年人的事业。

而2012版老年法在第一章第一条将16年前的“老年事业”修订为“老龄事业”，并且在第四条明确增加了这样一句表述：“积极应对人口老龄化是国家的一项长期战略任务。”从老年事业到老龄事业，这一字之差，直观的理解是与《关于加强老龄工作的决定》这个纲领性文件相衔接，也反映了全国老龄委成立后，事业发展新的约定俗成表述。更深层次的含义是：老龄事业不再停留在狭义上的范畴，不再是仅仅针对老年人这个群体的事业，而是拓展为广义上的范畴，指的是积极应对人口老龄化的事业。

老龄事业是对于国家发展具有战略性的事业。从 1996 版到 2012 版老年法，这项战略事业从三支柱发展为六支柱。在 1996 版老年法中，有家庭、社保、参与三大支柱。在 2012 版老年法中，增加了服务、优待、环境这三个新的支柱。如本书第 2 章所论述，应对人口老龄化，服务的地位和作用至关重要——养老服务是防范化解老龄化带来的一系列重大风险的关键，尤其是驯服多米诺类灰犀牛风险的关键。将“社会服务”单独设章，是 2012 版老年法在框架上优化和在内容上丰富的鲜明体现，也是积极应对老龄化的内在要求。

社会服务这一章共 15 条，篇幅占整部法律的 1/5 左右，体现了居家、社区、机构养老服务的体系化发展要求，是对总则中关于“国家建立和完善以居家为基础、社区为依托、机构为支撑的社会养老服务体系”的具体化规定。

例如，这一章的第一条规定：“地方各级人民政府和有关部门应当采取措施，发展城乡社区养老服务，鼓励、扶持专业服务机构及其他组织和个人，为居家的老年人提供生活照料、紧急救援、医疗护理、精神慰藉、心理咨询等多种形式的服务。”在这条规定中可以看到，发展社区养老服务是地方政府的职责，但政府并没有义务直接举办社区养老服务，而是应当通过鼓励和扶持专业机构等主体来提供服务，服务的对象则是居家的老年人。社区一头连着机构、一头连着家庭，机构可以将专业服务延伸进社区、进家庭，家庭依托于社区、接受机构的服务。

体系化发展养老服务的思路，之前见于《中华人民共和国国民经济和社会发展第十二个五年规划纲要》（后文简称《国家“十二五”规划纲要》）、《中国老龄事业发展“十二五”规划》《社会养老服务体系建设规划（2011—2015 年）》。2011 年 3 月，十一届全国人大四次会议通过了根据党的十七届五中全会精神编制的《国家“十二五”规划纲要》，其中部署了“建立以居家为基础、社区为依托、机构为支撑的养老服务体系”这一重要任务。同年 9 月，国务院印发《中国老龄事业发展“十二五”规划》。同年 12 月，国务院办公厅印发《社会养老服务体系建设规划（2011—2015 年）》。这两个专项规划都重申了与《国家“十二五”规划纲要》相同的任务表述。2012 版老年法把国家发展规划和重点专项规划的重要任务上升为法律要求，这既有利于居家、社区、机构等不同养老方式的协同发展，又有利于家庭、政府、社会力量等不同主体权责利的重新厘清。

在 1996 版老年法中，第二章关于家庭赡养与扶养的条款规定，赡养人“应当履行对老年人经济上供养、生活上照料和精神上慰藉的义务，照顾老年人的特殊需要”，并“对患病的老年人应当提供医疗费用和护理”。这相当于给赡养人赋予了无限责任，赡养人不仅要为老年人提供经济支持，而且有义务直接提供服务。在2012版老年法中，社会服务这一章通过社会化服务的促进，为赡养人和老年人提供了替代的服务方案——社会主体可以为老年人提供生活照料、医疗护理、精神慰藉等服务。此外，家庭赡养与抚养这一章也给家庭与养老服务之间留出了“接口”——“对生活不能自理的老年人，赡养人应当承担照料责任；不能亲自照料的，可以按照老年人的意愿委托他人或者养老机构等照料”。与居家为基础、社区为依托、机构为支撑的体系相对应，第二章第一条“老年人养老主要依靠家庭”也相应地调整为“老年人养老以居家为基础”。从家庭养老到居家养老，背后是社会化养老服务力量介入家庭、参与维护和发展居家养老的老年人各项权益。

作为产业的养老服务发展，实际上是市场化养老服务对家庭养老服务的替代过程，或者说是家庭养老服务转换为向社会主体购买服务的过程。在此过程中，产业政策的引导和支持必不可少。2012版老年法从多个维度对养老服务产业政策作出了规定，既有“将老龄产业列入国家扶持行业目录”的综合发展政策，“对经济困难的老年人……给予养老服务补贴”的兜底保障政策，又有“将养老服务设施建设纳入城乡规划和土地利用总体规划”的规划土地政策，关于养老机构设立、指导、监督和管理的准入监管政策，还有配套的人才发展政策和医疗卫生政策（专栏4-1）。可以说，2012版老年法首次在法律上勾勒出了养老服务业的产业政策雏形。

专栏4-1 《中华人民共和国老年人权益保障法》（2012年版）养老服务产业政策摘录

综合发展政策。各级人民政府和有关部门在财政、税费、土地、融资等方面采取措施，鼓励、扶持企业事业单位、社会组织或者个人兴办、运营养老、老年人日间照料、老年文化体育活动等设施。国家采取措施，发展老龄产业，将老龄产业列入国家扶持行业目录。扶持和引导企业开发、生产、经营适应老年人需要的用品和提供相关的服务。

兜底保障政策。各级人民政府应当根据经济发展水平和老年人服务需求，逐步增加对养老服务的投入。对经济困难的老年人，地方各级人民政府应当逐步给予养老服务补贴。政府投资兴办的养老机构，应当优先保障经济困难的孤寡、失能、高龄等老年人的服务需求。

规划土地政策。地方各级人民政府和有关部门应当按照老年人口比例及分布情况，将养老服务设施建设纳入城乡规划和土地利用总体规划，统筹安排养老服务设施建设用地及所需物资。非营利性养老服务设施用地，可以依法使用国有划拨土地或者农民集体所有的土地。养老服务设施用地，非经法定程序不得改变用途。

准入监管政策。设立养老机构应当向县级以上人民政府民政部门申请行政许可；经许可的，依法办理相应的登记。县级以上人民政府民政部门负责养老机构的指导、监督和管理，其他有关部门依照职责分工对养老机构实施监督。国务院有关部门制定养老服务设施建设、养老服务质量和养老服务职业等标准，建立健全养老机构分类管理和养老服务评估制度。各级人民政府应当规范养老服务收费项目和标准，加强监督和管理。

人才发展政策。国家建立健全养老服务人才培养、使用、评价和激励制度，依法规范用工，促进从业人员劳动报酬合理增长，发展专职、兼职和志愿者相结合的养老服务队伍。国家鼓励高等学校、中等职业学校和职业培训机构设置相关专业或者培训项目，培养养老服务专业人才。

医疗卫生政策。各级人民政府和有关部门应当将老年医疗卫生服务纳入城乡医疗卫生服务规划，将老年人健康管理和常见病预防等纳入国家基本公共卫生服务项目。鼓励为老年人提供保健、护理、临终关怀等服务。国家鼓励医疗机构开设针对老年病的专科或者门诊。医疗卫生机构应当开展老年人的健康服务和疾病防治工作。国家采取措施，加强老年医学的研究和人才培养，提高老年病的预防、治疗、科研水平，促进老年病的早期发现、诊断和治疗。

4.2 养老服务业元年

修订后的老年法实施两个月后，《国务院关于加快发展养老服务业的若干意见》（国发〔2013〕35号，以下简称“35号文”）于2013年9月6日印发，系统谋划了我国养老服务业发展的思路目标、主要任务和政策措施，养老产业政策体系全面搭建，按下了行业发展的加速键。

纵观35号文，新时代发展养老服务业的思路可以概括为：政府保基本，社会唱主角，体系化推进，设施为引领，服务多样化，政策可落地。

医疗过度市场化、教育过度产业化的深刻教训说明，在具有公共服务性质的行业中，由政府直接按照市场化的办法来举办服务机构，会造成基本公共服务的缺位，最需要政府兜底保障的人群会受到利益损害。昙花一现的“星光老年之家”则说明，缺乏市场基础，特别是消费意愿和购买力支撑的服务，是不可持续的。政府在养老服务中的首要职责，是兜底保障应当纳入基本养老服务的对象。在这个前提下，才是通过政策引导，支持社会力量参与非基本的养老服务、提供市场化的养老产品。因此，35号文专门将“坚持保障基本”作为一条基本原则，要求“着力保障特殊困难老年人的养老服务需求，确保人人享有基本养老服务”。在主要任务的部署中，要求各地公办养老机构充分发挥托底作用，重点为“三无”老人、低收入老人、经济困难的失能半失能老人提供无偿或低收费的供养、护理服务。

在坚持保基本的前提下，发展多层次的养老服务，应让社会力量来这个“舞台”唱主角。35号文在“完善市场机制”的基本原则中提出，要“充分发挥市场在资源配置中的基础性作用，逐步使社会力量成为发展养老服务业的主体”。

文件中的社会力量是广义的，可以理解为：除了政府部门、政府直接并且独资举办的公立机构以外的各类主体。既可以是企业，也可以是社会组织，甚至还可以是个人。“地方政府要支持建立以企业和机构为主体……的居家养老服务网络……积极培育居家养老服务企业和机构”，“要支持社区建立健全居家养老服务网点，引入社会组织和家政、物业等企业”，“开展适合老年人的群众性文化体育娱乐活动，并发挥群众组织和个人积极性”。

参与养老服务业发展的企业，从所有制看，既包括国有企业，又包括民营企业，还包括外资企业。“政府投资兴办的养老床位应逐步通过公建民营等方式管理运营”“抓紧研究提出促进民间资本参与养老服务业的具体措施和意见”，“鼓励境外资本投资养老服务业”。从规模看，既有大型企业，又有中小企业，也有个体工商户。在 35 号文的目标中，明确提出要“涌现一批带动力强的龙头企业和大批富有创新活力的中小企业”；在加强养老机构建设的任务中，“鼓励个人举办家庭化、小型化的养老机构”。

既有民办非企业单位和慈善组织，也可以是社会团体和基金会，甚至还包括村居委和社区社会组织。35 号文在基本原则中提出要“充分发挥社区基层组织和服务机构在居家养老服务中的重要作用”，在主要任务中多次提到社会组织、群众组织、社区养老服务组织。针对农村养老服务提出“依托行政村、较大自然村……建设日间照料中心、托老所、老年活动站等互助性养老服务设施”“充分发挥村民自治功能和老年协会作用”。此外还专门设计了“鼓励公益慈善组织支持养老服务”的系列政策措施。

加快发展养老服务业的总目标是：“到 2020 年，全面建成以居家为基础、社区为依托、机构为支撑的，功能完善、规模适度、覆盖城乡的养老服务体系。”国家对养老服务业的推动，是体系化的。这个体系涵盖居家、社区、机构等养老方式，覆盖城乡老年人，涉及大中小型企业组成的养老服务产业集群，既有对内改革扩大内需，又有对外开放吸引外资，不仅包括设施建设，还包括服务能力和人才队伍建设。从多个维度看，都是系统性的谋划、体系化的推动。与此前《国家“十二五”规划纲要》以及两部专项规划相比，35 号文对体系化推进养老服务的部署更加全面，也更加细致。

以设施建设引领产业发展，是 35 号文的一大特色，这与牵头起草部门——国家发展改革委的职能密切相关。国家发展改革委是国务院负责投资综合管理的部门，安排中央财政性建设资金、规划重大建设项目，是重要的政策工具。在计划经济时期，中央投资是经济建设的“发动机”。改革开放以后，我国逐步建立市场经济的过程中，中央投资在政府投资、全社会固定资产投资中的占比总体下降，但引导市场主体行为、优化社会资源配置的作用越来越凸显出来。

设施是养老服务的重要载体。要让养老设施建设发挥最大效应，是要根据经济社会发展水平来考虑投资的重点方向及优先序的。面对多层次、多样化的养老服务需求，传统社会福利院的设施已经不能满足“保基本”之上的更高要求。21 世纪第一个十年出现集中供养老年人的机构不增反降、老年人入住机构意愿下降等现象，都指向了养老机构建设的薄弱。在具有示范引领性的养老服务机构广泛建成之前，运动式地发展社区小型机构，也是不可持续的。那时，社区养老既缺乏标准和规范，又没有长久的盈利模式，更谈不上专业化的服务团队，过于分散的布局也不利于有效监管。如果先培育出符合新时代要求和老年人美好生活新需要的一大批养老服务机构，通过这些机构“试运行”养老设施建设和服务的标准、规范，逐步发展专业化、职业化的养老服务队伍，探索可持续的运营模式和盈利模式，成熟后再向社区延伸，那么社区养老的基础会更加巩固。看上去要走弯路，却能够避免因试错造成的资源的错配和浪费。

尽管 35 号文也着重强调了城乡社区的养老服务设施建设，在基本原则中提出要“加大对基层和农村养老服务的投入”，并且谋划了社区养老设施的目标——“符合标准的日间照料中心、老年人活动中心等服务设施覆盖所有城市社区，90% 以上的乡镇和 60% 以上的农村社区建立包括养老服务在内的社区综合服务设施和站点”，但与“星光老年之家”那一轮试错不同，示范性、引导性较强的中央投资具有“抓大放小”的特点。中央投资带动地方投资、撬动社会投资的方式，客观上有利于具有一定规模的大中型养老机构发展。而且，与刚刚进入 21 世纪时的福彩公益金相比，中央预算内投资项目的管理更为严格，有利于项目落地和持续运营。

特别值得关注的是，35 号文对于养老服务业的界定，隐含着“全产业链”的构想——不局限于传统的社会福利业、居民服务业和社区服务业，甚至不局限于第三产业的范畴。文件中列举了 7 个主要行业：老年生活照料、老年产品用品、老年健康服务、老年体育健身、老年文化娱乐、老年金融服务、老年旅游（图 4-1）。这些行业门类涉及老年人生活的衣、食、住、行、医、文化娱乐等方方面面，照料服务是最基本的，健康和健身也具有公共服务的性质，文娱、旅游则属于更高层次的需求，金融服务不仅面向老年人，更面向所有人的老年期，产品用品横跨第一和第二产业，既有农业概念，也有制造业成分。

在 35 号文中，不仅养老服务在行业门类上是多样化的，而且养老服务在需求的层次上、在发展的业态上也是多样化的。针对无劳动能力、无生活来源、无赡养人和扶养人或者其赡养人和扶养人确无赡养和扶养能力的“三无”老年人的保基本服务，针对农村老年人的乡镇五保供养机构和农家大院，针对城市老年人提出的“必须按照人均用地不少于 0.1 平方米的标准，分区分级规划设

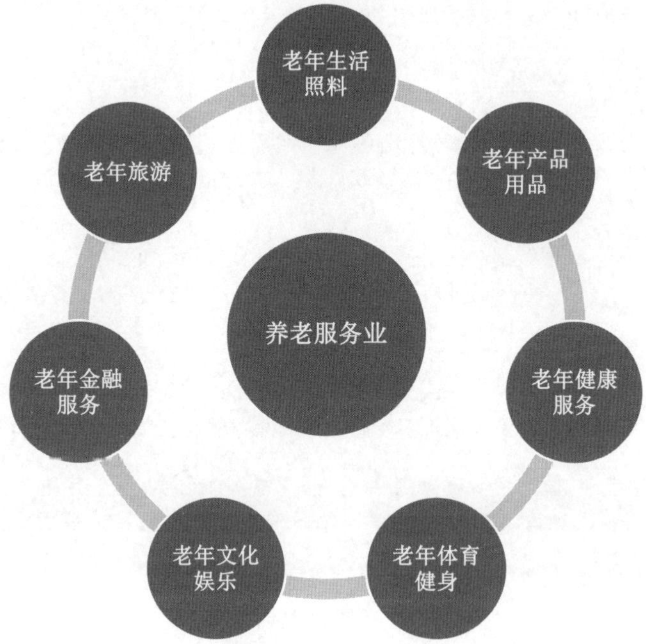

图 4-1 国发〔2013〕35 号文对养老服务业的界定

置养老服务设施”，针对居家养老更高层次需求的“个性化服务”，都在文件中进行了部署。对于互联网、物联网等技术手段的运用，对于养老机构的规模化、连锁化举办，对于公建民营、委托管理等模式，对于邻里互助、志愿服务的开展，对于医疗卫生与养老服务的结合、融合，35 号文也都有论述。

为确保目标能够实现、任务能够落实，35 号文还谋划了一系列政策措施，即促进养老服务业发展的产业政策，具体包括投融资、土地、税费、补贴、人才和就业、公益慈善等 6 个大的方面。维度上比 2012 版老年法有扩展，内容上做了很大程度的充实，操作性也更强，尤其是，在 35 号文颁布以后，各相关部门密集出台配套政策，有力推动了 35 号文的实施。

仅 2014 年，国务院有关部门印发的 35 号文配套文件就超过 10 个（表 4-1），平均每个月就有 1 个新文件颁布实施。2015 年、2016 年继续保持了这个态势。这还是窄口径的，文件中明确提出是为贯彻落实 35 号文或者根据 35 号文制定的，才纳入上述统计。如果加上文中尽管没有点明 35 号文，但仍以养老为题

表 4-1 国发〔2013〕35 号文主要任务措施与 2014 年部委级配套文件示例

35 号文措施	部门配套文件	发文日期
统筹规划发展城市养老服务设施	住房和城乡建设部、国土资源部、民政部、全国老龄办《关于加强养老服务设施规划建设工作的通知》（建标〔2014〕23 号）； 民政部、国土资源部、财政部、住房和城乡建设部《关于推进城镇养老服务设施建设工作的通知》（民发〔2014〕116 号）	2014 年 1 月 28 日； 2014 年 5 月 28 日
鼓励养老机构投保责任保险	民政部、中国保监会、全国老龄办《关于推进养老机构责任保险工作的指导意见》(民发〔2014〕47 号)	2014 年 2 月 28 日
完善土地供应政策	国土资源部办公厅《关于印发〈养老服务设施用地指导意见〉的通知》（国土资厅发〔2014〕11 号）	2014 年 4 月 17 日
完善人才培养和就业政策	教育部、民政部、国家发展改革委、财政部、人力资源社会保障部、国家卫生计生委、中央文明办、共青团中央、全国老龄办《关于加快推进养老服务业人才培养的意见》（教职成〔2014〕5 号）	2014 年 6 月 10 日
加快推进面向养老机构的远程医疗服务试点	国家发展改革委、民政部、国家卫生计生委《关于组织开展面向养老机构的远程医疗政策试点工作的通知》（发改高技〔2014〕1358 号）	2014 年 6 月 26 日
开展老年人住房反向抵押养老保险试点	中国保监会《关于开展老年人住房反向抵押养老保险试点的指导意见》（保监发〔2014〕53 号）	2014 年 6 月 17 日
实施社区无障碍环境改造	住房和城乡建设部、民政部、财政部、中国残联、全国老龄办《关于加强老年人家庭及居住区公共设施无障碍改造工作的通知》（建标〔2014〕100 号）	2014 年 7 月 8 日
通过购买服务等方式支持开展养老服务	财政部、国家发展改革委、民政部、全国老龄办《关于做好政府购买养老服务工作的通知》（财社〔2014〕105 号）	2014 年 8 月 26 日
建立健全经济困难的高龄、失能等老年人补贴制度	财政部、民政部、全国老龄办《关于建立健全经济困难的高龄失能等老年人补贴制度的通知》（财社〔2014〕113 号）	2014 年 9 月 10 日

续表

35 号文措施	部门配套文件	发文日期
对养老机构减免行政事业性收费	财政部、国家发展改革委《关于减免养老和医疗机构行政事业性收费有关问题的通知》(财税〔2014〕77 号)	2014 年 11 月 1 日
鼓励境外资本投资养老服务业	商务部、民政部《关于鼓励外国投资者在华设立营利性养老机构从事养老服务的公告》（商务部、民政部公告 2014 年第 81 号）	2014 年 11 月 24 日

注：仅包括正文中明确提出为贯彻落实 35 号文或根据 35 号文制定的文件。

的文件，比如国家发展改革委等 10 部门印发的《关于加快推进健康与养老服务工程建设的通知》（发改投资〔2014〕2091 号）、国家卫生计生委办公厅《关于印发〈养老机构医务室基本标准（试行）〉和〈养老机构护理站基本标准（试行）〉的通知》（国卫办医发〔2014〕57 号），发文的数量还要翻一番。35 号文印发后 3 年内，国务院各部委和直属机构印发的养老服务相关文件超过 100 项。

在 35 号文颁布约两个月后，2013 年 11 月，党的十八届三中全会通过《中共中央关于全面深化改革若干重大问题的决定》，提出“紧紧围绕使市场在资源配置中起决定性作用深化经济体制改革”的战略要求，部署了全面深化改革的 300 多项任务。中央全会决定再次重申“积极应对人口老龄化”这个战略任务，并且要求“加快建立社会养老服务体系和发展老年服务产业”。

2013 年，从法律上勾勒出养老服务产业政策雏形的 2012 版老年法开始施行，由国务院印发的首个专门针对养老服务业发展的重要文件，即 35 号文颁布实施，党的十八届三中全会明确了使市场在资源配置中起决定性作用和更好发挥政府作用的方针，以及发展老年服务产业的重要任务。养老服务业史无前例地在同一年得到党中央全会、国家立法、中央政府文件“三重奏”的巨大推动，2013 年因此被业界称为“养老服务业元年”。

4.3 养老“热”中的“冷”思考

如前所述，从2013年35号文开始，促进养老服务业发展的政策高密度出台，行业迎来一轮井喷式发展。

35号文明确提出到2020年“全国社会养老床位数达到每千名老年人35～40张”的目标，与《国家“十二五”规划纲要》《中国老龄事业发展“十二五”规划》《社会养老服务体系建设规划（2011—2015年）》提出到2015年“每千名老人拥有养老床位数达到30张”的目标相比，意味着每千名老人养老床位数“十三五”时期要再增加5～10张。考虑到此前的发展态势，要实现这个新的目标是比较艰巨的。为实现这个艰巨的目标，必须在“十二五”后半期抓紧补短板。在35号文印发后，我国的养老机构和养老床位建设出现了加快发展的态势。

在“十五”时期，全国每千名60岁及以上老年人拥有养老床位还不到10张。“十一五”之初，即2006年年末，这个数字刚刚突破10张。而同一年的中国城乡老年人口状况追踪调查数据显示，城市老年人愿意入住养老机构的比例为16.1%，农村的这个比例为15.2%[1]。也就是说，总体上，有入住意愿的城乡老年人中，实际能够进入养老机构的只有其中的1/16至1/15；城乡平均看，养老床位缺口率高达93%。

2010年年末，每千名老年人养老床位数接近18张。按“十一五”的趋势外推，到2015年，每千名老年人养老床位数勉强可以达到27张，与“十二五”规划目标尚有差距。可实际上，这个外推预期的2015年水平在2014年就被超过了。真正到“十二五”收官，即2015年年末的时候，每千名老年人拥有30张养老床位的规划目标顺利实现（图4-2）。

从2013年年末到2014年年末，全国各类养老服务机构和设施从4.2万个猛增至9.4万个，短短一年就增长了120%以上，翻了一番甚至更多。21世纪以来出现的养老机构不增反降的趋势被有效遏制了。2013—2014年，各类养老床位数从490多万张大幅增加到近580万张（图4-3），年度增长率高达17%。如果按照“十二五”头两年的增幅外推，到2015年，全国养老床位数还达不到570万张。而35号文颁布后一年多，这个数字就提前达到了，还超额了约10万张。

1　郭平．2006年中国城乡老年人口状况追踪调查数据分析．北京：中国社会出版社，2009.

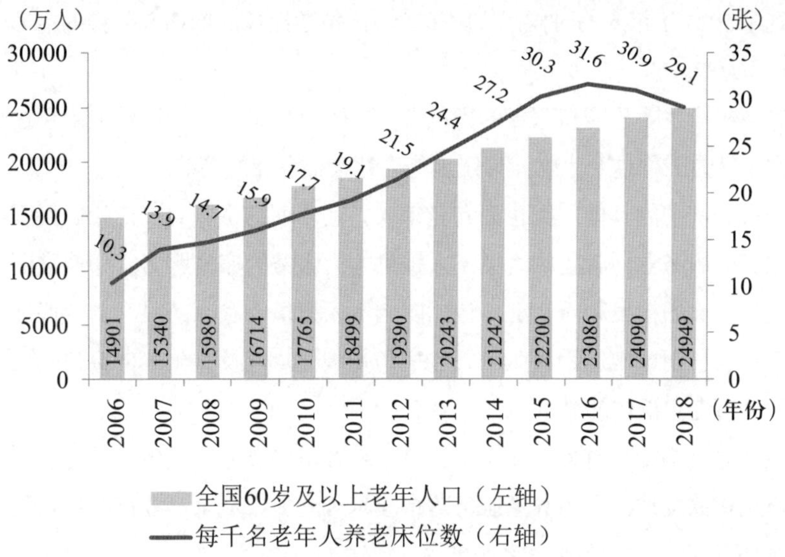

图 4-2　全国老年人口和每千名老人养老床位数（2006—2018 年）

资料来源：根据民政部民政事业发展统计公报、社会服务发展统计公报 2006—2018 年各期数据整理 .

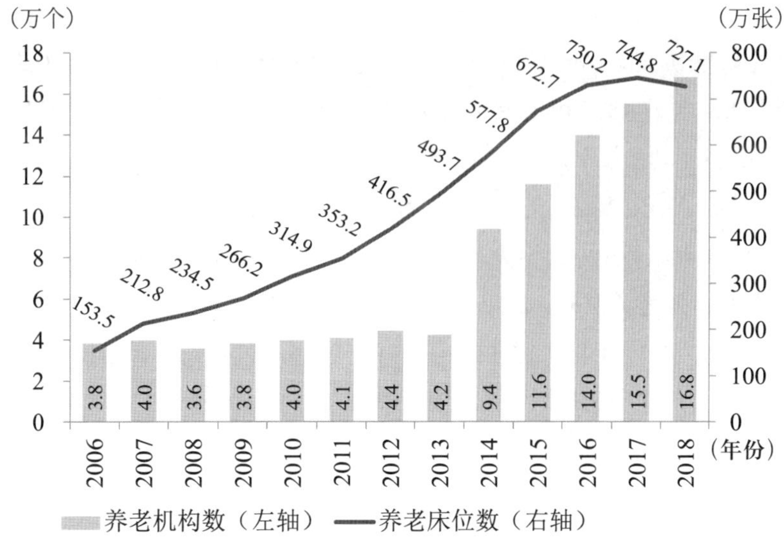

图 4-3　全国养老机构和养老床位总数（2006—2018 年）

资料来源：根据民政部民政事业发展统计公报、社会服务发展统计公报 2006—2018 年各期数据整理 .

真正到了2015年年末的时候，实际的养老床位数比按此前增幅外推的情形多出了100多万张。

养老机构主要是照料服务的提供者，在国民经济核算中属于卫生和社会工作门类中社会工作这个大类，传统上称为社会福利业的范畴。

国民经济中的其他门类也面向老年人、老年期提供服务，比如居民服务、修理和其他服务业，就包括为老年人提供上门服务的家庭服务，即通常所说的家政服务。又如批发和零售业，包括向老年人提供的食品药品、营养保健品、服装鞋帽、日用家电等销售服务。住宿和餐饮业，以及文化、体育和娱乐业也有专门针对老年群体的服务。

在养老机构中，有相当多是事业单位或者是民办非企业单位的性质。随着养老市场化的发展，参与养老服务的企业越来越多。从全产业链的视角看，截至2020年6月，我国各类养老服务企业已达15万家[2]。

从企业参与养老服务的视角，也可以看出新时代的发展和35号文的巨大影响。2010年和2011年，全国每年新注册的养老服务企业在4000多家。2012年，这个数字首次超过6000家，年度增幅超过40%。2013年，即35号文颁布这一年，养老服务企业新注册量接近1万家，比上年增长50%以上。2014年，新注册的养老服务企业又在此基础上增加了4000多家，增幅继续保持在40%以上。养老服务企业注册量持续增加的态势一直延续到2019年，当年新增注册2.7万家以上（图4-4），相当于2012年的4.3倍和2010年的6.5倍。2020年上半年，在受到新冠肺炎疫情严重冲击的不利条件下，全国仍然新注册了近1万家养老服务企业。其中，第二季度新注册了6300多家，与第一季度相比“报复性”增长了70%以上。

以上养老服务企业检索关键词是“老年”。[2]如果将关键词换成“养老”，呈现出的趋势是类似的。2010—2012年，养老服务企业注册总量的增长率在13%～15%；2013年首次超过20%。2014—2016年，注册总量增长持续提速，增长率从37%提高到接近50%的历史高位。2017—2019年尽管出现了减速，但到2019年，增长率仍然高达34%。2010—2019年，十年间我国养老服务企业从不到1万家迅猛增加到12.5万家[3]。

2 企查查，2020.

3 天眼查，2020.

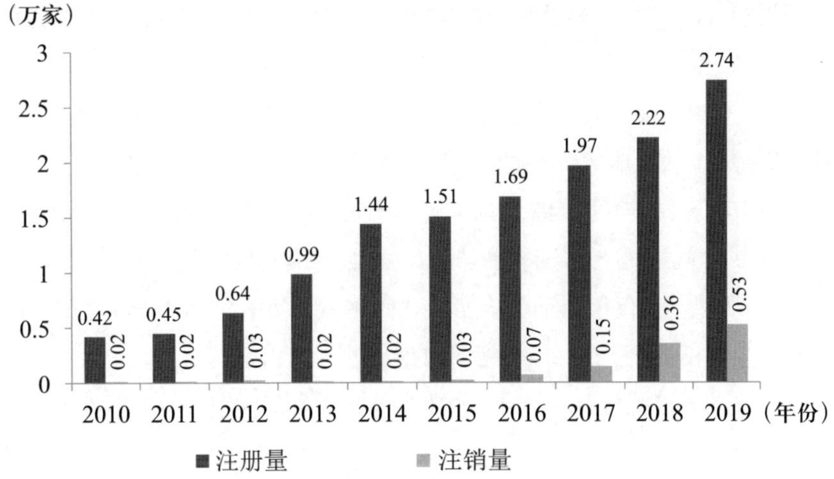

图 4-4 全国养老服务企业年度注册量和注销量（2010—2019 年）
资料来源：企查查（2020）.

似乎在一夜之间，养老从公益的福利变成了赚钱的产业，从“夕阳”的事业华丽转身为朝阳的产业，成了资本的“宠儿”、投资的“新风口”。然而，迅速扩张的养老服务供给，并不能精准满足养老服务的需求，供求之间的错位，给行业发展埋下了隐患。

本书第 3 章曾经引用 2006 年和 2010 年中国城乡老年人口状况追踪调查的数据，显示城乡老年人愿意入住机构的比例在下降。2000—2010 年，城市的意愿从 18.6% 下降到了 11.3%，农村的意愿从 14.4% 降至 12.5%[4]。第四次中国城乡老年人生活状况调查数据表明，这个下降的趋势不仅在延续，而且降幅更大了——2015 年，全国愿意入住养老机构的老年人比例，仅有 4.4%[5]。

以养老床位需求量与实际养老床位数之差代表养老床位缺口的绝对数量，再与养老床位需求量相比，得到养老床位缺口率。2006 年，这个缺口率高达 93% 以上。换言之，给定当年末的养老床位供给能力，仅有不到 7% 的老年人的入住需求能够被满足。2010 年，全国养老床位的缺口率仍然高达 85% 左右，在有意愿入驻机构的老年人中，最多只有 15% 能够实现入住。然而到了 2015 年，

4 郭平 . 2006 年中国城乡老年人口状况追踪调查数据分析 . 北京：中国社会出版社，2009.
5 党俊武 . 中国城乡老年人生活状况调查报告 2018. 北京：社会科学文献出版社，2018.

即35号文颁布两年后，随着养老床位数的大幅增长和老年人入住养老机构意愿的明显下降，养老床位的缺口率发生了根本性的变化——仅有31%左右（表4-2），也就是说，大部分老年人（接近七成）入住养老机构的需求已经能够被满足了。总体上看，机构养老服务由极端供不应求的状况已经转向了供求基本平衡。

2016年，全国养老机构床位增加了不到60万张，仅相当于上年度增幅（近95万张）的60%左右，减速的趋势已经显现。2017年，养老床位的增量更是降至15万张以下，仅相当于上年度的25%左右。2018年，全国养老床位出现负增长，总规模降到了比2016年还低的水平。

从广义的养老服务看，2010—2015年，全国每年注销的养老服务企业大致在200～300家。2016年，这个数字一度跃升至700家左右，比上年翻了一番。2017年和2018年连续两年继续翻番，分别达到1500家和3600家左右。2019年，全国有大约5300家养老服务企业注销。

可见，养老服务业井喷式发展的过程中，养老机构、养老服务企业提供的产品和服务如果不能和老年人的需求相匹配，就会被市场无情地淘汰。养老服务的主要矛盾，正在从总量矛盾向结构性矛盾转化。一方面，养老服务的供给和需求之间仍然存在缺口，但总量上供不应求的矛盾在缓解。另一方面，供给与需求存在错位，供不应求与供过于求并存，突出表现为养老床位“一床难求”与闲置空置并存。对于一小部分服务规范、质量有保障、收费较合理的机构来说，人满为患是常态。对于大部分机构来说，服务不能满足老年人的需要，收费还超出了老年人及其家庭的承受范围，也就难以吸引更多老年人入住。

“十一五”时期，全国养老机构床位的空置率大致在20%上下；从“十一五”中后期开始，空置率开始升高，2010—2012年从23%提高到30%左右，2013年和2014年分别达到38%和45%[6]。由于大量空置闲置，建设投入换不回营业收入，养老床位增长先放缓、再出现负增长的现象，也就不足为奇了。

生活于社区之中、居家养老的广大老年人，也面临养老服务需求得不到供给匹配的结构性问题。中国人民大学组织开展的中国老年社会追踪调查（China Longitudinal Aging Social Survey，CLASS）显示，城市社区存在一部分服务供不应求与另一部分服务供过于求的情况。

---

6 顾严．且富且老：中国养老困局与治理出路．北京：中国财政经济出版社，2017.

表 4-2 全国养老床位缺口率匡算

年份	60 岁及以上老年人（万人）	愿意入住养老机构比例	养老床位需求量（万张）	实际养老床位数（万张）	养老床位缺口率
2006 年	14901	15.7%	2332	153.5	93.4%
2010 年	17765	11.9%	2114	314.9	85.1%
2015 年	22200	4.4%	976.8	672.7	31.1%

资料来源：根据 2006 年和 2010 年中国城乡老年人口状况追踪调查、第四次中国城乡老年人生活状况调查、民政部年度统计公报计算整理 .

有 4.49% 的城市老年人最希望得到上门做家务的服务，可实际得到过此项服务的老年人仅占 3.22%，缺口率超过 28%；在城市，有 3.61% 的老年人最希望得到陪同看病的服务，然而只有 1.03% 的老年人真正享有过这个服务，缺口率高达 70% 以上（图 4-5）。日托站或托老所的需求率不高，只有 1% 左右，但是满足率更低，仅为 0.3%，所以这项服务的缺口率也高达 70%。老年饭桌或送饭服务的缺口率将近 60%，法律援助的缺口率约为 34%，老年人服务热线的缺口率在 25% 左右。心理咨询服务总体上供求平衡，缺口率只有 7%。

与此同时，有两项养老服务是明显供过于求的。一个是帮助日常购物，仅有不到 0.6% 的城市老年人最希望得到，却有接近 0.8% 的老年人实际享有，供过于求的比例超过 30%；另一个是上门探访，仅有 3% 的城市老年人需要，实际上却有接近 5% 的老年人得到了这项服务，供过于求的比例在 60% 以上。

结构性矛盾抬头，是养老服务发展到一定阶段的产物，是在总量上供不应求的短缺问题缓解后，新产生的矛盾。受经济发展水平偏低、养老服务供给不足的影响，农村养老服务则普遍处于供不应求的状态（图 4-6）。

对于农村老年人老说，最短缺的两项服务是老年饭桌或送饭、日托站或托老所，缺口率都在 90% 以上。陪同看病、上门做家务这两项服务的缺口率也比较高，都接近 90%，农村老年人法律援助的缺口率接近 80%，老年人服务热线和心理咨询的缺口率在 50% 以上。就连城市老年人反映供过于求的上门探访和帮助日常购物这两项服务，在农村也有 10% 以上和接近 40% 的缺口。城乡差异也可以看作我国养老服务结构型矛盾的另一种表现。

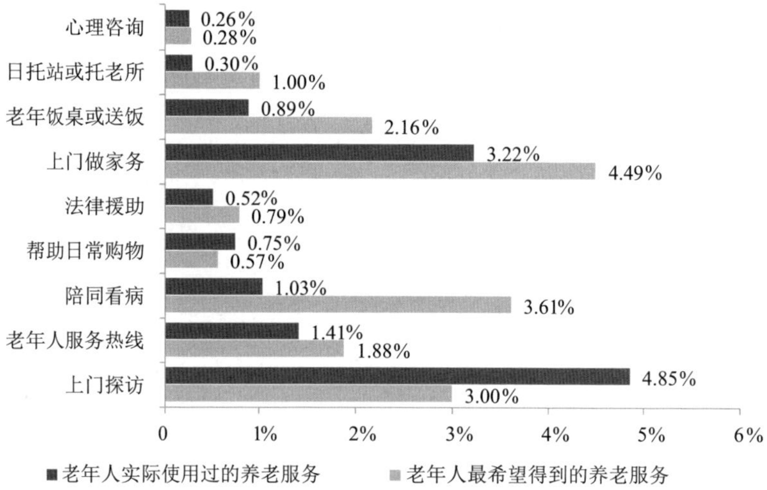

图 4-5　城市老年人希望得到和实际得到的养老服务
资料来源：CLASS.

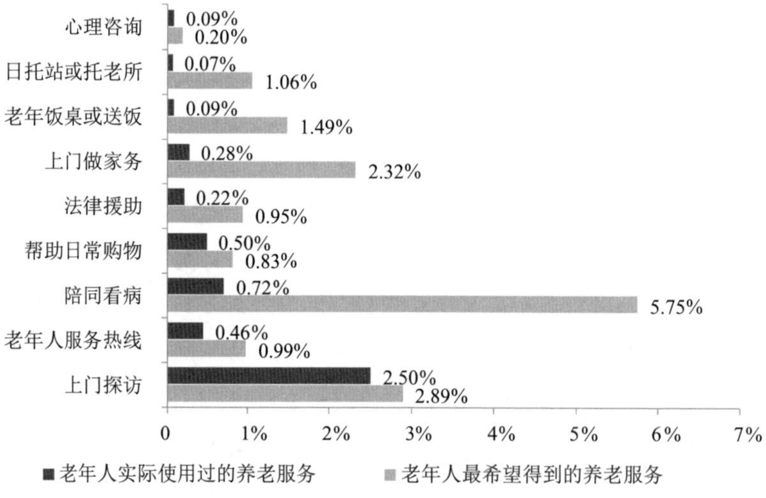

图 4-6　农村老年人希望得到和实际得到的养老服务
资料来源：CLASS.

总量上的矛盾，通过政策刺激来增加供给，就能够解决。结构性矛盾却需要服务提供者精耕细作，精准满足多层次多样化的需求，才能够解决，对政策的要求也更高。在养老服务掀起投资热潮的同时，更需要冷静地思考、科学地施策。实际上，2015—2016年颁布的35号文配套政策，已经呈现出更加注重效率、更加注重精细化、更加注重发挥市场作用的特点。

2015 年伊始，国家发展改革委就会同民政部出台了与 35 号文相配套的价格政策，提出“建立市场形成价格为主的养老机构服务收费管理机制”。价格是市场机制的重要信号，对供给和需求均有调节作用。对养老机构收费管控的合理放开，是利用价格手段促进供求均衡的重要举措。同年 2 月初，民政部等 10 个部门，印发了鼓励和支持民间资本全方位参与居家和社区养老服务、机构养老服务、养老产业发展以及医养融合发展的文件，进一步细化了投融资、税费优惠、人才和用地保障等政策（表 4-3）。一般来说，相对于政府投资，民间投资具有更高的效率，有利于养老服务资源的优化配置。

表 4-3　国发〔2013〕35 号文主要任务措施与 2015—2016 年部委级以上配套文件示例

35 号文措施	部门配套文件	发文日期
探索建立科学合理的养老服务定价机制	国家发展改革委、民政部《关于规范养老机构服务收费管理促进养老服务业健康发展的指导意见》（发改价格〔2015〕129 号）	2015 年 1 月 19 日
促进民间资本参与养老服务业	民政部、发展改革委、教育部、财政部、人力资源社会保障部、国土资源部、住房和城乡建设部、国家卫生计生委、银监会、保监会《关于鼓励民间资本参与养老服务业发展的实施意见》（民发〔2015〕33 号）	2015 年 2 月 3 日
完善投融资政策	国家发展改革委办公厅《关于印发〈养老产业专项债券发行指引〉的通知》（发改办财金〔2015〕817 号）； 民政部、国家开发银行《关于开发性金融支持社会养老服务体系建设的实施意见》（民发〔2015〕78 号）； 中国人民银行、民政部、银监会、证监会、保监会《关于金融支持养老服务业加快发展的指导意见》（银发〔2016〕65 号）	2015 年 4 月 7 日； 2015 年 4 月 14 日； 2016 年 3 月 3 日
积极推进医疗卫生与养老服务相结合	国务院办公厅转发卫生计生委等部门《关于推进医疗卫生与养老服务相结合指导意见的通知》（国办发〔2015〕84 号）； 国家卫生计生委办公厅、民政部办公厅《关于遴选国家级医养结合试点单位的通知》（国卫办家庭函〔2016〕511 号）	2015 年 11 月 18 日； 2016 年 5 月 17 日

注：仅包括正文中明确提出为贯彻落实 35 号文或根据 35 号文制定的文件。

随后，投融资政策密集出台，涉及企业债券融资、开发性金融的公司融资、项目融资、信贷融资、上市融资等支持养老服务业发展的多项金融政策。金融是现代经济的核心，对于经济主体乃至整个经济体系都有“输血”“供氧”的作用。在国民经济诸多行业中，金融无疑是最讲效率的。养老服务业在引入金融界提供的资金的同时，也会引入金融业的思维方式和行为方式，有利于促进养老机构建设和服务供给的效率提升。

财政性资金作为投融资政策的重要组成部分，也在转变方式和提高效能。2016 年 7 月，民政部会同财政部印发了《关于中央财政支持开展居家和社区养老服务改革试点工作的通知》（民函〔2016〕200 号），决定通过以奖代补方式，安排中央专项彩票公益金支持居家和社区养老服务改革试点绩效较好的地区。同年 12 月，国家发展改革委会同财政部、民政部印发了《养老服务体系建设中央补助激励支持实施办法》（发改社会〔2016〕2776 号），对落实养老服务业支持政策积极主动、养老服务体系建设成效明显的省、自治区、直辖市，在安排中央补助方面给予倾斜支持。

医疗卫生与养老服务结合不充分、护理型床位和专业护理能力不足，是养老服务中在这一阶段凸显出来的痛点问题，既是养老机构床位空置率居高不下的原因，也不利于机构中老年人健康权益的维护。在 2015—2016 年，推进相结合的专门政策制定实施了多部。2015 年 11 月，国务院办公厅转发卫生计生委等 9 个部门《关于推进医疗卫生与养老服务相结合的指导意见》（国办发〔2015〕84 号），标志着医养结合在国家层面的制度设计初步完成。为落实这个文件，2016 年 4 月，国家卫生计生委办公厅关于印发了《医养结合重点任务分工方案》（国卫办家庭发〔2016〕340 号），进一步明确了委内负责司局与国务院有关部门的分工对应关系；民政部会同国家卫生计生委印发了《关于做好医养结合服务机构许可工作的通知》（民发〔2016〕52 号），提出了支持医疗机构设立养老机构、支持养老机构设立医疗机构的具体措施。同年 5 月，国家卫生计生委会同民政部正式启动国家级医养结合试点单位的遴选工作，并于当年 6 月和 9 月分别确定了第一批 50 个和第二批 40 个试点的市（区）。

作为医养结合重要配套的长期护理保险制度，尽管在学术界仍有关于其是否符合国情的争论，但国家级的试点还是实现了“破冰”。2016 年 6 月，人力资源社会保障部办公厅印发《关于开展长期护理保险制度试点的指导意见》（人社厅发〔2016〕80 号），确定了首批试点的 15 个城市。

在“十二五”时期行将结束和“十三五”时期刚刚开始的阶段，党中央及时为养老服务业发展中出现的问题“纠偏”，并且进一步指明了重点发展的方向。

2015 年 10 月，党的十八届五中全会通过《中共中央关于制定国民经济和社会发展第十三个五年规划的建议》（后文简称《中央“十三五”建议》）。对养老服务体系的表述，从“以居家为基础、社区为依托、机构为支撑”调整为“以居家为基础、社区为依托、机构为补充”——居家和社区的定位没有变化，机构从“支撑”变成了“补充”。这实际上是对机构较快建设中出现的床位空置率过高问题，提出了警示。《中央“十三五”建议》特别强调了医养结合，明确要求“推动医疗卫生和养老服务相结合”，并且要“探索建立长期护理保险制度”。医养结合成为此后一段时期养老服务发展的重点方向，前述关于医养结合制度设计和政策措施的系列文件，都是对中央五中全会精神的落实。

2016 年 3 月，十二届全国人大四次会议通过了《中华人民共和国国民经济和社会发展第十三个五年规划纲要》（后文简称《国家“十三五”规划纲要》，首次将积极应对人口老龄化设立专章进行部署（专栏 4-2）。如前所述，在 1996 版老年法中，应对老龄化的体系包括家庭、社保、参与三支柱；2012 版老年法增加了服务、优待、环境三个新的支柱，扩展为六支柱。《国家“十三五”规划纲要》进一步将应对人口老龄化的体系扩展为九支柱——人口战略、生育政策、就业制度、养老服务、社保体系、健康保障、人才培养、环境支持、社会参与。不难看出，九支柱的新体系将应对老龄化的事业界定为涉及全人群、涵盖全生命周期的事业。

在《中央“十三五”建议》中提出并在《国家“十三五”规划纲要》中重申的一项重要任务是“全面放开养老服务市场”，这个提法为各类市场主体参与养老服务和产品供给突破了理论上的禁区。为贯彻中央要求和国家规划部署，国务院办公厅于 2016 年 12 月年印发了《关于全面放开养老服务市场 提升养老服务质量的若干意见》（国办发〔2016〕91 号）。这个文件把 35 号文实施以来不能落地的一些政策进行了细化部署，面向老年人及其家庭更加广泛的需要放宽了政策适用范围，还针对养老服务业快速发展中凸显出来的新问题提出了新的对策（表 4-4）。

专栏4-2《中央“十三五”建议》和《国家“十三五”规划纲要》关于积极应对人口老龄化

《中共中央关于制定国民经济和社会发展第十三个五年规划的建议》提出:“积极开展应对人口老龄化行动，弘扬敬老、养老、助老社会风尚，建设以居家为基础、社区为依托、机构为补充的多层次养老服务体系，推动医疗卫生和养老服务相结合，探索建立长期护理保险制度。全面放开养老服务市场，通过购买服务、股权合作等方式支持各类市场主体增加养老服务和产品供给。”

《中华人民共和国国民经济和社会发展第十三个五年规划纲要》设立专章部署积极应对人口老龄化相关工作。

第六十五章 积极应对人口老龄化

开展应对人口老龄化行动，加强顶层设计，构建以人口战略、生育政策、就业制度、养老服务、社保体系、健康保障、人才培养、环境支持、社会参与等为支撑的人口老龄化应对体系。

第一节 促进人口均衡发展

坚持计划生育的基本国策，全面实施一对夫妇可生育两个孩子政策。改革完善计划生育服务管理，完善生育登记服务制度。提高生殖健康、妇幼保健、托幼等公共服务水平。做好相关经济社会政策与全面两孩政策的有效衔接。完善农村计划生育家庭奖励扶助和特别扶助制度，加强对失独家庭的关爱和帮助。做好优生优育的全程服务。注重家庭发展。综合治理出生人口性别比偏高问题。全国总人口 14.2 亿人左右。

完善人口发展战略，建立健全人口与发展综合决策机制。综合应对劳动年龄人口下降，实施渐进式延迟退休年龄政策，加强老年人力资源开发，增强大龄劳动力就业能力。开展重大经济社会政策人口影响评估，健全人口动态监测机制。

第二节 健全养老服务体系

建立以居家为基础、社区为依托、机构为补充的多层次养老服务体系。统筹规划建设公益性养老服务设施，支持面向失能老年人的老年养护院、社区日间照料中心等设施建设。全面建立针对经济困难高龄、失能老年人的补贴制度。加强老龄科学研究。实施养老护理人员培训计划，加强专业化养老服务护理人员和管理人才队伍建设。推动医疗卫生和养老服务相结合。完善与老龄化相适应的福利慈善体系。推进老年宜居环境建设。全面放开养老服务市场，通过购买服务、股权合作等方式支持各类市场主体增加养老服务和产品供给。加强老年人权益保护，弘扬敬老、养老、助老社会风尚。

在细化部署方面，35 号文要求“鼓励境外资本投资养老服务业”，91 号文细化提出“鼓励境外投资者设立非营利性养老机构”，明确了政策重点鼓励的是非营利性的养老机构；35 号文要求“降低社会力量举办养老机构的门槛”，91 号文聚焦到“全面清理、取消申办养老机构的不合理前置审批事项”，政策指向更加清晰精准。

在放宽政策适用方面，35 号文提出“运用互联网、物联网等技术手段创新居家养老服务模式”，主要是面向居家养老服务引入新业态，91 号文则提出“推进‘互联网 +’养老服务创新”，将新业态应用扩展到居家、社区、机构养老等多种方式；35 号文要求“加强养老服务机构信用体系建设”，主要是针对机构失信的风险，91 号文则提出“加强行业信用建设”，将信用建设的要求拓展到整个养老服务行业；35 号文提出了社区和老年人家庭无障碍改造的要求，91 号文将“无障碍”升级为“便捷化”——要求“提高老年人生活便捷化水平”，在此前基础上还考虑到老年宜居住宅和代际亲情住宅的开发，以及在易地扶贫搬迁、保障性安居工程中的适老化设施配套。

在 35 号文实施中，遇到的一些棘手问题，此前并没有精准解决的政策，91 号文提出了具体的破解措施。比如，很多养老机构是在 1998 年以前设立的，当时还没有施行《中华人民共和国消防法》。部分较早设立的养老机构设施由于不符合消防法的规定，遭遇了“一禁了之”的粗放式监管。35 号文尽管提及了公安消防部门，但尚未针对这一问题进行具体的安排。91 号文非常精准地提出要“根据消防法和有关规定，制定既保障安全、又方便合理的养老机构设立和管理配套办法”。此后各地民政部门会同消防部门开展了“帮扶式”监管，

表 4-4 国发〔2013〕35 号文的方向要求与国办发〔2016〕91 号文的具体举措

35 号文要求	91 号文举措	负责部门	时间进度
鼓励境外资本投资养老服务业	鼓励境外投资者设立非营利性养老机构	民政部、公安部、国家发展改革委、商务部等	2016 年 12 月底前完成
进一步降低社会力量举办养老机构的门槛	全面清理、取消申办养老机构的不合理前置审批事项，优化审批程序，简化审批流程	民政部等	
鼓励老年人投保长期护理保险	探索建立长期护理保险制度	人力资源社会保障部、国家卫生计生委、财政部、民政部、国家发展改革委、保监会等	
将养老服务业发展纳入经济社会发展规划、专项规划和区域规划	制定养老服务相关规划	民政部、国家发展改革委等	
对符合条件的参加养老护理职业培训和职业技能鉴定的从业人员按规定给予相关补贴	完善职业技能等级与养老服务人员薪酬待遇挂钩机制	人力资源社会保障部、民政部等	
加快建立养老服务评估机制	政府运营的养老机构实行老年人入住评估制度	民政部等	
公安消防等部门要各司其职，及时解决工作中遇到的问题	根据消防法和有关规定，制定既保障安全、又方便合理的养老机构设立和管理配套办法	民政部、公安部、住房和城乡建设部等	2017 年 6 月底前完成
加强养老服务机构信用体系建设	加强行业信用建设	民政部、国家发展改革委、人民银行、工商总局等	
价格主管部门要探索建立科学合理的养老服务定价机制	完善价格形成机制	国家发展改革委、民政部等	持续实施
推动公办养老机构改革发展	加快公办养老机构改革	民政部、各省级人民政府	
实施社区无障碍环境改造	提高老年人生活便捷化水平	住房和城乡建设部、民政部、国家发展改革委等	

续表

35 号文要求	91 号文举措	负责部门	时间进度
支持企业和机构运用互联网、物联网等技术手段创新居家养老服务模式	推进“互联网 +”养老服务创新	工业和信息化部、科技部、民政部、国家卫生计生委、国家发展改革委等	持续实施
完善土地供应政策	完善土地支持政策	国土资源部、住房和城乡建设部、国家发展改革委、财政部、民政部等	
拓宽信贷抵押担保物范围	探索养老服务机构其他资产抵押贷款的可行模式	人民银行、民政部等	
强化行业监管	加强服务监管	民政部、人民银行、银监会、国土资源部、住房和城乡建设部、公安部、全国老龄办等	
健全市场规范和行业标准	完善养老服务标准体系	民政部、质检总局等	
指导养老机构完善管理规范、改善服务质量	落实养老机构综合评估和报告制度	民政部等	

通过设施改造等方式，帮助不符合消防法要求的养老机构达到了法定要求。

又如，35 号文谋划了“加快建立养老服务评估机制”，针对各类主体兴办养老机构，都推荐开展老年人评估。在社会主体兴办的养老机构，评估的主导维度是健康状况，根据老年人的健康状况确定护理等级，并与收费标准挂钩。实践中，即便政府不推荐开展评估，相关机构也会开展。但对于公办机构来说，不仅需要通过评估健康状况来确定老年人的护理等级及收费标准，更加重要的是通过评估确定入住的优先顺序。因为公办机构依托的是公共资源，提供的养老服务首先应满足基本需求。在总体上已经满足了城镇“三无”老人和农村“五保”老人的入住需求后，空余的床位如何分配，很长一段时间只有“潜规则”而没有公开的制度。91 号文要求“政府运营的养老机构实行老年人入住评估制度”，而且这个评估应该是包括老年人的经济状况、健康状况、家庭状况等多维度的，即“综合评估申请入住老年人的情况”。公办机构开展老年人评估的一项重要任务是根据评估结果进行入住的排序，按照 91 号文要求是“优先保障特困人员集中供养需求和其他经济困难的孤寡、失能、高龄等老年人的服务需求”。对于全行业来说，评估是推荐方向，对于公办机构来说，评估是必要条件。

4.4 中央集体学习与国家机构改革的新部署

从养老服务业“元年”到“十二五”期末和“十三五”初期，党中央对积极应对人口老龄化作出了重大部署安排，老年法适时修订施行，以35号文为先导的政策文件高密度制定实施，行业迎来了前所未有的井喷式的迅猛发展。距《关于加强老龄工作的决定》颁布即我国刚刚进入老龄化社会之时，已经过去了3个五年规划期。不论是新的经济社会发展条件，还是不断厚植的政策探索和社会实践基础，都呼唤对于养老服务乃至整个老龄事业新的顶层设计。

2016年5月27日下午，中共中央政治局就我国人口老龄化的形势和对策举行第三十二次集体学习。习近平总书记在主持学习时，鲜明提出了人口老龄化两个“事关”的战略定位，系统谋划了应对人口老龄化三个“结合”的总体思路，并就思想观念、政策制度、养老服务业和老龄产业、老年人积极作用、老龄工作体制机制等方面进行了战略方向的部署。

应对人口老龄化“事关国家发展全局，事关百姓福祉”。养老虽然是以居家为基础，但并非仅仅是微观的家庭小事，而且也是宏观的国家大事。积极应对人口老龄化有利于国家的经济社会发展，甚至有利于“五位一体”总体布局。一旦应对不力，多米诺类“灰犀牛”率先失控，继而引发一系列“灰犀牛式”的风险，将阻断国家发展的步伐。老龄事业传统上主要面向老年人，但不局限于老年人，而是关系到更广大的老百姓。如本书第3章所述，所有人的老年期都与养老服务、老龄事业密切相关，应对人口老龄化是涵盖全人群、全生命周期的重要事业。两个“事关”的战略定位，与2012版老年法“积极应对人口老龄化是国家的一项长期战略任务”的表述相比，更加直白，位势也更高。

既然是事关发展全局和百姓福祉的事业，发展的思路也应视野更宽、更高、更远。三个“结合”的思路就具备这样的视野。

第一个结合“坚持党委领导、政府主导、社会参与、全民行动相结合”是从主体角度阐述的。事关全局的事业都是系统工程，需要统筹施策，政策在其中需要发挥主导作用，特别是要构建起长远的制度框架，制定可实施的政策措施，保障最基本的养老服务需求，同时鼓励社会力量参与。

养老服务本身的多层次和多样化特征，决定了其供给主体必须是多元的。从这个角度看，社会力量参与的广度、深度和精准度，决定了养老服务供给的总体状况和供求平衡的基本格局。老龄化影响到亿万百姓，影响到每一个人，国家已经有所行动，每一位国民甚至未成年的小公民也应当加入全民行动之中，微观上为自己的老年期做足准备以安享晚年，个体行为在宏观上的累积就形成了应对人口老龄化全局性的胜利。

第二个结合“坚持应对人口老龄化和促进经济社会发展相结合”是从老龄化与发展阶段之间关系的角度提出来的。在世纪之交，我国刚刚进入老龄化社会的时候，未富先老是“老”与“富”关系的基本特征，未备先老导致雪上加霜。因此在那时，最主要的任务是社会保障、医疗卫生等制度上的补短板，切实维护老年人基本的生存发展权益。随着经济的持续较快增长，我们已经从全世界最穷的 1/3 经济体中脱离出来，先后进入世界银行划分的中等偏下收入组（Lower Middle Income Group）和中等偏上收入组（Upper Middle Income Group）。2019 年，我国人均 GDP 首次突破 1 万美元。如果没有新冠肺炎疫情的冲击，我们将在“十四五”时期顺利跨入高收入经济体的门槛水平。到那时，“未富”变成了“已富”，养老服务的主要矛盾会发生根本性的转化。即便是当前，“老”与“富”之间的关系也比 2000 年明显变得协调了。

实际上，根据笔者此前的研究，我国人口老龄化与经济发展协调指数（AECI）已经从严重失衡转变为总体协调——从 2006 年开始，“边富边老”成为中国“老”—“富”关系的新特征。养老服务业之所以能够快速发展，政策的集中出台固然重要，更重要的是政策发挥作用的基础——“老”与“富”关系的转折性变化，整体摆脱了贫穷状况的老年人，特别是一部分已经富裕起来的老年人具备了现实的购买力，形成了对养老服务的有效需求支撑。我国养老服务的主要矛盾已经从有效需求严重不足，转化为总体上供不应求和结构性供求失衡并存。

第三个结合“坚持满足老年人需求和解决人口老龄化问题相结合”考量的视角则是重点人群与全局的关系。直观上，老龄事业的任务主要是满足老年人的需求。这个需求本身是多维度的，包括但不限于老年法所列举的“老有所养、老有所医、老有所为、老有所学、老有所乐”。要满足这些需求，一定需要体系化的政策和服务，这本身也是系统工程，涉及经济社会发展的方方面面。然而，应对人口老龄化却不能只考虑老年人的需求，而是要兼顾更广大的城乡居民、全龄人群的需要。比如，老年人收入偏低，应当通过提高养老金待遇来解决。但养老金的提高不可能是没有限度的，因为不管是什么样的养老保险制度，养老金本质上都主要是由正在工作的劳动年龄人群提供的。过大幅度、过快速度地提高养老金水平，虽然会显著改善老年人的收入和生活，但也会损害中青年的利益，最终也是不可持续。应对老龄化必须考量代际间的利益协调，不仅仅是收入上的提高。比如，老有所乐的需求，客观上需要文化、体育、娱乐等场所向老年人开放。在人多地少、设施总量有限的现实条件下，文体场所不仅对老年人来说供不应求，对中年人、青年人、儿童而言也是稀缺的。不时出现的篮球场被广场舞大妈“霸占”等案例，也凸显出不同年龄阶段人群的利益协调问题。这就需要统筹兼顾不同群体的利益诉求，处理好老年人这个重点人群与全人群、发展全局的关系。

十八届中央政治局第三十二次集体学习以“积极”作为贯穿人口老龄化应对的关键词。积极应对首先体现在思想观念上，积极地看待老年人、老年期的生活和老龄化的社会。如本书第1章所述，老龄化是几千年来人类追求长寿、追求个体自由的愿望借助工业革命才得以实现的。当梦想成真时，人们却开始惧怕甚至是敌视老龄化，当然，看到老龄化带来的风险是好事，但是不能因噎废食。老年人是社会的宝贵财富，老年期是人生的重要阶段，老龄化是国家发展和社会进步的标志。

积极应对在行动上体现为国家制度设计、政府政策制定、养老服务发展、工作体制机制以及老年人自身作用发挥等多个层面。习近平总书记在主持集体学习时的重要讲话中，提出了“构建居家为基础、社区为依托、机构为补充、医养相结合的养老服务体系”这一新的论述，把医养结合作为养老服务的内在要求。这为养老服务的发展指明了重点方向，也为此后老龄工作机构的调整埋下了伏笔。

2016年，中共中央、国务院印发《“健康中国2030”规划纲要》，提出“实现国民健康长寿，是国家富强、民族振兴的重要标志，也是全国各族人民的共同愿望”的重要论述，与中央政治局集体学习提出的积极老龄观形成了呼应。这个规划纲要设立专节部署“促进健康老龄化”相关工作，涵盖老年医疗卫生服务体系建设、医养结合、健康养老服务等多个方面（专栏4-3）。其中，“为老年人提供治疗期住院、康复期护理、稳定期生活照料、安宁疗护一体化的健康和养老服务”的提法，相当于对习近平总书记在集体学习时重要讲话中所述的“医养相结合的养老服务体系”进行了具体阐释，也将国办发〔2015〕84号文件中的要求提升到党中央推进健康中国建设的新高度。

专栏 4-3 《“健康中国 2030”规划纲要》关于促进健康老龄化的部署

推进老年医疗卫生服务体系建设，推动医疗卫生服务延伸至社区、家庭。健全医疗卫生机构与养老机构合作机制，支持养老机构开展医疗服务。推进中医药与养老融合发展，推动医养结合，为老年人提供治疗期住院、康复期护理、稳定期生活照料、安宁疗护一体化的健康和养老服务，促进慢性病全程防治管理服务同居家、社区、机构养老紧密结合。鼓励社会力量兴办医养结合机构。加强老年常见病、慢性病的健康指导和综合干预，强化老年人健康管理。推动开展老年心理健康与关怀服务，加强老年痴呆症等疾病的有效干预。推动居家老人长期照护服务发展，全面建立经济困难的高龄、失能老人补贴制度，建立多层次长期护理保障制度。进一步完善政策，使老年人可以更便捷地获得基本药物。

2017 年，党的十九大胜利召开。习近平总书记在党的十九大报告中指出，要“积极应对人口老龄化，构建养老、孝老、敬老政策体系和社会环境，推进医养结合，加快老龄事业和产业发展”。与党的十八大报告相比，一是增加了对政策体系和社会环境的要求，二是突出强调了医养结合，三是将老龄事业和产业的发展由“大力”升级为“加快”。

2018 年 2 月，党的十九届三中全会审议通过了《中共中央关于深化党和国家机构改革的决定》和《深化党和国家机构改革方案》。同年 3 月，十三届全国人大一次会议第五次全体会议批准了国务院机构改革方案。在这个方案中，全国老龄工作委员会的日常工作从民政部移交给国家卫生健康委员会承担，民政部代管的中国老龄协会也改由国家卫生健康委员会代管。

如本书第 3 章所述，全国老龄委是国务院层面关于老龄工作的议事协调机构，成立于 1999 年 10 月。全国老龄委由国务院分管领导同志担任主任，民政部部长、人社部部长、中组部一位副部长、国务院一位副秘书长担任副主任。全国老龄委的组成单位有30多家，涉及党政军群。在2018年国务院机构改革以前，全国老龄委下设的全国老龄办设在民政部，也就是说，由民政部承担全国老龄委的日常工作。民政部的部长兼任老龄办主任，一位副部长兼任副主任，一位党组成员担任常务副主任、主持老龄办工作。

中国老龄协会的前身是1982年3月经国务院批准成立的“老龄问题世界大会中国委员会”，同年10月改为“中国老龄问题全国委员会”，1995年2月正式更名为中国老龄协会，为副部级事业单位，由民政部代管。

在1999年10月全国老龄委成立时，中国老龄协会既是其成员单位，也开始负责其日常工作。2005年8月，经中央编委批准，全国老龄办与中国老龄协会实行合署办公。全国老龄办的常务副主任同时是中国老龄协会的会长，老龄办的其他几位副主任同时也是老龄协会的副会长。

简言之，全国老龄委是国务院的议事协调机构，从1999年10月至2018年2月，由民政部代管全国老龄办负责全国老龄委的日常工作，中国老龄协会与全国老龄办是“两块牌子，一套人马”。

在2018年国务院机构改革中，承担全国老龄委日常工作的部门调整，全国老龄办、中国老龄协会作为全国老龄委的下设机构，也顺理成章地从民政部划到了国家卫生健康委——这是机构改革操作层面的必然。更深层次和战略层面的考虑，主要有以下三个方面：

一是贯彻落实党的十九大和十九届三中全会精神。

党的十九大报告中，积极应对人口老龄化这一重要部署，被纳入“实施健康中国战略”予以统筹考虑。党的十九届三中全会提出深化党和国家机构改革的指导思想中，把职能优化协同高效作为着力点。

按照十九大和十九届三中全会的精神，为了树立大健康的理念，从全方位、全周期的视角来提供健康服务，新组建国家卫生健康委员会是必然要求，这恰恰与健康老龄化的理念有着十分密切联系。以健康中国的战略为引领，让综合性的健康部门来统筹传统意义上的医疗卫生和老龄工作，有利于相关职能的进一步优化、协同与高效。

二是顺应我国应对人口老龄化主要矛盾的转化。

改革开放初期到20世纪末，我国经济发展水平还不高，居民收入水平比较低，养老的职责主要靠家庭。那个时期，政策能够兜住的老年群体，是最弱势的城镇“三无”老人和农村“五保”老人。老龄政策本质上是补缺型的老年人福利，民政部门恰是社会福利工作的主管部门。全国老龄委成立时，民政部门承担其日常工作，恰如其分。

世纪之交，随着我国进入老龄化社会，未富先老的问题凸显出来，加快筹资成为应对老龄化的头等大事，养老保险的改革发展一度唱了主角。而在基本养老保险城乡全覆盖以后，老年人医疗卫生支出攀升、老年人健康状况堪忧、老年期以前的健康问题带来老龄期健康恶化，成为更加突出的矛盾。把“接力棒”交给卫生健康部门，是一段时期的迫切需要。

三是有利于提供全周期健康服务和推进医养结合。

早在 1987 年 5 月世界卫生大会提出健康老龄化的理念时，就强调了全周期的健康概念。老年阶段的健康问题，很多是源自此前的生命阶段。例如，阿尔茨海默病通常被认为是典型的老年病。在美国，患有这种疾病的人，90% 以上都是老年人。尽管绝大部分患者在老年阶段才表现出病征，但证据表明，是否会患上阿尔茨海默病，与中年时期的心血管健康状况紧密相关。体重超重、吸烟、患有高血压或糖尿病、胆固醇偏高的中年人，到老年阶段患阿尔茨海默病的概率明显更高。

促进老年人的健康，肯定不能局限在老年时期，一定要关口前移，甚至要从娃娃抓起——健康部门在这方面的专业优势比社会福利主管部门更强。在医疗卫生与养老服务相结合或相融合发展这个领域，“医”的专业门槛也高于“养”的专业门槛，而且有关部署也已经纳入《“健康中国 2030”规划纲要》之中。

2018 年国务院机构改革后，全国老龄委主任由分管民政工作的国务院领导调整为分管卫生健康工作的国务院领导。副主任在保留了民政部部长、人社部部长、中组部一位副部长、国务院一位副秘书长的基础上，增加了国家卫生健康委主任并将其列在首位。全国老龄办主任由民政部部长兼任调整为由国家卫生健康委主任兼任，常务副主任由民政部一位党组成员兼任调整为由国家卫生健康委一位党组成员兼任。国家卫生健康委新设了一个专门负责协调老龄工作的司局——老龄健康司，主要职责是：组织拟订并协调落实应对老龄化的政策措施；组织拟订医养结合的政策、标准和规范，建立和完善老年健康服务体系；承担全国老龄工作委员会的具体工作。至此，原来由中国老龄协会承担的全国老龄办日常工作，转由国家卫健委内设的老龄健康司承担。

中国老龄协会不再具备部门协调的职能，转为以老龄事业调研、交流、咨询为主的机构，具体职责有：对我国老龄事业发展的方针、政策、规划等重大问题和老龄工作中的问题，进行调查研究，提出建议；开展信息交流、咨询服务等与老龄问题有关的社会活动，参与有关国际活动；承办国务院交办的其他事项和有关部门委托的工作。

为加强养老服务工作，国务院机构改革中，在民政部新设立了养老服务司，承担老年人福利工作，拟订老年人福利补贴制度和养老服务体系建设规划、政策、标准，协调推进农村留守老年人关爱服务工作，指导养老服务、老年人福利、特困人员救助供养机构管理工作。2019 年 7 月，国务院同意建立由民政部牵头的养老服务部际联席会议制度。这个联席会议制度的主要职能是：在党中央、国务院领导下，统筹协调全国养老服务工作，研究解决养老服务工作重大问题，完善养老服务体系；研究审议拟出台的养老服务法规和重要政策，拟订推动养老服务发展的年度重点工作计划；部署实施养老服务改革创新重点事项，督促检查养老服务有关政策措施落实情况；加强各地区、各部门信息沟通和相互协作，及时总结工作成效，推广先进做法和经验；完成党中央、国务院交办的其他事项。

养老服务部际联席会议由民政部部长担任召集人，包括 21 个组成部门，其中 17 个部门与全国老龄委的成员单位相同（表 4-5）。联席会议办公室设在民政部，办公室主任由民政部分管养老服务工作的一名党组成员兼任，联席会议组织联络和协调等日常工作具体由民政部养老服务司具体来承担。

表 4-5　全国老龄工作委员会和养老服务部际联席会议制度成员单位

共同的成员单位	全国老龄委特有成员	养老服务部际会议特有成员
卫生健康委、民政部、人力资源社会保障部、发展改革委、教育部、科技部、工业和信息化部、公安部、财政部、自然资源部、住房和城乡建设部、商务部、税务总局、市场监管总局、统计局、医保局、银保监会	中央组织部、中央宣传部、外交部、司法部、交通运输部、农业农村部、文化和旅游部、广电总局、体育总局、全国总工会、共青团中央、全国妇联、中国残联、中国老龄协会	应急部、人民银行、国资委、扶贫办

资料来源：根据国务院办公厅关于调整全国老龄工作委员会组成人员的通知（国办发〔2018〕96 号）、国务院办公厅关于同意建立养老服务部际联席会议制度的函（国办函〔2019〕74 号）整理 .

4.5 新时代积极应对老龄化的纲领性文件

按照党的十九大决策部署，在推进老龄和养老服务工作机构改革的同时，党中央也启动了新时代积极应对人口老龄化纲领性文件的研究起草工作。2019 年，中共中央、国务院印发《国家积极应对人口老龄化中长期规划》（以下简称《中长期规划》）。这标志着我国新时代积极应对人口老龄化的理论视野跃升至新的境界，制度安排达到了新的高度，政策措施也将产生新的效能[7]。

一是理论视野跃升至新境界。

《中长期规划》以习近平新时代中国特色社会主义思想为指导，充分体现了坚持以人民为中心的发展思想和基本方略。人口老龄化是老年人口占总人口比重提高的过程，是事关亿万百姓福祉的基本国情。在人口年龄结构不断老化的过程中，家庭的经济负担和照料压力会加重，既需要可持续的社会保障，又需要更完善的养老和健康服务，还需要养老、孝老、敬老的政策体系和社会环境。《中长期规划》把贯彻以人民为中心的发展思想作为内在要求，把满足人民美好生活需要作为出发点和落脚点，践行了全心全意为人民服务的根本宗旨。

《中长期规划》与第二个百年奋斗目标紧密衔接，面向全面现代化新征程设定了阶段性目标。近期到 2022 年，积极应对人口老龄化的制度框架初步建立。中期到 2035 年，制度安排更加科学有效，财富储备进入高收入国家行列，劳动生产率合理增长，中国特色养老服务体系成熟定型，科技对应对老龄化的支撑作用显著增强，老年友好型社会总体建成。远期展望至 21 世纪中叶，与现代化强国相适应的制度安排成熟完备，老年友好城市、乡村和社区遍布全国（图 4-7）。

《中长期规划》深入贯彻新发展理念和高质量发展的要求，并且借鉴了国际上应对老龄化的有益成果。不论是积极应对、共建共享、量力适度、创新开放等基本原则，还是财富储备、劳动力供给、为老服务和产品、科技创新、社会环境等方面的部署安排，都可以看作是创新、协调、绿色、开放、共享的五大发展理念在应对人口老龄化中的具体体现，也是对我国从高速增长阶段转向高质量发展阶段一系列新要求的具体响应。积极老龄化（Active Ageing）、健康老龄化（Healthy Ageing）、成功老龄化（Successful Ageing）、生产性老龄化（Productive Ageing）等国际经验，在多个重大政策设计中结合国情进行了本土化的吸收。

7 顾严．老龄化社会治理的中国方案．中国社会工作，2019（35）．

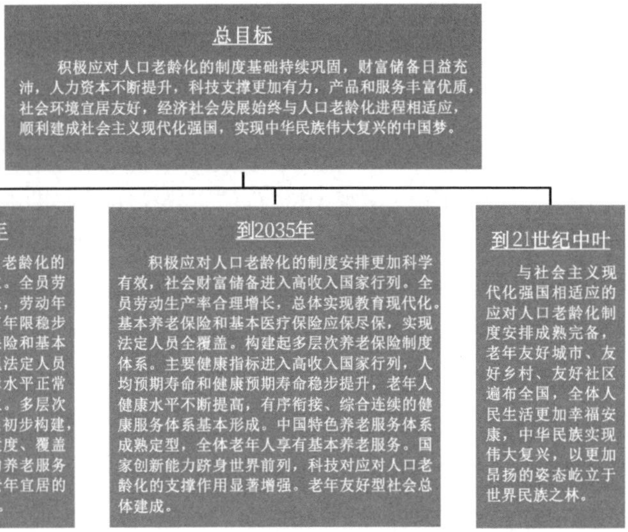

图 4-7 《国家积极应对人口老龄化中长期规划》战略目标

二是制度安排达到了新高度。

《中长期规划》是首部由党中央国务院印发的、以积极应对人口老龄化为主题的规划。此前，中共中央、国务院曾经印发过《关于加强老龄工作的决定》，国务院曾印发《中国老龄事业发展“十二五”规划》《关于加快发展养老服务业的若干意见》《“十三五”国家老龄事业发展和养老体系建设规划》等文件。由中共中央、国务院印发以积极应对人口老龄化为主题的中长期规划，尚属首次。科学编制并有效实施国家积极应对人口老龄化的中长期规划，有利于阐明党和国家的部署安排，科学引导公共资源的配置，合理规范市场和社会主体的行为，保持战略、方针、政策的连续性稳定性，确保积极应对人口老龄化的制度基础持续巩固，经济社会发展始终与人口老龄化进程相适应。

《中长期规划》是站在国家发展全局高度来进行谋划的战略性、综合性、指导性文件。《中长期规划》深刻地指出：人口老龄化对经济运行全领域、社会建设各环节、社会文化多方面乃至国家综合实力和国际竞争力，都具有深远影响。正是基于这样的认识高度，《中长期规划》前所未有地将人口老龄化的重要性提升到基本国情的地位。在应对老龄化的制度框架和重大政策上，《中长期规划》超越了传统上的老龄工作、老龄事业、养老服务等范畴，实现了向政治、经济、文化、社会、生态文明“五位一体”总体布局的整体跃升。探索中国特色应对人口老龄化的道路，是全局性的战略，是全方位的谋划，是全社会的动员。

《中长期规划》是以国家治理体系和治理能力现代化为导向和方法论的重要文件。《中长期规划》鲜明体现了坚持党的集中统一领导、人民当家作主、全面依法治国、全国一盘棋等我国国家制度和治理体系的显著优势，五个方面的工作任务（图 4-8），也都涉及治理体系和治理能力现代化的重要议题。夯实应对人口老龄化的社会财富储备、改善人口老龄化背景下的劳动力有效供给、强化应对人口老龄化的科技创新能力等任务与社会主义基本经济制度密切相关，打造高质量的为老服务和产品供给体系是统筹城乡的民生保障制度中的重要内容，构建养老、孝老、敬老的社会环境则涉及中国特色社会主义法治体系、共建共治共享的社会治理制度。治理现代化是积极应对人口老龄化的必然要求，积极应对人口老龄化也需要治理现代化作为重要的导向和方法论。

三是政策措施将产生新效能。

《中长期规划》既是高屋建瓴的顶层设计，也是脚踏实地的行动方案。针对社会热点、改革难点、百姓痛点，《中长期规划》部署推动一系列重大政策创新，将产生影响广泛的新效能，让广大群众能够得真真切切感受到、踏踏实实收获到政策带来的实惠。

《中长期规划》要求建立多层次长期照护保障制度，实施兜底性长期照护服务保障行动计划。这是对习近平总书记在十八届中央政治局第三十二次集体学习时重要讲话精神的落实，也是针对高龄化、失能化挑战提出的针对策略。在已经开展的长期照护保险试点基础上，以兜底保障为重点、以社会保险为主体、以商业保险为补充的多层次长期照护保障制度，将让更多的失能老年人及其家庭受益。

《中长期规划》明确提出推行终身职业技能培训制度，加快终身学习立法

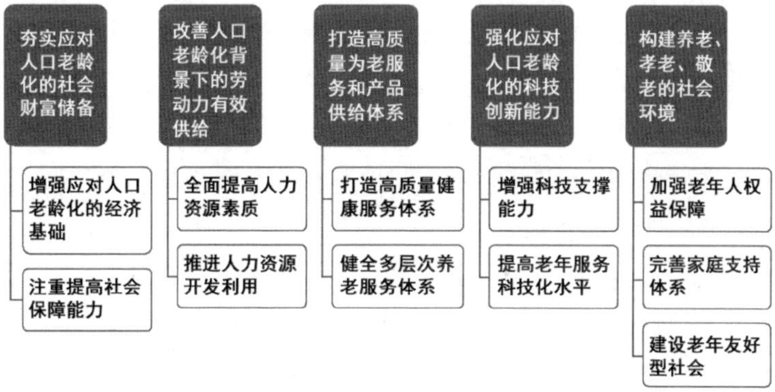

图 4-8 《国家积极应对人口老龄化中长期规划》主要任务

进程。这是向人才要红利、推动人口红利向人才红利转变的重要举措，既为劳动者提高职业技能、劳动生产率和个人收入提供了支持，又为老年教育和老有所学提供了渠道。

《中长期规划》提出要加大养老服务投入力度，多渠道、宽领域扩大适老产品和服务供给。将加快建设分布式、多功能、专业化的社区养老服务设施，越来越多的老年人能就近享有普惠的养老服务。公办养老机构将推行入住综合评估和轮候制度，计划生育特殊家庭、作出特殊贡献的老年人以及经济困难的孤寡、失能、残疾、高龄老年人优先入住的渠道会更加畅通。承担老年人照料责任的家庭成员有望得到政策上的支持，符合条件的家庭病床、安宁疗护等医疗费用也将探索纳入基本医疗保险的支付范围。

《中长期规划》把技术创新作为积极应对人口老龄化的第一动力和战略支撑，提出了加快老年相关产品和服务科技研发的任务。在老年健康科技方面，促进医院、科研机构、企业共同开展创新性和集成性研究，推进老年医疗临床和科研大数据应用。在老年辅助技术研发和应用方面，优先发展护理照料、生活辅助、功能代偿增进等科技产品，提高实用性。在新一代信息技术方面，发展以主动健康技术为引领的信息化老年健康服务，实施智慧老龄化技术推广应用工程。在科技创新的推动下，老年人的生活水平、健康水平、社会参与水平将有显著提升。

《中长期规划》还提出要建设老年友好型社会，形成老年人、家庭、社会、政府共同参与的良好氛围。加强老年人权益保障、完善家庭支持体系、打造老年宜居环境等方面的措施，聚焦全民意识提高和全社会自觉参与，将为老年人提供更有力的法治保障、更有效的家庭支持、更包容的社会环境。

中国的人口老龄化，规模之大、速度之快、问题之棘手、矛盾之复杂，世所罕见。如何应对？在国际上没有普遍适用的标准答案，必须紧密结合基本国情、社会制度、文化传统、发展阶段等持续探索，寻得老龄化社会治理的中国方案。因此，在贯彻落实《中长期规划》中，需要不断健全工作机制，完善法律制度，加强数据支撑，推进国际合作，开展监测考核。此外，还要按照《中长期规划》部署，选择有特点和代表性的区域进行应对人口老龄化工作综合创新试点，为全国提供可复制推广的经验。

笔者认为，老年友好城市建设，既是老年友好型社会建设体系中的重要组成部分，又可以作为应对人口老龄化综合创新试点的空间载体。下一章的分析将表明，老年友好城市建设不仅仅是一个建筑学、规划学问题，而且也涉及养老服务业发展的问题。创建老年友好城市，必须依托全产业链的养老服务。

第 5 章
全产业链：老年友好城市的养老服务

老年友好城市建设的八个主题——室外空间和建筑、交通、住所、社会参与、尊重和社会包容、社区参与和就业、信息交流、社区支持和健康服务，都与养老服务密切相关。可以说，老年友好城市建设离不开养老服务的支撑。国际语境下的老年友好城市和中国政策语境下的老年宜居环境建设，所依托的是全产业链的养老服务。这意味着，养老服务应当是以老年期为重点，面向全龄人群的；是居家、社区机构养老相协调，贯通多种方式的；是由企业、社会组织、政府等多元主体提供产品和服务，兼具商业和公益性质的；是以服务环节为主导，涵盖三次产业的；最为重要的是跨人群、跨方式、跨主体、跨行业深度融合的。

5.1 老年友好城市标准中的服务视角

世界卫生组织在《全球老年友好城市建设指南》中开宗明义指出："一个老年友好型城市应当使它的设施和服务更具有可及性，更多地考虑老年人的需求和能力。"设施和服务，可以看作是老年友好城市建设的两大支柱。

老年友好城市的框架包括八个主题，每个主题都有一系列标准的考量（表5-1）。一些主题本身即养老服务的内容，另一些主题也与养老服务密切相关。

第一个主题——室外空间和建筑，表面上是城市建设的话题，背后却离不开服务。干净整洁、没有噪声、令人愉悦的城市环境，需要环境治理服务的保障，包括对水污染、大气污染、固体废物、危险废物、放射性废物、土壤污染、

表 5-1　老年友好城市的主题框架及标准考量

室外空间和建筑	交通	住所	社会参与	尊重和社会包容	社区参与和就业	信息交流	社区支持和健康服务
· 环境； · 绿化和走道； · 户外休息区； · 人行道； · 马路； · 交通规则； · 自行车车道； · 安全性； · 服务； · 建筑物； · 公共卫生间	· 可支付性； · 可靠性和频次； · 目的地； · 老年友好的交通工具； · 专门性服务； · 爱心座位； · 交通司机； · 安全性和舒适性； · 公交站点； · 信息； · 社区交通； · 计程车； · 马路； · 停车场	· 承受能力； · 必需服务； · 房屋设计； · 房屋改建； · 房屋维护； · 老年适宜性； · 社交； · 房屋选择； · 居住环境	· 活动的可参与性； · 活动的可承受性； · 活动的覆盖范围； · 设施和配置； · 活动的关注及推广； · 杜绝孤立； · 促进社区一体化	· 尊老的内涵； · 公众的尊老意识； · 跨代和家庭交流； · 公众教育； · 社区性因素； · 经济性因素	· 志愿者的选择； · 职业选择； · 培训； · 再就业； · 社区参与； · 价值贡献	· 信息提供； · 口头交流； · 书面信息； · 普通话； · 自动化交流和设施； · 计算机和互联网	· 服务的可及性； · 提供服务； · 志愿支持； · 紧急预案和照顾

噪声与振动的治理。人们在户外活动时，不必担忧遭受盗窃、抢劫或其他暴力袭击，得益于社会治安与刑事警务服务。在城市绿地、公共休息设施、人行步道、照明设备、老年友好的建筑物、无障碍的公共卫生间等完成建设的环节后，绿化管理、城市公园管理、市政设施管理、城乡市容管理、物业管理、环境卫生管理等服务必须及时跟进，才能确保这些设施真正发挥作用，所谓“三分建设，七分管理”。

这些服务并不是专门为老年人提供的，而是面向全体居民的。老年人作为脆弱人群，从这些服务中受益更大。或者换个角度说，如果这些服务的提供不及时、不到位，与青年人、中年人相比，老年人会受到更大的伤害。面向老年人的需要，将老年友好的理念贯穿到室外空间和建筑的建设中，会令所有人从中受益。

在老年友好城市建设的第一个主题中，单独列出“服务”作为一条重要的考量标准。这里的服务，并不是指老年人照料、老年病诊治等特定领域的服务，而是指所有的服务都应考虑老年人的特殊需要。比如，在商场和银行等需要排队的服务场所，应当单设老年人专门窗口或柜台，免去老年人排长队的困扰。不得不让老年人排队的情况下，应当配置可供老年人休息的座椅。又如，在大型商超迅速占领零售消费市场的同时，需要采取一定措施保留住街边巷角的小超市或便利店，以便老年人在家附近能够买到日常生活用品，而不需要坐车到较远的地方与年轻人一起“血拼”。从这个意义上讲，面向老年人、老年期的养老服务可以被嵌入几乎所有的服务之中。

人们在老年期通常会面临身体机能的衰退，因而老年人在出行时会遇到对于中青年来说不是问题的问题。如果一栋住宅楼没有电梯、坡道、楼梯扶手、防滑地面，居住在里面的一些失能老年人甚至很难走出楼来。健康老人在不符合适老化要求的建筑中，容易跌倒、受伤，甚至因此而失能。如果一个城市的交通设施和服务没有充分考虑老年人的特点，老年人走出家门后，可能仍然寸步难行。

第二个主题——交通，这个主题中涵盖的标准数量最多，大体上可以划分为两组，一组是交通服务的可及性，另一组是服务的可承受性。

在服务可及性方面，公共交通应当在老年人经常出入的场所设置站点，比如医院、市场、公园；方便老年人上下车的设施和设备改造是必要的，比如适当抬高公交站台、去除公交车内的台阶；交通工具上应设置老年人优先的座位、有适宜存放轮椅或其他助行设备的位置；驾驶员的老年友好意识也非常重要，以确保在驾驶中，特别是在起步、停车的时候老年人不会跌倒或磕碰。此外，如同在商场和银行，车站也应设置一定数量的座椅，以缓解老年人候车的辛苦。在服务可承受性方面，公共交通应为老年人提供优惠票价或者是免票的待遇，出租车、停车场也可以向老年人提供折扣价格。

近年来，手机打车软件的应用为人们出行带来了便利，但老年人的出行却受到不利影响。不会使用手机软件打车的老年人，经常不得不望空车兴叹。如果老年人在交通高峰时出行，用手机软件打车不但享受不到优惠的车费，反而还要额外加价。科技发展客观上带来的鸿沟，需要在养老服务中予以考虑如何缓解和消除，让老年人也能享受到科技进步的成果，而不是被边缘化，甚至被社会抛弃。

第三个主题——住所，涉及与养老服务联系更加直接的一系列内容。

对于租住房屋的老年人来说，房租通常是一笔不小的开销，但他们大多只能继续承受，而不是选择更便宜的房子。这一方面是由于承担不了搬家的负担，既费精力又增加经济负担；另一方面是不想离开居住已久的社区，脱离已经建立的社区关系网络。前一个方面涉及搬家运输服务满足老年人需要的问题，后一个方面涉及老年人社会参与的问题。要帮助老年人降低租房成本，还涉及保障性住房这个基本公共服务问题。

不少在自有房屋居住的老年人也面临两难选择。房产具有一定的价值，却不能转化为收入，单靠较低的退休金难以保持一定的生活品质。虽然拥有房产，有人仍然要到早市捡菜叶、赶在超市关门前去抢购低价抛售的商品。正是看到了这样的矛盾，才有了“以房养老”，即住房反向抵押贷款的探索和相关政策，但在实践中却既不叫好又不叫座。究其原因，除了社会观念、遗产继承以外，配套的照料、金融、监管等服务跟不上是症结所在。将价值较高的房产抵出后，手续费、管理费等导致财产上发生实质性损失，又有可能享受不到所承诺的、令人满意的生活服务，还面临不靠谱机构卷钱跑路、甚至是遭遇借“以房养老”之名的诈骗等重大风险。

不论是自持的物业还是租住的居所，只要是养老住宅，在设计上就必须考虑老年人的身体状况和生活特点。通道、门廊等要适合轮椅进出，地面要平坦并且防滑，浴室、卫生间乃至厨房都要符合无障碍要求。这既需要有针对性的工程技术与设计服务，又需要装潢设计等专业设计服务，还需要通过住宅建筑、住宅装饰和装修，来将这些设计服务转化为真实的适老居住环境。

此外，房屋维修服务、居家监控服务、应急救援服务等，也是在居住主题下必不可少的养老服务。

在中国政策语境下的机构养老，在世界卫生组织的老年友好城市建设框架中，属于居住这个主题。养老院数量少、入住等候时间长、收费偏贵的问题，在世界上很多地方普遍存在，并非中国的特殊国情。老年友好城市应为有入驻需求的老年人尽可能提供足够的养老机构和床位，并配以适宜的服务和良好的环境。更重要的是，养老机构不能脱离社区，应当让机构中的老年人有更多机会接触社区居民特别是儿童。当然，这对养老机构的管理和服务提出了更高要求。从这个更高的要求看，所谓居家、社区、机构养老，完全可以是相互交织、相互融通的，而不是相互独立、相互割裂的。

不论居住在家里还是养老机构，老年人都有现实的或者潜在的社会参与需要，因为社会参与利于老年人身体和心理上的健康。

第四个主题——社会参与，其形式和内容十分丰富。可以是发起慢行、门球等适宜老年人的运动，组织老年人集体观看话剧或电影，组建棋牌俱乐部等老年人社团，也可以依托老年大学开设音乐、手工艺等课程，还可以邀请老年人到学校与孩子们一起活动，哪怕是邻居之间共享下午茶或者餐叙也是有益的。这些活动并非利润率很高的商业化、市场化养老服务，却同样是由社会主体提供、具有公益性质的社会化养老服务。

促进老年人社会参与的积极因素，包括适宜的地点和时间、便利的交通、对老年人友好的聚会环境、可以承受的活动费用等。地点最好能选在老年人步行可及的地方，或者交通较为便捷的地方；时间上要考虑老年人的作息规律，比如要避开午餐后小憩的时段。聚会的环境不能太嘈杂，建筑应符合无障碍要求，设施要适合老年人使用。参与活动是免费或者是低收费的，不至于因费用太高而让老年人望而却步。对于主观上不愿意参与活动的老年人，还可以通过邻居、志愿者、专业社工、社区工作者等上门探访的方式，保持其社会交往的活跃度，鼓励其参与社区和社会上举办的适宜活动。从社会参与这个主题看，不仅是商业服务需要考虑老年人的特殊需要，公益服务也要有专门针对老年人的方案。

第五个主题——尊重和社会包容。当商业服务和公益服务都充分考虑老年人需要的时候，老年人就在很大程度上、相当多的场合中，得到了尊重和社会包容。尊老、敬老、孝老不只是个人修养，更是对包括商业服务、公益服务在内的社会化服务的基本要求，此外还需要诸如人口老龄化国情教育、社会保障等公共服务。借助报纸、电视、移动互联网等媒体以及融媒体，进行多样化的宣传教育，让人们正确看待老年人、老年期和老龄化。基于知识、认知和认同建立的对老年人的尊重和包容，才更加坚实、更加持久。经济地位较低，是老年人遭受歧视甚至虐待的重要原因。社会保障作为一项基本公共服务，同时也是重要的涉老政策，应当切实保障老年人的基本生活，帮助老年人守住尊严的经济基础。

第六个主题——社区参与和就业。老年人通过自身积极作用的发挥，特别是为社区作出力所能及的贡献，可以赢得尊重。这需要涉老政策为老年人打开一扇门或者一扇窗，让老年人能够参与社区发展，贡献宝贵的经验与智慧。很多老年人都会主动加入志愿活动当中，为社区、为社会继续作出贡献，也从中获得老有所为的价值感。老年友好城市的志愿服务组织应当为老年人创造条件，支持其参与适宜的志愿活动。一些就业岗位也应向老年人开放，让有意愿和能力的老年人继续工作。雇主则需要为老年劳动者营造友好的工作环境，提供灵活的就业方式。社区服务、邻里互助式服务是比较适宜老年人继续工作的领域，手工艺制作、家庭作坊式生产、地摊儿经济等则是比较适宜老年人就业的模式。

老年人以志愿服务或就业创业的方式来发挥作用，不仅需要就业信息、教育培训、权益维护等方面的服务来助力，而且需要涉老政策中的退休政策给予更有弹性的选择。正如世界卫生组织（2007）所强调的：“退休是一种选择而非必须。”

第七个主题——信息交流。在信息社会，信息服务对每一个人都很重要，对老年人也不例外。信息交流，讲的就是老年人信息服务的话题。

信息匮乏与信息爆炸是老年人不得不面对的相互矛盾的两个挑战。由于社交圈子变窄、适应新媒体较困难等原因，老年人群比中青年人群获得信息的渠道要有限得多。在一些地方，老年人仍然主要依靠广播、电视、社区公告栏来了解这个快速变化的世界，获取信息的方式具有被动性和滞后性。与此同时，互联网、移动互联网等工具，让老年人又面临如何在海量信息中提炼真实信息、有用信息的问题。手机上或者电子邮箱里收到的是重要通知还是促销广告？如何辨别哪些是关于养生的伪科学信息？怎么防止遭受电信诈骗的侵害？老年人似乎一会儿受困于信息孤岛，一会儿又陷入了信息垃圾场。

为解决这两个矛盾，世界卫生组织（2007）提供了老年信息服务方面的指引：由政府或志愿者组织建立系统可靠的信息发布方式，由社区提供“一站式”信息服务，以适宜的方式向包括老年人在内的全体居民提供基本信息等。如果是书面形式的信息，则应该宽页面、大字体、简明扼要。如果采用电话、电脑、互联网等方式，也应注意老年人的适应性，电话应答服务应缓慢而清晰，电子设备应该有较大的字体和按键等。

第八个主题——社区支持和健康服务。这相当于在我国通常讲的居家和社区养老服务，而且是符合医养结合要求的。不论是医疗、卫生、保健等大健康服务，还是更为广泛的社会服务，首先应该是便捷可及的，可以在社区中提供，也可以借助便利的交通工具及时到达。其次，提供服务的场所和设施应当是安全、无障碍的。这些服务是由多元主体提供的，包括政府提供的基本公共服务、向老年人提供优惠的服务、社区组织的互助式服务，以及志愿服务，等等。服务人员应进行适当的培训，使其具备为老年人服务的专业技能，并对老年人有足够的尊重、关心、热情态度。

上门服务是老年人尤其是高龄老年人越来越需要的服务，通常包括帮助购物、在家体检、心理咨询、物理治疗、术后康复等。供给不足、费用过高、标准难以控制、服务人员更换频繁等问题，是各国普遍面临的挑战。一些国家通过社会保险覆盖，另一些国家通过政府补贴家政服务等方式，以期适当降低偏高的费用，让更多有需要的老年人能享有上门服务。

社区支持和健康服务的主题中，还涉及“有足够使用的墓地”这个细化的标准，也就是对殡葬服务提出了要求。这是很多人不愿意面对的、却是人人都离不开的服务，也是老年人享有的最后一项服务，是在整个生命历程中的终点服务。

国际语境下的老年友好城市与中国政策语境下的老年宜居环境建设是相似的范畴。2016年10月，全国老龄办等25个部门联合印发了《关于推进老年宜居环境建设的指导意见》（全国老龄办发〔2016〕73号），将老年宜居环境划分为居住、出行、健康支持、生活服务、社会文化5个板块，包括17项重点任务（图 5-1）。适老居住环境与老年友好城市的第三个主题——住所相对应，适老出行环境与第二个主题——交通相对应，适老健康支持环境与第八个主题——社区支持和健康服务中的健康服务相对应，适老生活服务环境同时对应第一个主题——室外空间和建筑、第七个主题——信息交流以及第八个主题中的社区支持，敬老社会文化环境与第四个主题——社会参与、第五个主题——尊重和社会包容、第六个主题——社区参与和就业相对应。

世界卫生组织老年友好城市建设框架中的八个主题以及具体考量的 60 多项标准，有的本身就是养老服务的内容，有的直接与养老服务相关，有的则是间接相关。老年友好城市的背后，是养老服务在支撑。从老年宜居环境建设看，养老服务同样也是必要条件。不论是老年友好城市还是老年宜居环境，其所依托的养老服务应当是全产业链的。养老服务全产业链的界定有五重含义：一是全人群，二是全方式，三是全主体，四是全行业，五是跨界融合。

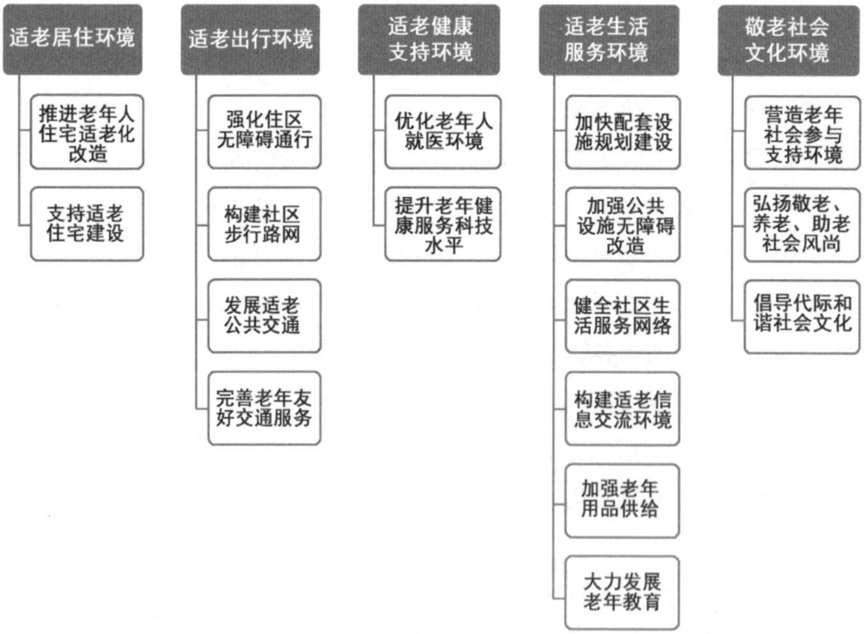

图 5-1　中国老年宜居环境建设的主要内容

资料来源：根据全国老龄办发〔2016〕73 号文件整理 .

5.2　面向以老年期为重点的全龄人群

根据养老服务全产业链的界定，全人群是以老年期为重点，面向全龄人群。

既然是“养老”服务，肯定要“瞄准”老年人、以为老年期服务为重点，这是毋庸赘述的。不过，为老年人和老年期提供的服务，除了少数专属服务以外，绝大部分服务实际上很难按照服务对象年龄的不同来拆分：这一块是专门服务老年人的，那一块则是专门服务年轻人的，在大多数情况下，这是无法做到的。

以医疗服务为例。2019 年，全国设有老年医学科的医疗卫生机构共 3459 个（国家卫生健康委员会规划发展与信息化司，2020），这些机构中的老年医学科显然是主要为老年人这个专属群体提供诊疗服务的。然而，为老年人提供医疗卫生服务的主体，却是更广泛的医疗卫生机构。第四次中国城乡老年人生活状况调查显示，老年人就医的首选是村卫生室和社区卫生服务站，其次是乡镇卫生院和社区卫生服务中心，这两个选择的占比合计超过 50%（图 5-2），而这些机构中仅有非常小的比例会设置老年医学科。

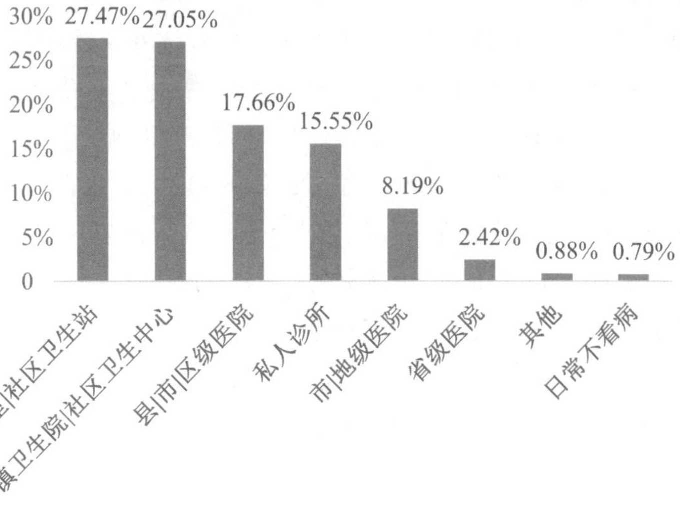

图 5-2　老年人就医首选机构

资料来源：党俊武 . 第四次中国城乡老年人生活状况调查，2018.

2019 年，全国医疗卫生服务机构超过 100 万个，其中仅有 0.3% 的机构设有为老年人提供专门服务的老年医学科。实际上，超过 99% 的机构尽管没有专门的老年医学科，但他们提供医疗卫生服务的对象中，老年人无疑是非常重要的群体。根据第四次中国城乡老年人生活状况调查，2014 年，全国老年人看病、住院的人均花费为 3987 元，其中有将近一半（1971 元）的费用不能报销。[1] 这一年，全国城乡居民人均卫生总费用 2587 元，其中个人支出 859 元。[2] 总体上看，老年人医疗卫生支出是平均水平的 1.5 倍；由个人承担的医疗卫生支出，老年人是平均水平的 2.3 倍。按照 2014 年全国有 2.12 亿老年人匡算，老年人看病、住院总花费约 8469 亿元，占当年全国卫生总费用（35379 亿元）的 1/4 左右；老年人个人负担的花费约 4188 亿元，占全国个人卫生支出（11745 亿元）的 1/3 以上——而老年人占全国总人口的比例那时还不到 1/6。

可见，在医疗服务中，尽管老年人是花费明显高出平均水平、非常重要的群体，但绝大部分医疗服务并不是专门针对老年人来提供的。医疗服务的重点是老年人，但却是面向全龄人群的。

家政服务也有类似的特点，只是程度有所不同。专门照料老年人的养老看护服务当然是专属老年人的，但在全国家政服务业的营业收入中，这部分营收仅占 1/6 左右（图 5-3）。小时工服务比养老看护服务的营收占比高出 10 个百分点，其中也包含为老服务的内容，但并非老年人专属的服务。比如，请家政服务员来家里打扫卫生或者做饭，可能是为了减轻老年人从事家务劳动的负担，让他们可以放松一下，有更多的精力和闲暇时间去散散步，或者是参加社区活动。专业的家政服务员不论是为老年人提供专属的养老看护服务，还是通过小时工的方式为老年人减轻负担，都对家庭中的其他成员生活质量的提高作出了贡献。为老年人而来，但是效用却不局限于老年人，而是外溢到其他人。

虽然很多服务并不是老年人专属的，可一旦这些服务充分考虑了老年人的特点和需要，服务的质量是会提升的。

本书第 3 章所引证的日本新宿京王百货公司案例中，根据老年女性顾客的需要重新规划调整楼层布局、开发专属商品及品牌的行动，不仅吸引了老年顾

1 党俊武 . 第四次中国城乡老年人生活状况调查 . 2018.

2 国家卫生和计划生育委员会 . 2014 年我国卫生和计划生育事业发展统计公报 . 2015.

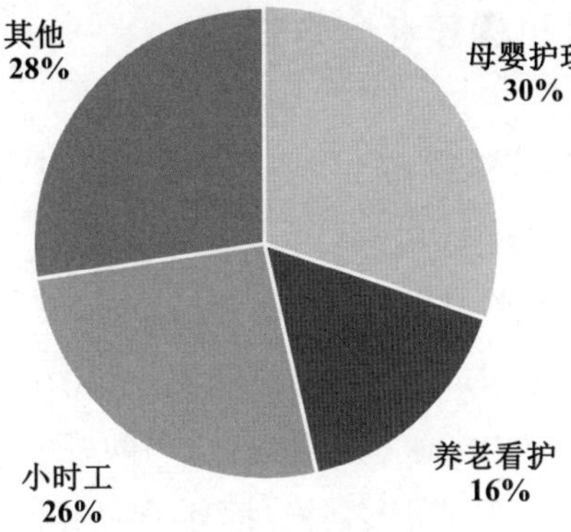

图 5-3 全国家政服务业营业收入构成（2016 年）
资料来源：商务部服务贸易和商贸服务业司 . 中国家政服务行业发展报告 2017.

客并增加了他们的忠诚度，而且增强了营销团队进行市场细分的能力。更多理解老年人，也就更容易理解年轻人或者是儿童，进而通过更有针对性的服务来取得优异的业绩。

为老年人提供金融理财服务，资金的安全性要求很高。老年人的钱积攒了一生，有投资增值的需要，但更为重要的是保本。在确保安全的情况下尽可能获取更高的收益，是老年人的朴素愿望。这样的要求，对投资顾问、投资经理乃至作为公共服务的监管都提出了很高的要求。如果能够在有效控制风险的条件下，实现不错的收益率水平，这样的金融理财服务不仅会让老年人受益，对其他年龄段人群财产的保值增值也有好处。

无障碍建设和改造，主要是考虑老年人、残疾人的特殊需要。儿童显然也会从中受益，老年友好与儿童友好的很多内容都是相通的。生病了或者在手术后行动不便的人、推着婴儿车的年轻父母们，同样也会受益于无障碍建设。

这样的例子不胜枚举。以服务老年人、满足老年期需要为重点，客观上会产生外溢效应，因而也是面向全龄人群的。这是全产业链养老服务的第一重含义。

5.3 贯通居家社区机构养老全方式

根据养老服务全产业链的界定，全业态是指居家、社区、机构养老相协调，贯通多种方式。

我们经常会听到这样的说法：“9073”是指 90% 的老年人在家里养老，7% 的老年人在社区养老，3% 的老年人在机构养老。类似也有对“9064”“9055”等同一个套路的“解读”，实际上是割裂了三者的关系。倘若按照这样的思路来设计和实施政策，极容易造成重复建设，而且还会加剧养老服务的结构性失衡。

如果说家庭是社会的细胞，那么社区就是社会的组织。一个个家庭组成了社区，绝大部分家庭也是处于社区之中的，居家生活的老年人显然离不开社区这个既是空间载体又是社交网络的组织。

在应对新冠肺炎疫情期间，居家养老与社区的紧密联系凸显出来。例如，需要养老看护的老年人，在家政公司已经复工的情况下提出需求。从家政公司及家政服务员的角度来看，完全有能力提供老年人所需要的服务。老年人既有需求又有购买力。在平常时期，这样的需求与供给是很容易匹配的，服务人员从家政公司直接到老年人家里，似乎和社区没有什么关系。但是，在公共卫生应急响应级别比较高的情况下，社区的人员进出被严格管控，非小区居民无法进入社区，供给和需求就无法有效匹配。有人下单，有人接单，但订单只能被迫取消。一些社区在所在地区防控机制的指引下，对核酸检测阴性、健康码无异常的家政服务员采取登记放行的措施，有的还帮助住家看护的家政服务员办理小区出入证，解决了供求无法对接的问题。这是非常时期的特殊案例，却特别能够说明，居家养老所需的很多服务是依托于社区的。

在居家社区养老服务发展中，全国各地都有社区在尝试建立和使用社区养老服务平台。通过信息化建设，建设服务系统，连接服务资源。居家的老年人可以通过社区平台向服务提供者提出需求，接受服务后还可以进行评价，社区平台则可以对服务进行全程跟踪。社区帮助居家的老年人筛选出合格的、评出优秀的服务提供者；还可以借助服务量这个谈判条件，通过与服务提供者协商，为老年人争取到更优惠的价格，降低养老服务的成本，进而让更多老年人享有可承受的服务，形成良性循环。

居家是基础，社区是依托，这个“依托”指的是居家养老依托于社区。居家养老与社区养老，相互协调，原本就是相融合的。

社区与机构也是可以融合的。老年人在社区中能够获得的文化娱乐服务、日间照料服务、助餐服务等，不一定非要由社区干部来提供，也可以由专业机构来承办。在实践中，越来越多的社会组织和企业进入社区，承揽这些服务，服务团队比传统的社区干部更加专业。不少社区建立了嵌入式的小型养老机构，老年人不仅在其中接受日间照料，晚间也可以在社区小型养老机构中度过，不必离开生活多年的社区，离开熟悉的环境，离开原先的社交圈，就能够享受到 7 天 ×24 小时的专业照料和配套服务，并且与家人保持“一碗汤”的完美距离。嵌入在社区的小型机构，不仅为入住的老年人提供托养照料服务，而且为社区提供老年餐桌、棋牌室、书画室、老年学校等服务，在家居住的老年人也能享受到这些服务。如此，社区已经与机构深度融合了。

业界的探索表明，居家养老与机构养老也可以融合——旅居养老就是融合了居家与机构养老的一种模式。老年人出门旅行，住的不是酒店、宾馆、招待所，而是自己的“家”。这个“家”，房产可以是自有的，平时不住可以托管出去，有专人打理；也可以是共同所有的，按照老年人与共有人的约定，老年人家庭可以享有一定期限和频次的居住权。一些传统上属于社会福利机构的养老院、老年公寓等也在试水旅居养老，将闲置空置的床位提供给旅居的老年人。老年人住进机构中的“家”，住宿餐饮的价格比一般的旅游标准更低，在安全和服务质量方面也更放心。

党的十九届四中全会提出：“加快建设居家社区机构相协调、医养康养相结合的养老服务体系。”笔者认为，协调是最低要求，融合是更高要求。全产业链的养老服务，首要的就是必须追求居家、社区、机构养老相融合。

5.4 由全主体提供的多层次多样化服务

根据养老服务全产业链的界定，全主体是指由企业、社会组织、政府等多元主体来提供多样化的、兼具商业和公益性质的养老服务。

老年人的需求是多样的，其多样性超过儿童，甚至也超过中年人或者其他年龄群体。消费是由收入和财富水平决定的，不同老年人之间存在较大的收入差距和财产差距，因而对养老服务的需求会差异较大。

城乡老年人生活状况调查显示，城乡老年人的收入差距一直大于城乡居民的收入差距（表 5-2）。农村养老服务市场的发育程度远远落后于城市，农村老年人收入远低于城市老年人是重要原因。

2014 年，城市老年人的收入中，近 80% 来源于保障性收入，收入基础是比较坚实的。农村老年人保障性收入占比只有 36%，经营性收入占比高达 39%，这主要是农业经营收入，说明农村老年人还有较高比例仍在从事劳动。老年人在业情况的数据与之相呼应。城市老年人的在业比例只有 7.2%，农村老年人的在业比例高达 39.2%；60—64 岁的城市老年人中，有 13.2% 仍然工作，同一个年龄段的农村老年人中，多达 61.6% 仍在劳作（表 5-3）。

城市老年人收入水平高，收入来源稳定，达到法定退休年龄后闲暇时间相对宽裕，城市养老服务的发展也就具备较好的需求支撑。而在农村，老年人收

表 5-2　城乡老年人收入水平的差异

年份	城市老年人平均年收入（元）	农村老年人平均年收入（元）	城乡老年人收入比	城乡居民收入比
2000 年	7392	1651	4.48	2.79
2004 年	11963	2970	4.02	3.28
2010 年	17892	4756	3.76	3.23
2014 年	23930	7621	3.14	2.92

资料来源：吴玉韶，郭平，苗文胜 . 2010 年中国城乡老年人口状况追踪调查数据分析 . 北京：中国社会出版社，2014.

表 5-3 城乡老年人收入来源和在业状况的差异

收入类别	城市老年人收入构成	农村老年人收入构成	城乡分组	65 岁及以上在业比例	60—64 岁在业比例
保障性收入	79.4%	36.0%	城乡	26.8%	42.8%
经营性收入	9.8%	39.0%	城市	7.2%	13.2%
转移性收入	6.9%	19.0%	镇	24.0%	39.3%
资产性收入	3.8%	6.0%	农村	39.2%	61.6%

资料来源：党俊武 . 中国城乡老年人生活状况调查报告 2018. 北京：社会科学文献出版社，2018.

入偏低，来源不太稳定，相当多老年人还需要继续从事农业生产劳动，既缺乏充足的购买力，又缺乏足够的闲暇时间来进行消费，农村养老的市场化和产业化条件尚未成熟。

老年人收入还存在显著的性别和教育水平差异（表 5-4）。2014 年，城市老年男性的平均收入是女性平均收入的 1.6 倍；在农村，这个数字是 1.7 倍。不同受教育程度的老年人收入差距巨大，受过高等教育的城市老年人平均收入相当于受过中等教育、初等教育、未上过学的城市老年人平均收入的 1.6 倍、2.9 倍、5.5 倍；在农村，这三个数字约为 2 倍、4 倍、6 倍。针对这些差异，养老服务既需要设计差异化的产品和服务，也需要探索差异化的提供方式。

房产是老年人最重要的财产。由于消费具有财富效应，房产对于老年人的消费行为有着巨大的影响。从整体上看，大部分老年人拥有所居住房的产权，在住房产权上的城乡差异、性别差异不算太大，但是不同年龄组的差别很大（图 5-4）。

85 岁及以上老年人（即 1930 年及以前出生的老年人）居住在自有产权住房中的比例很低，只有 1/3 左右。“20 后”老年人大部分不具备以房养老的条件，而且消费也会受限于自有产权比例较低的客观状况。第四次城乡老年人生活状况调查时的 60—64 岁老年人，大体上对应 1951—1955 年出生，他们中 3/4 都拥有现在所居住房的产权。“50 后”进入退休年龄、加入老年人队伍，给养老服务业的发展注入了财富效应的新动力。

表 5-4 老年人收入的性别差异和教育水平差异

老年人组别	平均年收入(元)	受教育程度	城市老年人平均年收入(元)	农村老年人平均年收入(元)
城市男性	29570	高等教育	63464	33799
城市女性	18980	中等教育	40456	17097
农村男性	9666	初等教育	21518	8528
农村女性	5664	未上过学	11563	5558

资料来源：党俊武 . 中国城乡老年人生活状况调查报告 2018. 北京：社会科学文献出版社，2018.

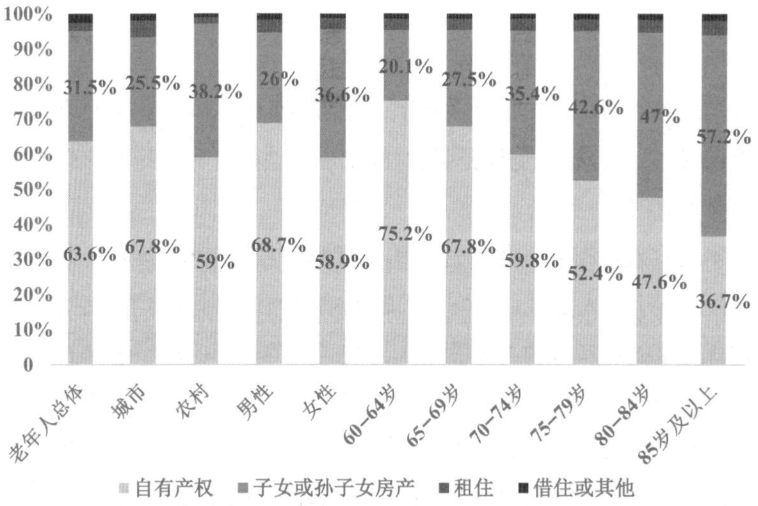

图 5-4 不同组别老年人现住房类型
资料来源：党俊武 . 中国城乡老年人生活状况调查报告 2018. 北京：社会科学文献出版社，2018.

不同的财富水平、收入水平对应着不同的消费倾向和对养老服务不同的有效需求。满足多样化的需求，一定需要多元化的主体。企业、社会组织、政府在养老服务及相关产品的提供上，有着各自的比较优势，同时也存在各自的短板和弱项。

政府的优势在于保基本。目前，由政府兜底保障，既出资金又提供照料服务，主要是针对农村五保老人和城镇“三无”老人，即现在统称的城乡特困老年人。

他们没有配偶、子女或其他亲属提供家庭照料，没有生活来源，甚至没有积蓄，对于社会化的养老服务有需要、有意愿，却缺乏有效需求、缺乏购买力。特困群体养老是典型的市场失灵领域，企业和社会资本参与的积极性不高。在一定发展阶段，社会组织呈现良莠不齐的状况，不具备专业能力或道德底线过低的社会组织侵害老年人权益的案件屡见不鲜，监管上成本比较高，还不如由政府部门直接举办。因此就有了社会福利院、乡镇敬老院这样的机构，来提供补缺型的老年社会福利，或者是社会救助性质的基本养老服务。

但政府提供的基本养老服务也有明显的劣势。既然是基本公共服务，要求一般来说不会也不能太高。传统的救助对象在减少，机构的床位空出来了，却因为设施和服务质量不高，不能满足社会老人更高的要求，不得不继续空置闲置。

政府部门还具备树立典型、打造样板的优势。在养老服务领域，在全国很多地方，都由当地政府直接建设和运营具有行业塔尖水平的机构。这些机构拥有一流的设施设备、宜人的环境、规范且稳定的服务，收费标准却不高。物美价廉，一定是趋之若鹜。这样的机构往往一床难求，性价比很高，但普惠性很差，一般人住不进来，大部分老年人望尘莫及，公共资源配置中可能出现失当、错误情况。

企业是市场中数量巨大的经营主体，规模从大到小，业务各有所长，业态丰富多样，盈利模式各异，生产经营灵活，创新性强，效率较高，我们很容易列出企业的一系列特点和优势。这些特点和优势决定了，企业是更适合来满足多样化需求的供给主体，当然也适合针对多层多样的养老需求来匹配相应的产品和服务。中国从改革开放前的短缺经济到今天的部分行业产能过剩，生产的充分发展得益于数以千万计的企业在成长和壮大。

在养老服务领域，35 号文极大地激发了企业的参与热情。如本书第 4 章所述，各类养老机构从几万家迅速增加到十几万家，从事养老服务的注册企业更是从不到 1 万家猛增至十几万家。以往人们谈到养老服务，首先想到的就是福利院、养老院。随着企业的不断探索，养老服务已经有了非常丰富的行业分布。批发和零售业中为老服务企业数量已经超过了卫生和社会工作这个传统上最主要的养老行业（表 5-5）。老年营养和保健品、老年日用品及辅助产品、老年保健用品、老年文体产品、老年药品、老年医疗器械和康复辅具、老年智能与可穿戴装备、老年代步车等销售，为批发和零售业创造了新的增长点。

为满足老年人基本生活、休闲娱乐、文化体育等需求而提供的各种产品的

表 5-5 养老服务企业行业分布

行业	注册企业数占比
批发和零售业	25%
卫生和社会工作	24%
租赁和商务服务业	11%
居民服务、修理和其他服务业	11%
房地产业	6%
住宿和餐饮业	5%
文化、体育和娱乐业	5%
其他行业	13%

资料来源：企查查（2020）.

出租服务，也快速发展起来。医疗设备、休闲娱乐用品和设备、体育用品和设备、文化用品和设备、图书、音像制品、日用品等的租赁和回收服务，既有在养老机构中提供的，也有在城乡社区中便捷可及的，为老年人提供了丰富的选项，并且降低了花费的成本。

居民服务业中绝大部分是小微企业，他们也积极抢抓养老服务业特别是居家和社区养老服务发展的机遇。如家政服务，不仅通过养老看护的方式直接为老年人提供照料服务，而且通过小时工的方式间接为更多的老年人提供替代性的家庭服务。洗衣、理发、洗浴、养生保健、代送物品和有偿帮助购买等服务，为老年人的日常生活提供了多样化的帮助。

此外，房地产、住宿餐饮、文体娱乐等行业的企业也从多个层次、多个维度满足老年人的美好生活需要。

企业提供的养老服务尽管丰富高效，但逐利性这个本质特征也带来了风险和问题。个别只顾追求利润的企业，在监管不到位的情况下，不惜铤而走险，突破道德底线，践踏现行法律，侵害老年人合法权益的案例，不时见诸媒体。与过分逐利相关的嫌贫爱富倾向，导致投资集中涌入高端养老服务市场。一小部分高收入、高净值家庭的老年人生活品质提升了，而面向更广大的中等收入老年人的服务却得不到资本的青睐——类似于住房领域的“夹心层”现象，也凸显于养老服务领域。

社会组织提供了政府、企业之外的“第三条道路”“第三种方案”。我国将社会组织划分为民办非企业单位（以下简称“民非”）、社会团体（以下简称“社团”）、基金会这三类。其中，民非和社团是主体（表 5-6），二者占各类社会组织的比重超过 99%。

2018 年，在全国 81.7 万个社会组织中，民非超过 44.4 万个、占比例约为 54%。在民办教育、社会办医等领域，民非都是主力军。在养老服务领域，民非的作用也十分重要。早在企业大规模进入养老领域以前，民非曾是在数量上占绝大多数的养老服务供给主体。

数量仅次于民非的社团，2018 年全国共有 36.6 万余个，占社会组织总量的比重近 45%。社团既直接提供面向老年人的社会服务，又在文化体育活动中将老年人涵盖在内，同样是养老服务领域的重要力量。

表 5-6 中国社会组织概况（2018 年）

类型 领域	民办非企业单位（个）	社会团体（个）	基金会（个）
科学研究	14665	14838	504
教育	240012	10102	1511
卫生	30882	8707	177
社会服务	73024	49409	2341
文化	26614	41835	295
体育	19986	33722	42
工商业服务	5437	42510	224
农业及农村发展	3060	64745	86
其他	30412	100366	1854
合计	444092	366234	7034

资料来源：民政部 . 2019 年民政事业发展统计公报 .

民非和社团在税收上享有比企业力度更大的优惠政策。比如，社团取得的各级政府资助、按有关规定收取的会费，可以免征企业所得税。民非和社团举办的养老院所提供的照料服务，举办的非营利性医疗机构按国家有关规定取得的医疗卫生服务收入，可以免征营业税。此外，在房产税、车船使用税、城镇土地使用税、耕地占用税、契税等方面，也享有比一般的企业更优惠的税收减免政策。

税收优惠政策使得由民非、社团提供的非营利性的养老服务比企业提供的营利性养老服务具有更低的成本，一方面有利于更多的社会主体投身养老服务，增加供给，另一方面可以向老年人提供更加价廉的服务，有利于挖掘养老服务的有效需求潜能。

对民非和社团实施税收优惠政策，是源于他们的“非营利性”。

根据国务院 1998 年 10 月颁布施行、2010 年 12 月修订的《民办非企业单位登记管理暂行条例》（国务院令第 251 号），民非“是指企业事业单位、社会团体和其他社会力量以及公民个人利用非国有资产举办的，从事非营利性社会服务活动的社会组织”，民非“不得从事营利性经营活动”。1999 年 12 月民政部公布实施的《民办非企业单位登记暂行办法》（民政部令第 18 号）进一步明确：“民办非企业单位须在其章程草案或合伙协议中载明该单位的盈利不得分配，解体时财产不得私分。”

社团在非营利性方面与民非是一致的。1998 年 10 月发布、2016 年 2 月修订的《社会团体登记管理条例》（国务院令第 251 号）规定，社团“是指中国公民自愿组成，为实现会员共同意愿，按照其章程开展活动的非营利性社会组织”，社团也“不得从事营利性经营活动”，并且“社会团体的经费，以及开展章程规定的活动按照国家有关规定所取得的合法收入，必须用于章程规定的业务活动，不得在会员中分配”“社会团体处分注销后的剩余财产，按照国家有关规定办理”——同样是不能分红、不能私分财产。

2020 年 5 月，十三届全国人大三次会议通过了我国首部民法典。民法典将社团和民非（社会服务机构）列为“非营利法人”，在定义中明确其为“不向出资人、设立人或者会员分配所取得利润的法人”，并且统一规定“非营利法人终止时，不得向出资人、设立人或者会员分配剩余财产”。民非和社团的非营利性质，概括起来就是两条：一是不能分红，二是财产“充公”。民非和社团可以创收，可以有盈利，也可以有资产的增值，但是不能像企业那样给股东们分红。民非和社团从设立的那一刻起，其财产就不再不属于出资人或设立人，而是实质上属于全社会，相当于捐给国家了。

非营利性在一定程度上克服了资本过度逐利之恶，在这个最基础层面的机制设计和法律规定上，使得民非与企业相比，有可能提供质量更高、价格更低、持续更长的养老服务。

但非营利是把“双刃剑”——限制了分红，限制了对剩余财产的分配，进而有可能限制过分地追逐利润，同时也限制了对出资方的吸引力（专栏 5-1）。

民非和社团受到的限制不只是非营利性这个性质。《民办非企业单位登记管理暂行条例》规定，民非“不得设立分支机构”。社团也受到类似的限制。《社会团体登记管理条例》规定：“社会团体的分支机构、代表机构是社会团体的组成部分，不具有法人资格”“社会团体的分支机构不得再设立分支机构”“社会团体不得设立地域性的分支机构”。

试想，如果有一家民非性质的养老机构，在设施设备、人员队伍、标准规范、运营模式等方面都比较成熟，也开办了相当长的一段时期，得到了老年人及家属的肯定，床位利用率一直保持在较高水平，甚至初步创出了品牌，那么它完全可以考虑复制其模式、推广其品牌、连锁化经营。然而，受限于法规，它却不能设立分支机构。如果想复制推广其有益的经验，必须新申请设立一家民非，后者与前者在法律上完全是不相干的两个法人。出资人不仅要再“捐”出一笔资产，更不幸的是，新的机构可能无法直接使用原先的品牌，即便这个品牌已经获得了一定的知名度、美誉度以及顾客忠诚度。这个困扰，对于企业来说是不存在的，对于民非则是发展中遇到的现实障碍，在过去长期阻碍着养老服务的连锁化。针对这一问题，国务院办公厅 2016 年印发《关于全面放开养老服务市场 提升养老服务质量的若干意见》（国办发〔2016〕91 号）提出“在民政部门登记的非营利性养老机构，可以依法在其登记管理机关管辖范围内设立多个不具备法人资格的服务网点”。2019 年 3 月，国务院办公厅印发的《关于推进养老服务发展的意见》（国办发〔2019〕5 号）再次重申了这个政策。尽管适当放宽了原先的限制，但对于跨地区的规模化、连锁化，民非、社团仍然无法与企业相提并论。

非营利的养老服务供应方还受到抵押担保方面的限制，既不能抵押其非营利性质的公益设施，又不能为其他法人提供担保，客观上导致其融资方式狭窄、融资能力被弱化。企业在这方面空间更大、方式更多。

专栏 5-1 《中华人民共和国民法典》关于非营利法人的部分规定

第八十七条 为公益目的或者其他非营利目的成立，不向出资人、设立人或者会员分配所取得利润的法人，为非营利法人。

非营利法人包括事业单位、社会团体、基金会、社会服务机构等。

第九十二条 具备法人条件，为公益目的以捐助财产设立的基金会、社会服务机构等，经依法登记成立，取得捐助法人资格。

第九十五条 为公益目的成立的非营利法人终止时，不得向出资人、设立人或者会员分配剩余财产。剩余财产应当按照法人章程的规定或者权力机构的决议用于公益目的；无法按照法人章程的规定或者权力机构的决议处理的，由主管机关主持转给宗旨相同或者相近的法人，并向社会公告。

第三百九十九条 下列财产不得抵押：

（三）学校、幼儿园、医疗机构等为公益目的成立的非营利法人的教育设施、医疗卫生设施和其他公益设施；

第六百八十三条 机关法人不得为保证人，但是经国务院批准为使用外国政府或者国际经济组织贷款进行转贷的除外。

以公益为目的的非营利法人、非法人组织不得为保证人。

在实践中，由于一些地方烦琐的手续，致使非营利法人无法获得本应享有的税收减免待遇，民非、社团实际运营的成本比企业还要高，限制了他们比较优势的发挥。

我们看到，政府、企业、社会组织都有各自提供养老服务的优势，也都受到主客观方面的局限。相对而言，政府擅长提供具有基本公共服务性质的养老服务，企业能够提供市场化、商业化并且更加多样化的养老服务，社会组织则适合提供具有公益性质的养老服务。为满足老年人、老年期多层次的需求，一定需要各类主体提供差异化的解决方案，既有整齐划一的方式，又有量身定制的方案；既有营利性的组织，又有非营利性的组织；既有社会福利、社会救助，又有普惠服务、高端服务。

5.5 涵盖以服务为主导的国民经济全行业

根据养老服务全产业链的界定，全行业是以服务环节为主导，涵盖三次产业。

人们需要养老服务，最根本的是要解决由于身体老化导致的各方面能力下降，而产生的一连串问题。例如，因为一些老年人部分失能或者完全失能，需要为老年人提供照料；因为与年轻时相比，做饭变得力不从心了，需要为老年人提供社区老年餐桌；因为进入老年期后，获取收入的能力会明显下降，需要在青年和中年阶段，为老年期提前谋划金融方面的服务。

在世界卫生组织的健康老龄化框架下，人的能力分为行为能力（Functional Ability）和内在能力（Intrinsic Capacity）两个层次。内在能力是个人身心能力的综合，包括遗传因素、健康和其他维度的个人特征。

遗传因素对人们的内在能力有着难以改变的决定性影响，胎儿在母亲子宫里的时候，就已经在受基因的影响了。遗传因素通过外在的身高等指标、内在的血液指标等，对人的身心状况发生作用。人在出生后，细胞还有一个成长的过程，达到峰值后就会逐渐损伤、衰减，人的生理机能会随之减弱。有的人可能会不幸遭遇一场大病，并且没有办法恢复到生病前的生理机能，内在能力的损失就不可逆了。有的人比较幸运，通过康复等手段恢复了大部分的内在能力。

除了遗传和健康以外的个人特征，比如性别、职业、受教育程度、收入和财富水平等也影响着个体的内在能力。这些个人特征决定了个人的社会地位，影响着资源获取的机会，进而作用于身心能力。从概率上看，职业地位更高、受教育程度更高、收入和财富水平更高的人，获得更好医疗卫生服务的可能性更大，从而更有可能实现并保持良好的身心健康状况（表 5-7）。

个体的内在能力与个人所处的环境会发生相互作用。这里所指的环境是个人因素以外的一切环境，既包括微观层面的家庭，也包括宏观层面的社会服务和政策。上述关于老年人自评健康状况的差异、个人特征与内在能力关系的简述，实际上已经说明了环境特征对个人的内在能力是有显著影响的。反过来看，个体的特征、个人的内在能力也会影响环境，二者的互动建构出了行为能力。

在生命历程中较早的阶段，行为能力与内在能力是十分接近的，并没有很大的差距，甚至可以认为是大体上等同的。但随着个体的老化，身体机能衰退，内在能力出现不可逆转的下降，这时如果没有外在环境的支持，行为能力也会

表 5-7 老年人自评健康状况

老年人组别	非常好	比较好	一般	比较差	非常差
全国	6.58%	26.39%	42.27%	19.79%	4.97%
女性	5.09%	23.53%	43.29%	22.55%	5.54%
男性	8.22%	29.52%	41.15%	16.76%	4.35%
城市	8.00%	29.80%	42.62%	15.93%	3.76%
农村	5.00%	22.68%	41.88%	23.98%	6.29%
未上过学	4.10%	20.16%	41.5%	26.94%	7.31%
小学	6.22%	26.28%	42.88%	19.85%	4.77%
初中	9.43%	31.63%	42.03%	13.69%	3.22%
高中阶段	10.06%	33.61%	42.61%	11.24%	2.48%
大学专科	10.63%	38.44%	41.05%	7.98%	1.89%
本科及以上	8.83%	39.05%	42.16%	8.25%	1.70%

资料来源：党俊武 . 中国城乡老年人生活状况调查报告 2018. 北京：社会科学文献出版社，2018.

跟着下降。但幸运的是，在环境的支持下，行为能力仍会维持在一定的水平，尽管有时也会下降，但明显更缓慢。

理论模型比较抽象，不妨看看实践中广泛存在的例子。比如，一位老年人不幸摔断了双腿，不能走路了。内在能力遭受了巨大的损失，出现不可逆转的大幅下降。但是为其配置了轮椅这个辅助设备后，这位老人依然可以在一定范围内活动，行为能力的减损幅度就比内在能力小得多。如果他生活所处的环境中，无障碍建设做得非常好，交通也符合老年友好城市的标准，那么这位老年人在出门、出行方面，行为能力的下降几乎可以忽略不计。

对于重度失能的老年人来说，内在能力已经降至整个生命周期接近最低点的水平了。如果没有外在环境的支持，他们的基本生存都难以维持。可幸运的是，因为有家庭成员的悉心照料，或者有社会化的长期照护服务，即便是重度失能的老年人也可以继续延长寿命。

从世界卫生组织健康老龄化的视角看，所谓养老服务无非是两个大类：一类是为了提高个体的内在能力，延缓身体上和心理上的老化，可以称之为“功能增进型”服务；另一类是为了保持一定的行为能力，在身体机能不可逆衰减的过程中尽力不降低生活质量，可以称之为“功能代偿型”服务（图 5-5）。

虽然笔者把这两大类行为称为“服务”，但从产业的角度看却远不止于“服务业”，而是包括三次产业。

民以食为天，老年人离不开第一产业，即农、林、牧、渔业的供养。

大部分人进入老年期后，都是带病生存的状态，普遍患有一种以上的慢性疾病。随着肌体的老化，消化吸收功能在减弱，牙齿开始脱落，牙龈也经受不住冷热酸甜。老年人的饮食不再像从前那样随心所欲，需要减少高热量、高脂肪、高胆固醇食物的摄入，对于食物的口味、硬度等也变得挑剔了。老龄化不断加深的社会，农产品的结构相应地调整变化，以适应更多进入老年期的居民新的需要。按照两分法，适老型的农业提供的是功能增进型的服务，主要的作用是避免不当的饮食加剧内在能力的下降。

制造业为老年人提供了种类丰富、必不可少的食品药品和生活用品。

农副食品加工业、食品制造业以及酒、饮料和精制茶制造业，将农、林、牧、渔业的产出转化为更加接近老年人餐桌的产品；其中大部分仍然起到功能增进的作用，少部分可以直接食用或饮用的方便型食品和饮品，免去了亲自下厨的环节，具备一定的功能代偿作用。纺织业、纺织服装和服饰业、皮革毛皮羽毛及其制品和制鞋业为老年人提供了各类服装和饰品，以及窗帘、地毯等日用品，木材加工、

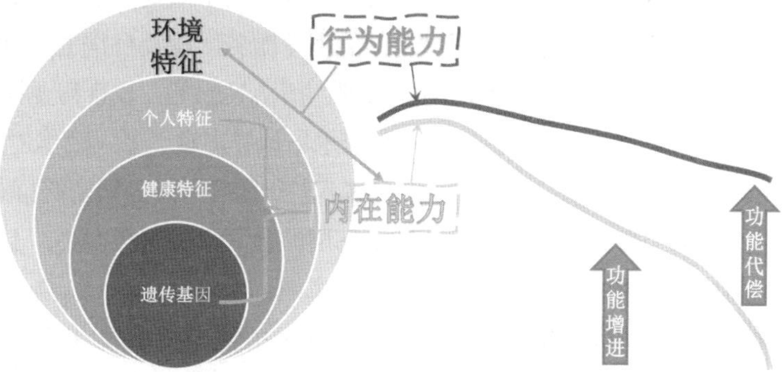

图 5-5 健康老龄化视角下的养老服务功能
资料来源：World Health Organization, World Report on Ageing and Health, 2015.

家具制造业提供了老年人居家生活的环境要件，各类设备制造业帮助老年人便捷地生活和无障碍地出行，文教、工美、体育和娱乐制品制造业为老年人的文化、教育、体育、娱乐生活提供了必要的物质载体，日用化学品制造、医药制造业更是提供了老年人日常生活中离不开的产品，总的来说，制造业的产品兼具功能增进和功能代偿的功能，市场对后一个功能已经显现出越发强烈的需求。

老年人居住需求的满足，一是依靠建筑业，二是依靠电力、热力、燃气及水生产和供应业。与制造业类似，这两个大行业也兼具功能增进和功能代偿的作用，对于建筑业功能代偿功能的需求尤为凸显。

第三产业是养老服务全产业链的主体部分，全部门类和绝大部分大类行业都面向老年人、老年期提供服务。

批发和零售业提供了渠道和平台，将农业、制造业琳琅满目的产品送到老年人手中。交通运输、仓储和邮政业为老年人出行提供交通工具，帮助存放和中转货物、递送信件和包裹等。住宿业为老年人旅游和旅居养老提供了临时住所，餐饮业提供具有功能代偿性质的助餐服务。信息传输、软件和信息技术服务业，通过广播、电视、电信、卫生、互联网及相关的技术应用，给老年人带来各种信息，帮助建立起与家庭成员、社交网络的信息连接。金融业为老年人提供储蓄、理财、保险、投资等服务，为所有人的老年期提供未雨绸缪的资金服务。房地产业为老年人开发住宅、管理物业，提供中介和租赁服务。租赁业以“租”代“售”，降低了老年人使用汽车、医疗设备、文体用品等的成本。商务服务业为老年人综合管理其经常光顾的市场和商业综合体，提供法律、咨询、安全等方面的服务。科学研究和技术服务业为老年人研发适用的产品，提供气象、标准等专业服务。水利、环境和公共设施管理业为老年人营造良好的水环境、生态环境、居住环境，对老年宜居环境作出了重要贡献。居民服务、修理和其他服务业直接为老年人提供上门的家政服务，以及日常生活所需的洗染、理发、洗浴、养生保健、家用电器修理、清洁等服务。教育行业提供了老有所学、老有所乐的解决方案，通过文化艺术培训等丰富了老人晚年生活。

卫生和社会工作是第三产业中与老年人、老年期联系最为紧密的行业门类。老年人不论是到综合医院、专科医院还是基层的社区卫生服务中心、卫生院或卫生室，都离不开卫生这个大行业。疾病预防控制、专科病防治、急救、采供血、健康体检等，为老年人提供了全周期的健康管理方案。福利院、护理院、干休所、老年公寓等提供的供养服务属于社会工作这个大行业，老年人的日间照料、康复辅具适配也是其中的重要服务。

文化、体育和娱乐业为老年人提供了最为多样化的服务，老年人读书看报、收听广播、收看电视、观看电影、欣赏文艺创作和表演、参观博物馆、锻炼身体、下棋打牌、观摩赛事、休闲观光等，都离不开这个行业门类。

公共管理、社会保障和社会组织为老年人各项权益提供法律保障、制度保障、机构保障，通过具有强制性的基本养老保险、基本医疗保险等为其提供基本的社会保障，依靠社会团体、自治组织直接提供为老服务。此外，国际组织也为老年人提供救助、捐助和其他服务。

国民经济中的大部分行业都与养老相关，但这个关联有紧有松、有近有远，与老年人、老年期需求的强烈程度也有不同程度的对应。生老病死是自然规律，谁也无法抗拒。在很多时候，内在能力的下降是不可避免的，内在能力下降后，老年人能够得到适当的服务，尽可能维持原有行为能力的需求及生活质量，是老年人、老年期最主要的一组“刚需”。这组需求所依赖的服务，是养老服务全产业链中具有关键意义的。

养老服务全产业链最核心的环节是照护。没有照护服务，失能老年人甚至连基本生存都没法维持。有了高质量的照护服务，老年人的生活状况就不至于随着身体机能的下降而过快降低。照护的方式可以是居家，也可以在社区，当然机构也是很重要的方式。养老照护涉及的行业不只是社会工作，而且也包括卫生、居民服务等。

健康、文教、金融是养老服务全产业链中的紧密服务环节。对于健康服务，广义的健康概念涵盖全生命周期，涉及人的整个生命历程各个阶段，甚至包括胚胎期，这是世界卫生组织健康老龄化的范畴。养老服务中的健康服务，狭义的概念是以老年人为服务对象的健康服务。面向老年期的健康服务是介于广义和狭义之间的界定，既包括针对老年人的健康服务，又包括为了到老年期能够尽可能保持身心机能、在进入老年阶段以前开展的健康活动。健康服务直接决定了内在能力，有的还有助于提高行为能力。

文化、教育、娱乐、休闲、旅游等文教服务，通常不被认为是需求层次中具有基础地位的需要，相对照料、健康服务来说是更高层次的需求。然而，对于老年人来说，文教服务正在成为不可或缺的需要。本书第 8 章将展开说明老年期文教服务的必要性和基础性，现有研究表明，文教服务既具有功能增进的显著作用，又可以产生功能代偿的效应。

养老金融是为老年期进行财富准备、在老年期继续为改善老年人生活而提供的与资金融通密切相关的服务。养老金融的细分行业非常丰富，常见的有商业银行、政策性银行、信用合作社等的货币银行服务，融资租赁、财务公司、典当、消费金融、小额贷款、网络借贷等非货币银行服务，证券、公募和私募基金、期货、资本投资等相对高风险的金融服务，人身保险、财产保险、商业养老金、资产管理等保险服务，还有银行理财、信托管理等老年人经常打交道的金融服务。除了针对个人的服务以外，面向养老服务供给主体提供的贷款、债券、股权投资、上市融资等，广义上也属于养老金融的范畴。

在传统的服务业门类以外，制造业和建筑业也为老年期提供了重要的支撑。老年用品和养老建筑是养老服务全产业链中的支撑服务，其中老年用品制造涵盖食品药品、服装鞋帽、装备器械等产品的生产，背后有科学研究和技术服务业的支持，如研发活动等；养老建筑是广义的，既包括房屋建筑，也包括建筑安装和装饰装修，还包括第三产业范畴的房地产服务。

此外，由公共管理、社会保障和社会组织这个行业门类提供的涉老政策，也是养老服务全产业链的重要组成部分。涉老政策处于至关重要的枢纽环节，对于养老服务的各种方式、各个主体、各大行业以及各主要人群都有着巨大的影响（图 5-6）。

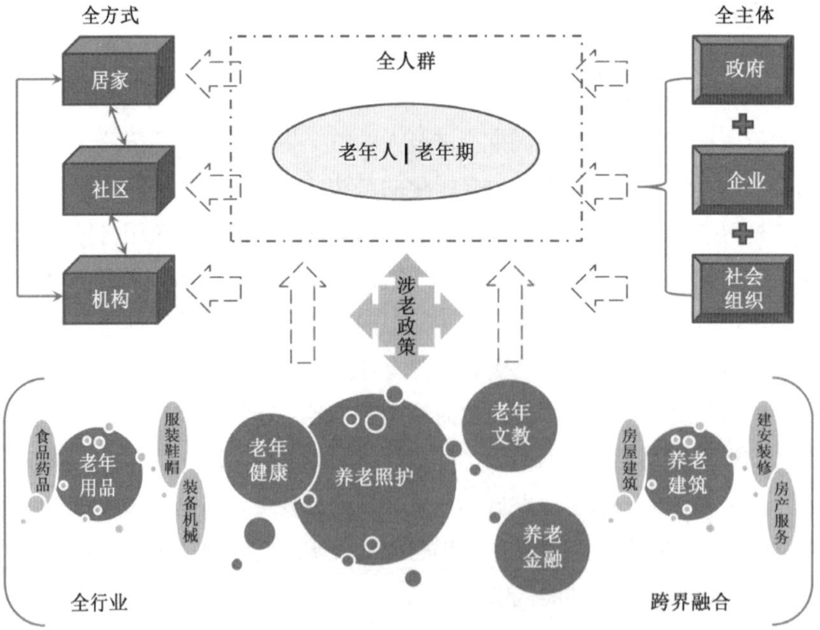

图 5-6　养老服务全产业链示意图

5.6 跨界融合是养老服务全产业链的灵魂

养老服务全产业链界定中，跨界融合是指跨人群、跨方式、跨主体、跨行业的深度融合。只有跨界融合，养老服务才能实现合理的回报和利润率，进而可持续地发展，不断满足老年期的有效需求和老年人的美好生活需要。

跨人群和跨方式的融合，前面已经做了简要的论述。这里再各举一例。

针对老年人提供的餐饮服务，也适用于中年人和相当多的青年人。中国营养学会组织专家修订的 2016 年版《中国老年人膳食指南》提出了四个关键方面：一是少量、多餐、细软，预防营养缺乏；二是主动足量饮水，积极户外活动；三是延缓肌肉衰减，维持适宜体重；四是摄入充足食物，鼓励陪伴进餐。老年人膳食指南的推荐要求与 2 岁以上所有健康人群的居民膳食指南推荐要求大部分是相同的或类似的，后者六个关键方面包括：食物多样，谷类为主；吃动平衡，健康体重；多吃蔬果、奶类、大豆；适量吃鱼、禽、蛋、瘦肉；少盐少油，控糖限酒；杜绝浪费，兴新食尚（图 5-7）。也就是说，适合老年人的餐饮产品，完全可以通过向跨人群延伸营销的方式，来争取更为丰厚的营业收入。

跨方式的一个典型案例是由养老机构或餐饮企业承接社区“中央厨房”服务。社区助餐有着较大的潜在需求，供不应求的缺口率也较大，却往往叫好不叫座。

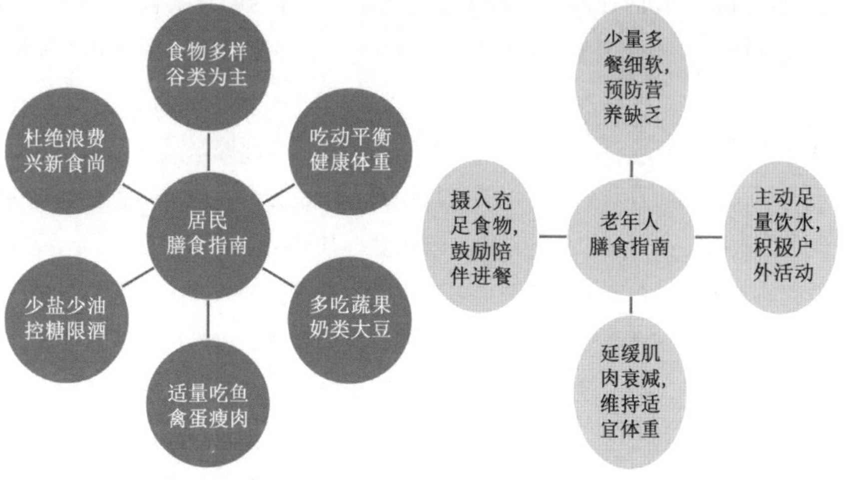

图 5-7 中国居民和老年人膳食关键方面

资料来源：中国营养学会 . 中国居民膳食指南 2016. 北京：人民卫生出版社，2016.

孙建琴 . 中国老年人膳食指南（2016）解读与应用 . 人民网，2017-03-23.

究其原因，一方面是分散在社区的助餐服务，受消费量、采购量、物流配送等方面的限制，难以发挥规模经济的效应。采购和物流成本偏高，销售量和营业收入偏低，导致利润很低，甚至是长期亏损。另一方面，老年人的需求是多样化的，在饮食上也是如此，适应不同的需求、经常变换主食和菜品，才有可能持续保持能够超过盈亏平衡点的销售量。对于小型的社区助餐企业来说，这个要求过高了。由养老机构或者餐饮企业来运营面向多个社区的“中央厨房”，可以克服这两个方面的局限，既通过采购量的提高和餐食的集中配送来大幅降低成本，又通过更加丰富的选择来显著增加顾客黏性，进而实现可持续的盈利。

2018 年的一个案例显示，江苏无锡的新吴区全部 6 个街道都已建成“中央厨房”，初步具备每天向 2000 余名高龄、失能、残疾老人提供送餐服务的能力，根据规划还将扩大服务范围至 8000 人，有效缓解了居家养老、社区养老的“吃饭难”问题。由养老机构来提供社区助餐服务，拓展了养老机构的客户群体，借助规模经济的规律降低了成本（专栏 5-2）。

这个案例还体现了跨主体融合的积极作用。养老机构将其助餐服务拓展至社区，向老年人提供安全、适宜的餐食。政府提供“中央厨房”的建设资金和运营补贴，降低了养老机构的成本，进而降低了餐食的价格，让老年人能够负担得起。社区提供午餐和晚餐的就餐点，作为助餐服务供给与需求最终匹配的场所，为此项服务提供便利，也在一定程度上起到了降低成本和餐食价格的作用。

养老服务的有效需求主要靠老年人的收入和消费意愿来支撑，从根本上来源于老年人在此前劳动年龄阶段的财富积累。给定这个性质，养老服务的利润率通常会被限定在相对较低的水平。靠企业、社会组织“单打独斗”，要么因为盈利前景不宽、在准入环节都难以吸引资本进场，要么在实际服务中出现亏损、导致经营难以为继。政府尽管不可能直接为全体老年人提供兜底性质、福利化的服务保障，但可以通过适当的补贴来支持企业和社会组织，使后者以更低的成本提供养老服务，通过供给侧的政策带动有效需求的显现和实现。社区作为基层自治组织，可以免费或低收费提供场地，帮助供给方降低成本，帮助需求方提升服务的可及性。

公建民营是典型的跨主体养老服务模式，政府、企业、社会组织的比较优

专栏 5-2 无锡新吴六大“中央厨房”一天两顿饭菜送进社区

新吴区全区 6 个街道中已有 5 个街道的配餐中心投入运营，另一个也已建成，稍加完善后即将开始运营。目前，这些专门面向老年人的“中央厨房”，每天向 2000 余名高龄、失能、残疾老人提供送餐服务，有效缓解了他们的“吃饭难”问题。

最早提供老年人送餐服务的旺庄街道，“中央厨房”就设在旺庄养老院内。经过一段时间运营，这个“中央厨房”已有 150 余名固定客户，分布在 10 多个社区。每天，6 名送餐员要将加工好的午餐、晚餐送到各社区的就餐点上。新装备的配餐车是全封闭的，有保温功能，不仅保证了餐食的卫生，也可以让冬天里的老人吃到热饭。目前该区 6 个“中央厨房”向老年人提供的一大荤一小荤一素一汤套餐，基本价格在 6 ～ 8 元，收取的仅仅是饭菜的成本价，其余人工、场地、水电等费用全部由政府补贴。仅旺庄一个配餐中心，每年政府就要综合补贴 50 多万元。为了让老人们吃得更满意，新吴区的“中央厨房”还定期召集老人开展下周食谱讨论会，并公示菜谱。

高龄、失能老人“吃饭难”是一个全国性问题，在老龄化程度较高的无锡尤为突出。近年来，无锡市推出了一系列奖励扶持政策，引导社会力量投入老年配餐中心的建设、运营。新吴区现有的 6 个老年人“中央厨房”，是由街道投入资金建设，引入专业养老服务团队运营。根据服务人数的不同，政府给予这些配餐中心每年 5 万元到 20 万元的运营补贴，使这些“中央厨房”能持久运营下去。按照规划，新吴区的 6 个“中央厨房”近期将把服务对象扩大到 8000 人，解决最困难老年群体的“吃饭难”问题。

势通过政企合作、政社合作来放大，各自的短板和弱项又可以通过互补来克服。本书第 6 章将专门对此展开讨论。

养老机构参与社区助餐服务，既是跨方式、跨主体的养老服务，又是跨行业的养老服务——餐饮业与社会工作的融合。餐饮企业在分散的社区中提供老年助餐服务，客户群体小，需求差异大，投资成本高，要想盈利着实不易。养老机构如果只服务于机构内供养的老年人，其餐饮服务的产能在很大程度上有过剩风险。养老机构参与社区助餐，有效降低了适老餐食的成本。

与此相类似的是，传统行业划分中的单一行业提供的相对单一的业务，在养老服务领域很容易亏损，但通过跨行业的深度融合，借助业务之间的交叉补贴，实现行业间的良性互动，完全可以走上可持续盈利、长期发展的路径。本书第 6 章至第 8 章将提供更多的案例和更进一步的分析。

第 6 章
养老照护：从规模经济到范围经济

养老照护是养老服务最核心的环节，作为照护服务重要提供者的养老机构却处于大面积亏损的窘境之中。床位使用率偏低，没有形成规模经济效应，是养老机构亏损的重要原因。放宽准入、财政补贴、税费减免等产业结构政策，尚未产生充分促进规模经济效应的作用。养老服务业需要借助产业组织政策，适当提高行业集中度，才能通过规模经济效应有效降低成本，进而满足有效需求。公建民营可以看作是养老产业组织政策的雏形，有利于复制成熟的管理经验和服务模式。城企联动普惠养老专项行动的开展，标志着产业组织政策正式施行于养老服务业，客观上推动了有一定实力的大型企业进一步扩大规模，降低成本，向社会提供可负担的普惠性养老服务。养老企业要想实现适度盈利和可持续发展，既要考虑规模经济，也要考虑范围经济。基于通用技术、研发可以扩散、品牌能够外溢的多项服务的共同提供，有利于降低综合成本。

6.1 规模经济与养老机构的盈利

人们常说，养老产业是朝阳产业。然而，看上去具有广阔前景的产业，目前却连盈利都很困难。尤其是，养老照护服务作为最关键、最核心环节的养老服务，其重要的提供者——养老机构普遍陷入入不敷出的状态。根据“北京市居家养老相关服务设施摸底普查”的数据，在许可制度尚未被取消之前，2016年全市400多家通过许可的养老机构中，能够实现盈利的只有十几家、占比仅为4%，能够维持盈亏平衡的仅占1/3，出现亏损的比例则超过了60%——其中半数处于严重亏损的窘境之中（图6-1）。

规模经济（Economies of Scale）是经济学中产业组织理论的一个重要概念，指的是当生产或者经销单一产品的单一经营单位因规模扩大而减少了生产或者经销的单位成本时而导致的经济。换言之，规模经济就是随着生产规模、销售规模的扩大而出现的成本降低、利润增加的效应。规模经济广泛地存在于产品和服务的生产及供应之中，小到一块面包、一餐饭，大到一座建筑乃至整个城市建设。之所以能够产生规模经济效应，一方面是由于规模带来了成本的下降，另一方面是由于规模带来了效率的提高。

本书第5章所举的养老机构参与社区助餐的案例，就是规模经济效应的一个典型。试想，一家餐饮企业在社区选址、租赁场地、装修改造、购置设备，

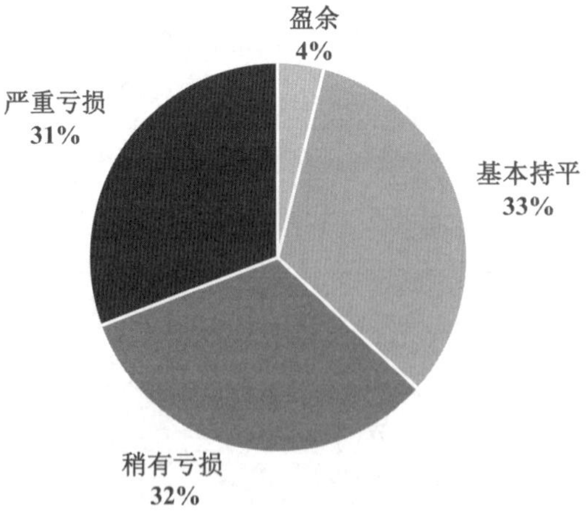

图6-1 北京市养老机构盈亏状况
资料来源：乔晓春.养老产业为何兴旺不起来.社会政策研究，2019.

相关的支出在社区助餐点创立之初就已经形成了。营业后，每提供一份餐食，都会在其中分摊掉一点固定成本，销量越大，平摊到每一份餐食中的固定成本就越低。助餐服务还涉及原材料的采购和物流配送，一般来说，规模越大，可以享受到来自上游的折扣也就越大，每一份餐食的平均成本相应地就会越低。

在规模带来成本下降的同时，生产经营的效率也会随规模扩大而提高。规模小的时候，一个员工要分饰几个角色。就像我们经常看到的家庭作坊式的餐饮实体，一两个人就承担起采购员、库管员、服务员、传菜员、厨师、财务、经理等诸多岗位的职责。经营规模扩大的过程中，由专人担任专门岗位的情况变得越来越多，专业化分工使得专门岗位上的人员工作越来越熟练，进而可以提升工作效率。比如，采购员会更加精于询价，服务员会更加精于与顾客交流互动，厨师会更加精于烹饪。当专业分工进入标准化的更高阶段后，效率会进一步提升。例如，帮厨专门负责将食材分成等量的菜码，有的厨师专门负责切菜，有的专门负责炒菜，有的专门负责面档……分工越细、标准化程度越高，效率也就越高。整个餐饮实体的管理也受益于规模，针对不同岗位员工细化不同的管理方法，有利于提高管理效率。

成本的下降与效率的提高，共同带来了更为丰厚的利润。对于提供养老照护服务的养老机构来说，服务的规模等价于入住机构的老年人数量。给定一家养老机构的床位总数，床位使用率决定了规模经济效应发挥的程度。从这个角度看，就不难理解，为什么北京市的养老机构出现了大面积亏损的状况。

北京市养老机构的床位使用情况可以用“三个 50%”来概括——全市整体的床位使用率在 50% 左右，50% 以上的养老机构床位使用率在 50% 以下（表 6-1）。将床位使用情况和盈亏状况相对应，大体上可以认为：床位使用率在 30% 以下意味着养老机构会出现严重亏损，床位使用率达到 70% 的养老机构能够实现盈亏平衡。

床位使用率偏低，制约着养老机构规模经济效应的发挥。成本居高不下，收费价格也就无法降低，老年人的收入不足以支付床位费、护理费、伙食费等费用，只能“望床兴叹”。规模经济效应受限，机构养老普遍面临床位使用率低—成本高—收费高—老年人入住意愿低—床位使用率低的恶性循环。尽管北京市日常生活中需要护理的老年人占比高达 17.1%，但真正入住养老机构的仅占 1.3%。

表 6-1 北京市养老机构床位使用情况

床位使用率	有效百分比	累计百分比
0	2.6%	2.6%
1% ～ 9%	6.4%	9.0%
10% ～ 19%	9.7%	18.7%
20% ～ 29%	10.1%	28.8%
30% ～ 39%	12.5%	41.3%
40% ～ 49%	9.5%	50.8%
50% ～ 59%	7.5%	58.2%
60% ～ 69%	7.0%	65.3%
70% ～ 79%	8.1%	73.4%
80% ～ 89%	9.2%	82.6%
90% ～ 99%	6.6%	89.2%
100%	10.8%	100%

资料来源：乔晓春 . 养老产业为何兴旺不起来 . 社会政策研究，2019.

在规模经济效应没有发挥出来的情况下，作为需求方的老年人受到负面影响，要么得不到所需要的服务，要么承担了过高的费用；作为服务直接提供者的养老护理员也受到不利影响。人工成本通常是养老机构运营成本中占比最高的部分，为了控制成本，养老机构不得不尽可能压低护理员的工资待遇。2016 年，北京市职工月平均工资已经超过了 7700 元，养老机构护理员的平均工资还不到 2800 元（图 6-2）。按照可比口径，护理员的平均工资还不到全市职工平均工资的 40%。这样的待遇，导致护理员仅能维持基本生活开支，难以更多地对专业技能的提升进行投入，服务质量满足不了老年人的需要。护理员的低收入还意味着这个群体的流动性较大、职业化程度偏低，这进一步加剧了养老服务需求与供给之间的矛盾，矛盾不仅体现在数量上，也体现在质量上。

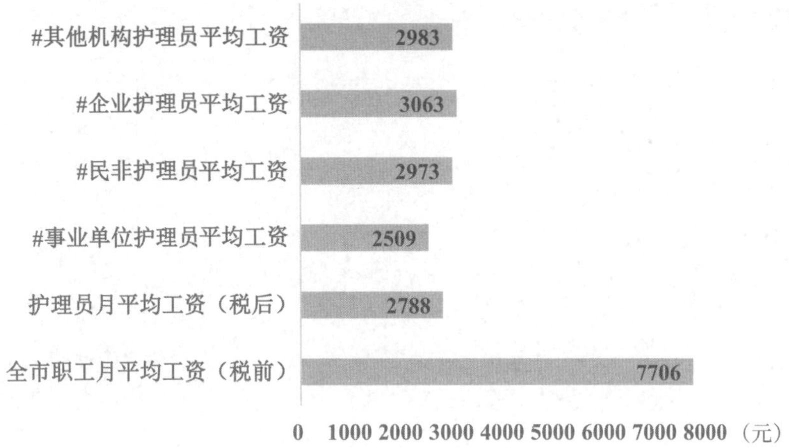

图 6-2 北京市职工和养老护理员平均工资
资料来源：乔晓春 . 养老产业为何兴旺不起来 . 社会政策研究，2019.

为了扶持养老机构发展，北京市出台了一系列的政策。82.5% 的北京市养老机构获得过政府的财政补贴，其中 67.5% 获得过运营补贴，19.7% 获得过建设补贴，有 11.0% 获得过人员补贴。除了财政补贴以外，税费减免政策也有比较高的覆盖面。例如，61.9% 的养老机构享受了营业税减免的政策，有 40% 左右的机构享受了企业所得税减免、水电气热费优惠等政策，有 15.4% 的养老机构享受了房产税减免的政策（表 6-2）。

研究表明，运营补贴对于养老机构的盈利状况具有显著影响——在控制了机构特征这个变量后，获得运营补贴的养老机构盈利可能性是未获得运营补贴的养老机构盈利可能性的 2 倍；其他补贴对养老机构盈利的影响不显著，而且公办与社会办机构之间存在明显的不平等。

通常来说，运营补贴与服务规模直接相关（表 6-3）。入住的老年人越多，养老机构享有的补贴就越多，这有利于促进规模经济效应的发挥。

然而，在如此之大的政策覆盖范围、全国大部分地区无法企及的支持力度下，北京市的养老机构仍然呈现出如前所述的大面积亏损，在产业政策上是应该反思的。以财政补贴为代表的现行政策虽然显著降低了养老机构的成本，但是没有充分发挥出规模经济效应。这说明，产业政策需要向产业组织政策升级。

表 6-2 北京市养老机构获得政策支持的比例

具体政策	总体	公办机构	社会办机构
财政补贴	82.5%	78.6%	86.7%
运营补贴	67.5%	57.3%	78.0%
建设补贴	19.7%	27.1%	12.0%
人员补贴	11.0%	15.6%	6.2%
房租补贴	1.7%	2.8%	0.5%
营业税减免	企业所得税减免	水电气热费优惠	房产税减免
61.9%	36.7%	43.2%	15.4%

资料来源：乔晓春 . 养老产业为何兴旺不起来 . 社会政策研究，2019.

表 6-3 北京市养老机构运营补贴标准

考虑因素	最低标准	适中标准	最高标准
服务对象身体状况	对于收住生活自理老年人、残疾等级为三至四级视力、肢体、听力、言语残疾人和四级智力残疾人的机构，按照每床每月 100 元予以补贴，其中市财政通过专项转移支付方式对各区按照每床每月 100 元予以补助	对于收住失能老年人、残疾等级为一至二级视力、肢体、听力、言语残疾人和二至三级智力残疾人的机构，按照每床每月 600 元予以补贴，其中市财政通过专项转移支付方式对各区按照每床每月 500 元予以补助	对于收住失智老年人、残疾等级为一级智力残疾人和二级智力残疾人中的多重残疾人的机构，按照每床每月 700 元予以补贴，其中市财政通过专项转移支付方式对各区按照每床每月 600 元予以补助
服务质量星级评定	对于服务质量被评定为二星级的机构，在享受相关规定补贴的基础上，按照每床每月增加 50 元予以补贴	被评定为三星级的机构，按照每床每月增加 100 元予以补贴	被评定为四星级、五星级的机构，按照每床每月增加 150 元予以补贴
信用状况	对于一年内没有基本失信信息记录的机构，在享受相关规定补贴的基础上，按照每床每月增加 50 元予以补贴	对于连续三年没有基本失信信息记录的机构，按照每床每月增加 100 元予以补贴	对于连续五年没有基本失信信息记录的机构，按照每床每月增加 150 元予以补贴
医疗服务能力	对于养老机构设置医务室、护理站等内设医疗机构或引入医疗分支机构的，在享受相关规定补贴的基础上，按照每床每月增加 50 元予以补贴		

资料来源：北京市民政局 . 北京市养老机构运营补贴管理办法，2018.

6.2 公建民营与养老产业组织政策

以 35 号文为重要标志之一的养老服务业元年以来，养老产业政策密集出台，养老服务业进入了新的时代。产业政策是一个比较宽泛的概念，指的是政府为了全局和长远利益而主动干预产业活动的各种政策的总和。从不同的功能定位出发，可以将产业政策划分为产业结构政策、产业组织政策、产业布局政策、产业技术政策等。加快发展养老服务业的一系列政策，包括对养老服务的提供者实施放宽准入、财政补贴、税费减免、土地供应、融资支持等，主要是产业结构政策——促进养老服务业发展，提高养老服务业在国民经济中的比重，通过优化国民经济结构，以更好适应老龄化社会的要求。我国发展战略性新兴产业、先进制造业、现代服务业的政策，也属于产业结构政策。

得益于产业结构政策，养老服务业迎来了快速发展，增速超过同期国内生产总值的增长速度。但受限于规模，养老服务还难以普遍实现盈利，养老机构大面积亏损。鼓励养老机构等养老服务的提供主体扩大规模、连锁经营，改变行业小、散、乱的不利状况，迫切需要适度提高养老服务业的产业集中度。这就涉及产业内部的市场结构、产业内部各企业之间的关系，包括资源占用关系、利益关系、行为关系、交易关系等，也就是产业组织的问题。政府干预市场结构、调节企业间关系的政策即产业组织政策。比如，反垄断法就是产业组织政策的一种形式，它的政策取向主要是限制垄断、鼓励竞争。类似的政策被统称为反垄断政策或反不正当竞争政策，具体的政策工具包括分拆垄断企业、限制企业并购、限制价格共谋和禁止价格歧视、禁止搭售和排他性交易、扶持中小企业发展等。

养老服务业所需要的限制过度竞争、鼓励适度集中的政策，则是另一种类型的产业组织政策，即产业合理化政策。这类政策旨在促进规模经济效应的形成和充分发挥，具体的手段包括推动企业兼并重组、扶持企业上市、促进品牌建设、淘汰落后产能等。

公建民营的试点可以看作是养老产业组织政策的一种尝试。

传统的公办社会福利机构很多是事业单位性质，占地是划拨的福利用地，基础设施由政府投资兴建，服务人员的工资纳入财政预算，受到有关部门直接而严格的监管，因此可以以低于市场平均价格的标准收取费用，同时以高于市场平均水平的质量提供服务，“价低质高”引致“一床难求”。业界戏言，北京市第一社会福利院的床位要排队一百年，但是“一福”是难以复制的。事业单位的机构编制受到越来越严格管控的限制，既难以在原有机构内增加人员编制，也无法在本地增设机构，更不可能在异地新设事业单位。

作为养老机构的主体，民非的规模化、连锁化也受到诸多限制。首先，如本书第 5 章所述，法律上有民非不得设立分支机构的限制。尽管国务院办公厅 2016 年 91 号文和 2019 年 5 号文试图放宽这个限制，民非已经可以在其登记管理机关管辖范围内设立多个不具备法人资格的服务网点，但是其规模化、连锁化仍然存在明显的地域限制。其次，民非的非营利性决定了其建设养老机构的全部投入都将“充公”。养老机构一般都具有投资规模较大、投资回收期周期较长的特点，每新建一个机构、设立一批服务网点就意味着向社会捐助一笔不菲的费用，在现阶段很难找到大量如此乐善好施的出资方。第三，民非争取养老用地也比较困难，划拨用地一般倾向于政府办的养老机构，通过招拍挂获得的土地成本很高，如果是商业用地更是成本畸高，土地是大部分民非不能承受之重。此外，民非的资产不能抵押或担保，因而无法利用金融杠杆来实现大规模的融资和快速的扩张。

企业性质的养老机构要想扩张，也面临不少难题。虽然在新机构的设置上没有障碍，但是拿地成本通常远高于民非，在很长一段时期享受不到专门针对民非的税费优惠政策，因此企业建设和运营养老机构的成本相对更高，投资回收期则更长，使得扩大规模、连锁经营的步伐更为缓慢。

2013 年 9 月，35 号文提出“政府投资兴办的养老床位应逐步通过公建民营等方式管理运营，积极鼓励民间资本通过委托管理等方式，运营公有产权的养老服务设施”。作为 35 号文的配套政策，同年 12 月民政部印发的《关于开展公办养老机构改革试点工作的通知》（民函〔2013〕369 号）进一步提出了“推行公办养老机构公建民营”的试点任务，明确要求“公办养老机构特别是新建机构应当逐步通过公建民营等方式，鼓励社会力量运营。通过运营补贴、购买服务等方式，支持公建民营机构发展。加强监督管理，明晰权责关系，确保国有资产不流失、养老用途不改变、服务水平明显提高”。

公建民营的方式为民非和企业提供规模化、连锁化的养老服务创造了条件，最主要的是绝大部分建设费用由公共财政“埋单”。对民非和企业来说，免去了拿不到地的困扰，省去了最大的一块资金投入，建设成本不必摊入收费之中，可以大幅降低养老服务的价格，吸引更多老年人入住，将入住率低—价格高的恶性循环转变为价格低—入住率高的良性循环，有利于产生规模经济效应。对于民非来说，则不再需要实质性地捐出一大笔建设资金。在各地普遍推行公建民营的条件下，不论是民非还是企业，都可以将成熟的管理经验和服务模式进行输出，进而实现更大的规模经济效应。

第一批公办养老机构改革试点工作启动后的两年多时间里，全国有超过 1100 家公办养老机构实施了公建民营或公办民营的改革，其中来自 29 个省区市的 126 家试点单位在民政部进行了试点的备案。试点单位在创新运行机制、增强服务功能、提高管理服务水平等方面积极探索，积累了宝贵经验，在很大程度上解决了机构职能定位不明确、发展活力不足等问题。一些机构在公建民营后，床位使用率明显提高，规模经济效应迅速显现。为进一步扩大试点工作成果，2016 年 8 月，民政部办公厅会同国家发展改革委办公厅联合印发了《关于开展以公建民营为重点的第二批公办养老机构改革试点工作的通知》（民办发〔2016〕15 号），明确了养老机构公建民营改革 7 个方面的试点任务（专栏 6-1）。第二批改革试点最大限度扩大了公建民营的范围，基于第一批试点经验提供了丰富的实施方式。2017 年 10 月，民政部办公厅会同国家发展改革委办公厅印发了《关于确定第二批公办养老机构改革试点的通知》（民办函〔2017〕293 号），进一步提出“政府原则上不再通过直接运营养老机构方式面向社会老人提供服务。政府投资建设和购置的养老设施、新建居民区按规定配建并移交给民政部门的养老设施、国有单位培训疗养机构等改建的养老设施，逐步以公建民营等方式委托社会力量参与运营”。

公建民营对于养老机构规模经济效应的促进，不仅是通过降低建设成本这一个机制发挥作用。笔者曾经调研过一个位于西部欠发达地区的县级社会福利中心，养老床位数为 120 张。在公建民营以前，床位使用率仅有 8%。公建民营以后，在一年左右的时间里，床位使用率就提高到 82%。政府提供了设施建设和改造的资金，共约 1500 万元，平均每个床位的投资在 12 万元以上。粗略匡算，如果要在 10 年内收回建设投资，每个月每个床位平均需要分摊 1000 元的费用。公建民营意味着相同额度的成本省下来了，可以用于为老年人让利。对于一个城镇居民年收入 3 万元、农村居民年收入 1 万元

专栏 6-1 养老机构公建民营改革试点任务

扩大公建民营范围。政府作为投资主体建设、购置、运营的养老机构，以部分固定资产作为投资，吸引社会力量建设、约定期限后，所有权归属政府所有的养老机构，以及利用国有单位培训疗养机构等其他公共服务设施改建而成的养老机构，原则上均可实施公建民营。

丰富公建民营实施方式。公建民营包含但不限于下列方式：整体租赁、一院两制等方式承包，整体或部分委托管理，联合经营等。暂不具备公建民营改革条件的地方，可创新服务供给方式，采取外包、合作、购买等方式，分项目、分步骤引入社会优质服务资源。鼓励支持社会力量以医养结合为方向运营公办养老机构。

发挥公建民营机构作用。鼓励将公建民营机构打造成为养老服务标准化信息化、医养结合、专业人才培养、国际交流合作等方面的特色基地，成为本区域服务标准、服务人才、运营管理经验的培育和输出基地，发挥引领示范和带动辐射作用。

提升公建民营规范化水平。规范公建民营采购招标过程，按照公开、透明、公平、合理的原则，严格遴选运营主体，及时向社会公示遴选结果，建立准入和退出机制。强化合同管理，通过规范化合同条款约束公建民营各行为主体，保障国有资产安全，规范养老服务提供。

加强公建民营机构监督管理。公建民营机构要预留一定比例的床位，保障政府托底对象和经济困难老年人需求。公建民营机构运营主体应定期向民政部门报告机构资产情况、运营情况，及时报告突发重大情况。

完善公建民营配套措施。鼓励公建民营机构建立和完善入住评估制度，切实满足失能、失独、高龄等特殊老年人养老服务需求。各级民政部门要积极协调有关部门进一步制定完善针对公建民营机构的税费减免、运营补贴、政府购买服务、投融资等扶持政策。

稳步推进公办养老机构转企改制。针对专门面向社会提供经营性服务的公办养老机构，按照国家分类推进事业单位改革的要求，在政府的统一领导下，继续推进转企改制工作。妥善处理好转企改制过程中涉及的机构性质变更、职工利益维护、国有资产保值增值等关键问题。

左右的县来说，每个月床位费降低 1000 元的优惠，是非常可观的，对机构养老服务需求的调动作用可想而知。

公建民营为承担实际运营的社会力量降低了成本，进而降低了收费标准，让更多老年人能负担得起，这是规模经济效应发挥的一方面原因。另一方面原因则在于，社会力量相对于传统政府办机构具有明显的比较优势。事业单位性质的县级社会福利中心，人员待遇是“死工资”，干多干少一个样，多干不如少干。机构收住的老年人越少，工作量越小，反之工作量越大，因此社会福利中心的工作人员并没有足够的动力来吸引老年人入住。社会力量就不同了，运营养老机构的收入与入住的老年人数量成正比，床位使用率越高营业收入就越高，床位使用率超过一定比例就能实现盈利，盈利越多奖金越多，工作人员也就有更强的积极性和主动性。当社会力量摸索出一套成熟的管理和服务模式后，就可以向其他机构复制，进而产生更大的规模经济效应。在业界实践中，已经出现了大量的由企业或民非来统一运营的县级社会福利中心和乡镇敬老院。

通过公建民营的改革实现规模经济效应，既是典型的产业组织政策，又十分鲜明地体现了跨主体融合的好处。政府与民非、政府与企业的合作，使得各自的比较优势充分发挥出来，最终让更多老年人受益。

由于民非具有比企业更低的运营成本，从这个角度看，公建民营对民非的规模化发展比对企业更加有利。但是，民非客观上仍然受到异地运营的限制，复制管理经验和服务模式的步伐依然偏慢。民非在一定区域内可以实现规模化，但难以实现跨区域经营，难以在更大的区域内实现规模化和连锁化。企业尽管在这方面没有类似民非受到的限制，但由于运营成本较高，规模经济效应的充分发挥也受到制约。

6.3 城企联动普惠养老

2019 年年初，国家发展改革委会同民政部、国家卫生健康委启动了“城企联动普惠养老专项行动”。这项政策有利于支持企业，特别是有一定实力的大型企业提供规模化、连锁化的养老服务，可以看作是产业组织政策正式施行的标志。

城企联动普惠养老的政策初衷，是为了解决“夹心层”养老问题。自“十二五”时期开始，国家建立了基本公共服务制度，先后出台了两部基本公共服务规划。在基本公共服务的项目清单中，列明了基本养老服务主要是面向农村五保老人、特困老年人、重点优抚对象中的老年人提供服务，向经济困难的高龄老年人和失能老年人提供补贴（表 6-4）。随着基本养老服务的提供，老年人兜底保障取得了长足进展。

在兜底性的基本养老服务制度建立起来的同时，以险资为代表的高端养老也实现了快速发展，而面向更广大老年人的普惠性养老服务发展不尽如人意。多层次、多样化的养老服务，不可能由政府包揽。企业对高端养老服务面临着拿地难、融资难、优惠政策落实难等实际困难，难以提供普通老年人负担得起的普惠性养老服务。养老市场出现了类似住房市场的问题，最低层次和最高层次的需求总体上得到了满足，中间层次——“夹心层”的需求凸显出来。

国家发展改革委、民政部、国家卫生健康委联合印发的《关于印发〈城企联动普惠养老专项行动实施方案（试行）〉的通知》开宗明义指出，该行动是为“持续扩大普惠养老服务有效供给”。政策的主要思路是：围绕“政府支持、社会运营、合理定价”，按约定承担公益，深入开展城企合作。

参与专项行动的政府包括中央政府和地方政府：中央政府主要通过中央预算内投资，按每张养老床位 2 万元予以补助，以支持和引导城市政府系统规划建设养老服务体系；地方政府则通过提供土地、规划、融资、财税、医养结合、人才等全方位的政策，支持企业提供普惠性养老服务包。从“规定动作”看，参与专项行动的地方政府，必须优先保障养老用地的供应，简化行政许可事项，实施财政补贴并落实税费减免政策，在医养结合、消防等方面也要给予企业和民非实实在在的便利（专栏 6-2）。中央预算内投资的补助和地方政府可落地实施的政策支持，有利于降低投资建设养老机构的成本。

专项行动重点支持的并非传统的政府办社会福利机构，而是更广泛的社会

表 6-4 国家基本公共服务清单中的部分养老服务项目

"十二五"服务项目	服务对象	保障标准	支出责任	覆盖水平
农村五保供养	无劳动能力、无生活来源又无法定赡养、抚养、扶养义务人，或者法定赡养、抚养、扶养义务人无赡养、抚养、扶养能力的老年、残疾或者未满 16 周岁的村民	不低于当地村民的平均生活水平，并根据当地村民平均生活水平的提高适时调整，由地方政府确定	地方政府负责，中央财政对困难地区适当补助	目标人群覆盖率 100%，集中供养能力达到 50% 以上
基本养老服务补贴	家庭经济困难且生活难以自理的失能、半失能 65 岁及以上城乡居民	有条件的地方根据老年人身体状况和家庭收入情况评估，确定补贴标准	地方政府负责	目标人群覆盖率 50% 以上
重点优抚对象集中供养	孤老和生活不能自理的抚恤优待对象	不低于当地平均生活水平	中央和地方政府共同负责	目标人群覆盖率 100%
"十三五"服务项目	服务对象	服务指导标准	支出责任	牵头负责单位
特困人员救助供养	无劳动能力、无生活来源且无法定赡养、抚养、扶养义务人，或者其法定义务人无赡养、抚养、扶养能力的老年人、残疾人以及未满 16 周岁的未成年人	提供基本生活条件；对生活不能自理的给予照料；提供疾病治疗；办理丧葬事宜；对符合规定标准的住房困难的分散供养特困人员，给予住房救助；对在义务教育阶段就学的特困人员，给予教育救助；对在高中教育（含中职）、普通高等教育阶段就学的特困人员，根据实际情况给予适当教育救助	地方人民政府负责，中央财政对困难地区适当补助	民政部、财政部

续表

“十三五”服务项目	服务对象	服务指导标准	支出责任	牵头负责单位
老年人福利补贴	经济困难的高龄、失能老年人	对经济困难的高龄老年人，逐步给予养老服务补贴；对生活长期不能自理、经济困难的老年人，给予护理补贴。	地方人民政府负责	民政部、财政部
重点优抚对象集中供养	需要常年医疗或者独身一人不便分散安置的一级至四级残疾退役军人；老年、残疾或者未满 16 周岁的烈士遗属、因公牺牲军人遗属、病故军人遗属和进入老年的残疾军人、复员军人、退伍军人中无法定赡养人（扶养人、抚养人）或赡养人（扶养人、抚养人）无赡养（扶养、抚养）能力且享受国家定期抚恤补助待遇的优抚对象	建立完善优抚对象待遇与贡献相一致的优抚保障体系，依托优抚医院、光荣院，给予符合条件的重点优抚对象集中供养、医疗等保障。	中央和地方人民政府共同负责	民政部、财政部

资料来源：国家基本公共服务体系“十二五”规划、“十三五”推进基本公共服务均等化规划 .

主体。专项行动要选择一批有实力、信用好、有投资意愿的企业和社会服务机构（民非），既支持国有企业，又支持民营、混合所有制机构，还支持境外资本等各种所有制参与；不仅支持营利性的企业，而且支持非营利性的民非参与。

合理定价是城企联动普惠养老政策最重要的导向。城市政府与企业通过签订合作协议的方式，约定普惠性服务内容，同时约定随居民消费价格指数（CPI）等因素动态调整的价格机制，并向社会公开，接受监督，以此扩大养老服务的有效供给，满足社会多层次、多样化的养老服务需求，进而增强人民群众获得感、幸福感和安全感。

企业必须做到的“规定动作”主要是确保土地和物业的用途不变，确保提供普惠性的、价格合理的养老服务，确保延伸开展居家社区养老服务，确保医养结合能力和服务的依法、安全、规范（专栏 6-3）。

专栏 6-2 城企联动普惠养老专项行动地方政府支持政策清单（必选项共 16 项）

土地政策

（1）设置专门的养老用地类别，纳入土地利用总体规划和年度用地计划指标，区分营利性和非营利性，优先安排土地利用计划。对于经营性养老用地，通过强制性监管协议杜绝开发商以养老名义进行房地产开发建设。

（2）养老用地出让起价按不高于同类地段工业用地或同类地段医疗用地评估价评估后确定。土地可以抵押，若转让或抵押权实现，只可由其他养老企业承接。

（3）企业对城镇现有空闲的厂房、医院、校舍、办公用房、培训设施、疗养设施及其他设施等进行改造和利用，举办养老服务机构，可先建设后变更土地使用性质。改造方案经属地政府批准并报相关部门备案后，且连续经营一年以上的，五年内可不增收土地年租金或土地收益差价，土地使用性质可暂不作变更。

规划和报批建设政策

（1）依法简化社区居家养老服务开办申报程序，支持合作企业在合作区域内开展连锁化、专业化服务。营利性养老机构增设营业场所时，无需办理分支机构营业执照，实现“一张营业执照，多个经营地址，一次行政许可”。非营利性养老机构可以依法在其登记管理机关管辖范围内设立多个不具法人资格的服务网点。

（2）对于 500 张床位以上、规模较大的养老项目，允许企业拿到土地后分期合理开发。

（3）对于需要利用既有建筑开展的养老项目，在无法完整获得旧房历史资料的情况下，可利用房屋建筑结构安全性鉴定报告，代替原始资料。

财税补贴政策

(1) 营利性养老机构和非营利性养老机构均可享受床位运营等财政补贴，各类补贴资金作为综合收入的一部分，用于运营融资等成本支出。

(2) 对养老机构提供的养老服务免征增值税，对非营利性养老机构按规定免征企业所得税。

(3) 对非营利性养老机构建设全额免征土地复垦费、土地闲置费、耕地开垦费、不动产登记费、防空地下室易地建设费，以及省级设立的其他涉及养老机构建设的行政事业性收费；对营利性养老机构建设减半收取上述行政事业性收费。

(4) 养老机构用电、用水、用气、用热按居民生活类价格执行。

医养、消防及其他支持政策

(1) 将符合条件的养老机构设立（内设）医疗机构优先纳入基本医保联网结算范围。

(2) 逐步建立适合本地区实际情况的长期护理保险制度。

(3) 确定当地一家或多家医疗机构为养老服务支持机构，为养老机构开通转诊就医绿色通道。

(4) 按照 2018 年 10 月 1 日起施行的《建筑设计防火规范》，做好养老机构消防审批服务，建立工作机制，对专项行动项目采用一事一议，提高审批效能。落实按照耐火等级合理拓展养老服务设施建筑高度的规定。

(5) 建筑面积在 300 平方米以下或者投资 30 万元以下的养老机构、设施，不需要办理消防设计、竣工验收备案手续。

(6) 建立“时间银行”制度，积极做好志愿者培育工作，定期组织志愿者团队开展养老志愿服务活动。鼓励养老机构实施“时间银行”模式发展志愿服务，服务内容及志愿者纳入当地民政部门考核，达到一定规模给予适当奖励。

专栏 6-3 城企联动普惠养老专项行动企业责任清单（必选项共 12 项）

（1）确保将政府提供的土地用于养老机构建设，不用于房地产开发等其他用途。

（2）确保将政府提供的物业用于养老机构建设，不用于其他用途，运行情况接受当地主管部门监督。

（3）提供约定数量的床位用于普惠性公益性养老用途，在维持合理盈利水平的基础上，其床位价格与当地城镇居民可支配收入、退休金等挂钩，建立价格随 CPI 等因素变化的调整机制，并接受政府价监部门的监管。

（4）由企业自主定价的床位价格应控制在合理区间，并到政府价监部门备案。

（5）养老床位长期持有经营，不对外分割销售。不以办理会员卡、发行金融产品等名义从事违法违规活动。

（6）通过自营或者联合服务型企业，开展面向周边社区居民的居家社区养老服务。

（7）严格遵守医保和“新农合”的有关规定，防范各种骗保行为。

（8）通过开办老年病医院、康复医院、护理院、中医医院、安宁疗护机构等或内设医务室、护理站等医疗机构，以及与周边医疗机构合作签约等方式强化医养结合能力。

（9）承诺严格执行服务内容、标准、规范，保证服务质量。

（10）对接当地“时间银行”，接受志愿者来机构从事志愿服务活动，并提供必要支持。

（11）依法经营，符合养老服务基本标准要求。

（12）建立完善消防安全工作制度，保障消防安全资金投入，采取针对性人防、物防、技防措施，确保消防安全主体责任落实落地。

城企联动普惠养老专项行动的目标是：到 2022 年，形成支持社会力量发展普惠养老的有效合作新模式，参加城市每千名老年人养老床位数达到 40 张，护理型床位占比超过 60%，医养深度融合，力争实现“三提升”“两下降”“一满意”的目标。其中，“三提升”是指普惠性养老床位数量明显提升，服务质量明显提升，企业可持续发展能力明显提升。“两下降”指的是通过土地、金融等多种政策组合支持，推动企业建设运营成本下降，服务价格下降。“一满意”是要让更多老年人受益，提高人民群众对社会养老服务的满意度。

从规模经济的角度看，城企联动普惠养老专项行动最关键的一条就是城市政府与企业的合作协议。通常来讲，规模较小的企业很难直接与城市政府建立专项行动所要求的合作关系。很难想象，人口超过 1000 万人的超大城市政府会与一家拟提供 100 张床位的养老服务机构签订合作协议。城企联动客观上更有利于大型企业参与，从实际情况看，南昌、郑州、武汉、成都、秦皇岛、许昌、宜兴 7 个首批试点城市，分别与象湖老年养护中心、爱馨养老服务集团、中国健康养老集团、万瑞养老服务有限公司、燕达养老机构管理有限公司、怡康苑养老服务有限公司、九如城养老产业集团等养老企业签约。这 7 家养老企业均有一定实力，投资的项目也有较大的规模（表 6-5）。

城企联动普惠养老项目在促进形成规模经济效应的同时，还有效推动了机构养老与社区居家养老的融合。专项行动列明的中央预算内投资重点支持项目，第一位即“养老服务骨干网建设”，主要是发展集中管理运营的社区嵌入式、分布式、小型化、连锁化的养老服务设施和带护理型床位的日间照料中心，增加家庭服务功能模块，强化助餐、助洁、助行、助浴、助医等服务能力，夯实居家社区养老服务网络，增强养老服务网络的覆盖面和服务能力。在政策清单中，“支持合作企业在合作区域内开展连锁化、专业化服务”是参与城市必须做到的“规定动作”。“通过自营或者联合服务型企业，开展面向周边社区居民的居家社区养老服务”，则是参与企业必须履行的责任。由具有一定规模、一定实力的企业来建设社区嵌入式养老机构，或者托管社区的养老服务平台，可以使规模经济效应更加充分地发挥出来。

表 6-5 城企联动普惠养老首批试点城市和签约企业

试点城市	签约企业	注册资本	企业或项目概况
南昌	象湖老年养护中心（江西长天集团）	20 亿元	南昌象湖老年养护中心项目依托南昌大学一附院优质的医疗资源，探索社会力量发展普惠养老的有效合作新模式，建设功能完善、规模适度、覆盖城乡的养老服务设施。项目总投资 4.76 亿元，总床位数 1457 张，占地面积 120 亩，绿化率达 40%，采用政府和社会资本合作（PPP）模式建设运营
郑州	河南爱馨养老服务集团	5000 万元	河南爱馨养老集团成立于 1999 年，在全国拥有 18 家直营养老机构、4 家加盟养老机构、16 个社区居家养老服务中心、多个互动养老联盟基地，养老机构建筑面积约 58 万平方米，床位近 5000 张，累计服务失能老人 2 万多名、健康老人近 5 万名
武汉	中国健康养老集团	100 亿元	“武汉楠山康养”在武汉原有床位 1277 张，计划在 4 年专项行动期新增床位 3060 张，15 年合作期增加到 10000 张
成都	成都市万瑞养老服务有限公司	3000 万元	成都市首批普惠养老项目万瑞健康养老中心、天佑怡苑居已顺利启动，在建床位 1240 张，护理型床位占比 60% 以上
秦皇岛	北京燕达养老机构管理有限公司	5000 万元	秦皇岛燕达金色年华健康养护院项目占地面积 39 亩，建筑面积 5.54 万平方米，规划设置床位 962 张，总投资 3.4 亿元
许昌	许昌市怡康苑养老服务有限公司	5000 万元	许昌市怡康苑养老项目总投资 2.1 亿元，占地 68 亩，总建筑面积 5.3 万平方米，有养老护理楼 7 栋，设置床位 1580 张。怡康苑分为四区一中心，分别是集中养老区、医养结合区、居家养老区、旅居养老区和建档立卡贫困户及特困户中重度残疾人医托中心。该院不仅满足了不同老人的需求，还为入住老人的健康及医疗提供了保障
宜兴	九如城养老产业投资有限公司	3.46 亿元	九如城是医、康、研、养、教、旅相融合的养老服务综合运营商，目前在长三角、珠三角 20 多个重点城市战略布局，连锁运营养老、医疗机构及日间照料中心 100 余家，员工人数逾 8000 人，总床位数 50000 张，每年服务居家长者 100 余万人。宜兴九如城养老综合体项目二期工程规划设置床位 1500 余张，提供“医康养教研相融合”的生活照料、医康护理、精神关爱等全方位养老服务

资料来源：根据公开资料整理 .

6.4 范围经济与可持续盈利能力

在机构与社区居家养老相融合的同时，传统的养老服务也在与医疗、康复、护理、健康管理等服务深度融合。养老机构将服务延伸进入社区、进入家庭，激活了规模经济效应。而养老与相关服务的融合，则激活了范围经济效应。

范围经济（Economies of Scope）是指单一经营单位利用原有的生产或者销售过程，来生产或销售多于一种产品而产生的经济。如果说规模经济是量变产生的单位成本下降的效应，范围经济则是跨界带来的平均成本下降的效应。生产自行车的厂商利用差不多的工艺同时生产电动自行车，比分别用两种工艺生产这两种产品的成本更低；消费金融公司开展财产保险业务、医药制造企业推出日用化学产品、汽车制造商比亚迪迅速成为全球最大的口罩生产者等，都是范围经济的典型案例。

形成范围经济效应的原因主要有以下四个方面：一是生产技术或者设备具有多种用途；二是生产所需要的零部件或者中间产品具有多种组装的性能；三是研究与开发活动具有扩散效应；四是品牌等无形资产具有外溢效应。

养老服务的范围经济效应特别值得挖掘，实践中也已经出现不少借助范围经济效应实现盈利的案例。

青松康护是一家提供居家康复护理服务的供应商，成立近 20 年来已经为 30 多个地区的 70 多万服务对象提供了超过 600 万次的康复护理及相关服务。种类丰富的服务项目背后，是通用性较强的康复护理知识和专业技能，这些通用技术不仅适用于老年人，而且适用于具有康护需求的全龄人群。围绕高血压患者开展的慢病管理，与冠心病患者的慢病管理有很大一部分交集。针对某一种疾病的康复服务产品研发，其成果通常也对其他疾病的康复有明显的益处，这就产生了扩散效应。“青松”的品牌为人们所熟悉后，通过这个无形资产的外溢，居家康护专业服务的供应商跃升为医康护养综合服务的联合体也就顺理成章，比较容易被需求方接受了。青松康护不仅直接提供服务，而且还可以连接相关的服务提供者，比如医院、养老机构、家政企业、保险公司、康复机构等，为个性化的健康需求提供更多、更具针对性的选项（图 6-3）。

如果青松仅仅提供一两项或者少数几项服务，是很难盈利的。同时具备提供多项服务的能力，并且这些服务基于通用性较强的技术、服务产品的研发具有扩

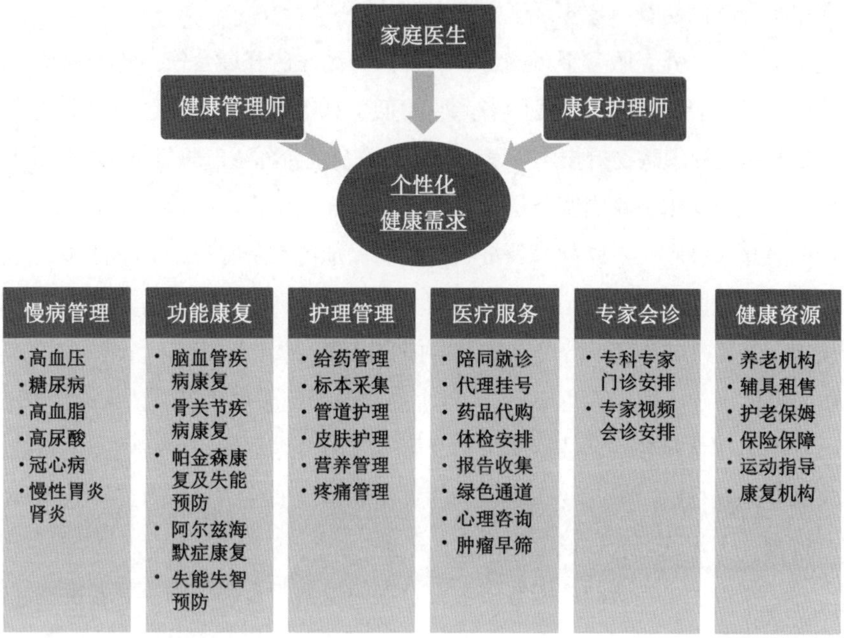

图 6-3 青松康护服务内容
资料来源：www.qskh.cn/h-col-103.html .

散效应，品牌具有外溢效应，就可以借助范围经济，为可持续的盈利提供支撑。

居家养老需要发挥范围经济效应，社区养老服务平台要可持续地运转，同样离不开范围经济。笔者曾经调研过一个非典型的社区养老案例，由销售护理床的商家运营社区养老服务平台。这个商家利用社区提供的场所，建立了呼叫中心，将营销技术发挥到了极致，将最广泛的资源连接到社区养老服务的平台上。

社区养老呼叫中心成败的关键，看似是规模经济——需要一定的服务量，实际上是规模经济和范围经济的整合效应——单一服务的需求量有限，需要通过多项服务的提供才能有效降低成本。比如助餐服务，如果只是单一的助餐点，菜品的丰富程度难以满足老年人的需要，规模无法做大，成本就不可能降低到可以实现盈利的水平。社区呼叫中心通过广泛连接口味各异、价位不同、各具特色的餐饮企业，为老年人提供尽可能多样的餐食选择。与社区平台合作的餐饮企业，对老年人实行一定的优惠，促进了销售量的提升，这是规模经济。仅仅一家或者少数几家提供的餐食是比较单调的，难以长久满足需求，最终还是靠多家企业共同助餐，才实现了共同发展。

承接了社区养老服务平台的这个商家，与理发店开展合作，定期请理发师到社区集中为老年人提供理发服务，收费低于到店价格；与周边的商场超市合作，为老年人提供购物折扣；与家政、维修等企业合作，与康复辅具厂家合作，与健康管理、文化教育等服务提供者合作……连接到社区平台的服务和产品供应商向老年人让利，借助规模经济获得利润。承接平台服务的商家依靠返点盈利，靠的是范围经济——足够丰富的服务项目。范围经济的背后是营销这个通用技术，以及通过社区平台可以享受折扣的口碑，即无形资产。值得一提的是，由于与社区老年人逐步建立了信任，这个商家的护理床也比以前销售得更好了。

这是在智慧养老、大数据应用到社区养老服务之前的一个案例。尽管社区养老的业态在升级，但万变不离其宗的关键还是范围经济。只有连接到足够丰富的资源，才能够形成降低综合成本的效应。

养老机构也可以借助范围经济实现合理的盈利。实践表明，养老机构在内设医疗机构并纳入医保定点后，普遍能够实现盈利。其中的奥秘，也有范围经济在发挥作用的因素，这里暂不赘述，下一章将专门针对医养结合进行分析。

第 7 章
老年健康：从医养结合到全周期康养

老年健康服务与养老照护服务联系十分紧密，在我国已经形成了养老办医类、医养合作类、医疗转型类、专门机构类、社区居家类等医养结合的典型模式。机构养老方式中的医养结合有养老机构开办医疗机构、养老机构与医疗机构建立合作机制、医疗机构开展养老服务、兴办专门的医养结合机构等模式，以家庭病床为代表的医养融合服务进社区、进家庭模式也迈出了重要的探索步伐。面向更广大老年人和所有人老年期的健康服务，需要升级到全生命周期视角下的康养产业新阶段。多维度、全周期的康养产业，有利于延长健康预期寿命，减缓非健康状况增加的压力，进而实现健康老龄化。党中央已经提出了对康养的方向性要求，一些地方先行探索，制定了促进康养产业发展的规划计划和产业政策，为其他地方提供了有益的经验。

7.1 机构养老迈上医养结合新台阶

医疗卫生本是内生于养老服务的。在我国60岁及以上老年人中，患有慢性病的比例高达80%；80岁及以上高龄老年人中，这个比例超过85%（表7-1）。随着年龄的增加，患有骨关节病、高血压、心血管疾病、白内障或青光眼的风险明显上升。带病生存、与疾病共处，对于大部分人来说，是老年期不得不面对的挑战。对于广义的养老服务来说，根本无法脱离医疗卫生。养老服务与医疗卫生可以说是天生的一对、地造的一双。

然而，受到“条条”管理的体制机制束缚，在很长一段时间里，养老服务与医疗卫生是相互分割的。很多养老机构只有“养”的功能，提供的主要是餐饮、生活照料、文化娱乐等服务，医疗护理、健康管理等“医”的服务普遍缺失，更不用提诊疗、康复服务了。那时，困扰养老机构的突出难题，是老年人看病和用药。由于没有“医”的功能，老年人看病需要到养老机构以外，体检需要到养老机构以外，就连获得每天需要服用的药品都必须到养老机构以外，养老机构必须派专人接送、全程陪同、确保安全，既增加了成本，又增添了隐患。对于患有多种疾病的老年人，每天服用大量不同药品，养老机构日常的用药指导跟不上，也增加了老年人的健康风险和养老机构的风险。

表7-1 中国老年人慢性病患病比例

年龄段	未患慢性病	患慢性病	# 患一种慢性病	# 患两种慢性病	# 患三种慢性病
60岁及以上	20.03%	79.97%	31.16%	13.63%	3.58%
80岁及以上	14.72%	85.28%	29.64%	15.73%	4.91%
年龄段	骨关节病	高血压	心脑血管疾病	胃病	白内障/青光眼
60岁及以上	43.67%	36.87%	26.00%	17.84%	16.00%
80岁及以上	45.06%	40.88%	30.67%	14.46%	26.93%

资料来源：党俊武.中国城乡老年人生活状况调查报告2018.北京：社会科学文献出版社，2018.

因而对于养老机构内设医疗机构，出现了很高的呼声，随即成为医养结合的早期探索。一些地方开始支持在养老机构内设置医务室、护理站，有条件的还设立了一级医院，少数条件更好的养老机构甚至内设了二级医院，包括老年病院、康复医院等专科医院。2011 年 9 月，国务院印发的《中国老龄事业发展“十二五”规划》（国发〔2011〕28 号）就提出：“政府重点投资兴建和鼓励社会资本兴办具有长期医疗护理、康复促进、临终关怀等功能的养老机构。”这可以看作是医养结合在政策上的雏形。养老机构内设医疗机构的模式，解决了老年人常规体检、常见病诊疗、日常用药的问题，使得老年人和陪护人员免除了往返养老机构与外部医疗机构之间的苦恼。与外部医院的医护人员相比，养老机构内设医疗机构的医生、护士对机构内的老年人健康状况更加熟悉，提供的医疗卫生服务更加精准；而且还能在很大程度上杜绝过度检查、过度用药，进而有利于降低医疗费用，既为老年人省了钱，又为医保节约了开支。

然而，“内设”模式并不能在所有地方、所有养老机构中复制。首先，这个模式背后的一条“潜规则”，是地方民政部门与卫生部门之间、养老机构与卫生部门之间的关系。关系紧密、合作顺畅的地方，养老机构内设医疗机构的申请就容易获得批准，反之则迟迟拿不到许可。其次，医护人员的待遇明显高于养老护理员，他们对自身职业发展方面的要求也更高，养老机构必须有充分的实力，才能引进和留住医师、护士、康复师。而这个实力归根结底是要靠收费来支撑的，因此内部设有医疗机构的养老机构收费标准要高于一般的养老机构，过高的收费一旦对床位利用率产生负面影响，就会危及养老机构的运营。再次，医疗是一个“重资产”的行业，前期在设施建设和设备配备上的投入较大，内设医疗机构的养老机构，投资回收期更长。与医护人员的待遇类似，设施设备投资的回收从根本上也要靠更高的收费来实现。最后，内设医疗机构必须纳入医保定点，否则老年人在其中发生的费用就需要自掏腰包，这是老年人难以承受的。如果不能纳入医保，老年人一定会用脚投票，尽可能减少到这个机构接受服务。

笔者曾经到访过华北地区一家著名养老机构，其毗邻首都的区位优势吸引了大量北京市户籍的老年人入住。该养老机构也设有一家医院，但这家医院在很长一段时间无法纳入北京市医保定点机构的目录，主要原因是跨省、跨医保统筹区域了。为了解决老年人跨省就医的困难，这家养老机构与北京市一家三甲医院合作，由后者定期派医生来收走北京户籍老年人的医保卡，代老年人回京开药，再将药品送回来。尽管入住的老年人有着巨大的诊疗需求，但身边的、最近的医院依然门可罗雀。后来，在京津冀协同发展的重大战略提出后，经过多方大力协调，这家医院终于成为北京市医保定点机构，北京市户籍的老年人在这里看病也可以即时结算，门可罗雀一下子变成了门庭若市。

考虑到“内设”模式复制难题，“合作”模式成为很多养老机构的选择。2011年12月，卫生部印发的《中国护理事业发展规划纲要（2011—2015年）》（卫医政发〔2011〕96号）提出：“鼓励养老服务机构与当地医疗卫生机构建立长期合作关系，为养老机构的老年患者提供医疗护理服务。”在实践中，养老机构与医疗卫生机构的合作不限于护理，也包括诊疗、急救、康复等。通常的做法是，由养老机构和医疗机构签订协议，对双方合作的事项及费用进行约定，内容一般包括但不限于：第一，向养老机构中患有大病和突发疾病的老年人到医疗机构就医提供绿色通道，减少了排队、等候床位的时间和复杂手续；第二，医疗机构的医护人员定期或者不定期到养老机构巡诊巡护、检查指导，让老年人在养老机构内也能享受到专业的医疗卫生服务，免除了奔波于养老机构和医疗机构之间的困扰；第三，养老机构在医疗机构指导下开辟专门的康复护理专区，作为医疗机构延伸的病房，提供老年人紧急救治后或者手术后的康复和护理床位，避免在医疗机构内出现“压床”。

与“内设”模式相比，“合作”模式的最大优势是成本更低。养老机构不需要花费重金购置医疗重资产，不需要聘请专职的医护人员，也就不需要向老年人收取更高的费用。医疗机构可以提高现有服务资源的利用率，同时提高医疗床位的周转率。医护人员利用原有的诊疗技术、护理技能、医疗器械、医用耗材、中西药品，为更广泛的病患提供服务，范围经济效应更加明显。

当然，“合作”模式也不是完美的，其作用的发挥也受到客观条件的限制。对于人满为患的大医院、重点专科医院、高等级综合医院来说，早就是满负荷、超负荷运转，无暇顾及为养老机构提供服务。对于社区卫生服务中心等基层医疗卫生机构来说，尽管有闲置的服务资源可以和养老机构分享，医护人员的专业能力也高于一般的养老护理员，但是由于实施的是收支“两条线”管理，医护人员向养老机构提供“额外”服务的积极性难以充分调动。在养老机构中提供医疗卫生服务，是否能纳入医保，决定着“合作”模式的“含金量”。实际上，这种模式是一种比较松散的结合，大部分合作是在上面列举的第一项服务，即就医“绿色通道”。如果再深究一下：即便不是合作的养老机构送来的大病、重病、急症的老年人，难道医疗机构就会拒绝收治吗？如果对这个问题的回答是否定的，那么“合作”模式就仅仅停留在形式上。

真正迈出深度融合探索步伐的是由医疗机构开展养老服务的“转型”模式，即医疗机构转型、转行做养老的模式。兴办养老机构的主体本身就是医疗机构，医养是天然融合在一起的。这一模式的最大优势，就是医疗资源的有力支撑，医疗、护理、康复、健康管理的专业性较强，与医保的衔接也比较紧密。在这样的机构中生活，老有所养与病有所医的需求可以同时得到很好的满足。

例如，业界知名度很高的重庆青杠老年护养中心就属于“转型”模式，由具有 60 多年历史的三甲医院——重庆医科大学附属第一医院兴办。青杠老年护养中心开设的专科门诊多达两位数，包括老年病科、呼吸内科、心血管内科、神经内科、内分泌内科、心理卫生科、全科医疗科、妇科、康复医学科、中西医结合科等，几乎覆盖了全部的常见老年疾病；配套设置的医技科室有检验科、放射科、心电图室、超声科、药剂科等，可以为入住的老年人提供全方位的医疗服务。重庆医科大学附属第一医院会定期派出有较强临床经验的医师到青杠老年护养中心坐诊，提供医疗技术保障，并开展医疗查房、健康知识讲座、医护人员培训等活动，对青杠老年护养中心的医疗服务能力提供了强有力的支撑。医院本部还为中心开设了“绿色救治通道”，实施双向转诊的制度，中心救护车 24 小时待命，有效保证了老年人的医疗护理和紧急救治需求。青杠老年护养中心的养老区配有 24 小时值班的专职医师，与慢病康复区的医师资源共享，实现了每周医疗查房和护理查房，实时监测老年人健康状况，提供个性化长期照护服务（专栏 7-1）。

从老年人的角度看，“转型”模式有百利而无一害，在这样的机构安度晚年，生活照料得好，健康管理得好。但是从医疗的角度看，“压床”的问题会比较严重。毕竟，类似青杠老年护养中心这样的大型机构是少数，大部分医疗机构还不具备足够的能力或者充分的正向激励来兴建如此大规模的养老机构。通常的情况是，在老年病科、康复科设置老年人专属的床位，或者在医疗机构内设托养中心、护理中心等。一旦老年人过长时间占用床位，导致床位周转率过低，就是医疗机构难以承受的。而且，“转型”模式的关键一环是医保，未纳入医保定点的

专栏 7-1 医疗机构兴办养老机构的典型案例——重庆青杠老年护养中心

重庆医科大学附属第一医院青杠老年护养中心（简称青杠老年护养中心）是重庆医科大学附属第一医院投资兴建、国家发改委批准、正在运行的全国第一家大型公立医院主办的养老机构，全部建成后，将成为集养生文化、康复理疗、医疗护理、休闲娱乐等功能为一体的重庆市首家大型五星级综合性养老机构。

青杠老年护养中心位于重庆市璧山区青杠街道，距主城区 26 公里，占地面积 1073 亩，设置养老床位 3000 张、医疗床位 1000 张，由普通护养区、临湖护养区、临湖疗养楼、学术交流中心、老年医院、护理职业学院等组成，分五区三期建设。中心依托重庆医科大学附属第一医院精湛的医疗护理技术、先进的仪器设备、优秀的管理团队、秉持“健康、养生、文化、护养”的服务宗旨，以一流的设施、一流的环境、一流的服务、一流的管理，成为老人安享晚年的幸福乐园。

青杠老年护养中心具有六大优势特色：①是全国第一家由大型公立医院主办的养老机构，有强大的医疗支撑保障体系；②是全国唯一已经运行的集医疗、护理、养老、康复于一体的综合养老机构，建立了完善的内部循环转区机制：养老区—慢性病康复区—重医一院本部—养老区；③设在青杠老年护养中心的“重医一院护理院”成为重庆市第一家纳入医疗保险定点医疗服务范围的护理院，降低了需要照护老人的医疗费用；④具有完善的配套生活设施及养老文化娱乐设施；⑤配有先进的全智能化老年服务体系、无线呼叫定位系统、远程探视系统等；⑥拥有一支由医师、护士、营养师、社工师、心理咨询师、护理员、志愿者等组成的专业化、高品质的照护团队。

机构，收费水平是大部分老年人负担不起的；纳入医保定点的机构，如果老年人长期占据医疗床位，又给医保支付带来了比较大的压力。老年人能否从医疗床位及时转换到养老床位，决定着“转型”模式能否更多地复制。

以上三种模式，在 35 号文中均有涉及。这一标志着养老服务元年的文件明确要求“卫生管理部门要支持有条件的养老机构设置医疗机构”，并且提出“对于养老机构内设的医疗机构，符合城镇职工（居民）基本医疗保险和新型农村合作医疗定点条件的，可申请纳入定点范围”（专栏 7-2），这为医养结合的“内设”模式提供了政策支持。“要探索医疗机构与养老机构合作新模式”和“医疗机构要积极支持和发展养老服务”的表述，为“合作”模式和“转型”模式提供了政策依据。

专栏 7-2　国发〔2013〕35 号文关于“积极推进医疗卫生与养老服务相结合”的要求

推动医养融合发展。各地要促进医疗卫生资源进入养老机构、社区和居民家庭。卫生管理部门要支持有条件的养老机构设置医疗机构。医疗机构要积极支持和发展养老服务，有条件的二级以上综合医院应当开设老年病科，增加老年病床数量，做好老年慢病防治和康复护理。要探索医疗机构与养老机构合作新模式，医疗机构、社区卫生服务机构应当为老年人建立健康档案，建立社区医院与老年人家庭医疗契约服务关系，开展上门诊视、健康查体、保健咨询等服务，加快推进面向养老机构的远程医疗服务试点。医疗机构应当为老年人就医提供优先优惠服务。

健全医疗保险机制。对于养老机构内设的医疗机构，符合城镇职工（居民）基本医疗保险和新型农村合作医疗定点条件的，可申请纳入定点范围，入住的参保老年人按规定享受相应待遇。完善医保报销制度，切实解决老年人异地就医结算问题。鼓励老年人投保健康保险、长期护理保险、意外伤害保险等人身保险产品，鼓励和引导商业保险公司开展相关业务。

不过，对于更广大的在家养老的老年人来说，机构养老的医养结合看上去很美，但距离遥远。居家和社区养老同样离不开医疗卫生服务，35号文提出“开展上门诊视、健康查体、保健咨询等服务”，在其后3个星期印发的《国务院关于促进健康服务业发展的若干意见》（国发〔2013〕40号）则专门部署“发展社区健康养老服务”（专栏7-3），都对居家养老、社区养老与医疗卫生服务的融合提出了要求。

专栏7-3　国发〔2013〕40号文关于“加快发展健康养老服务”的要求

推进医疗机构与养老机构等加强合作。在养老服务中充分融入健康理念，加强医疗卫生服务支撑。建立健全医疗机构与养老机构之间的业务协作机制，鼓励开通养老机构与医疗机构的预约就诊绿色通道，协同做好老年人慢性病管理和康复护理。增强医疗机构为老年人提供便捷、优先优惠医疗服务的能力。推动二级以上医院与老年病医院、老年护理院、康复疗养机构等之间的转诊与合作。各地要统筹医疗服务与养老服务资源，合理布局养老机构与老年病医院、老年护理院、康复疗养机构等，形成规模适宜、功能互补、安全便捷的健康养老服务网络。

发展社区健康养老服务。提高社区为老年人提供日常护理、慢性病管理、康复、健康教育和咨询、中医保健等服务的能力，鼓励医疗机构将护理服务延伸至居民家庭。鼓励发展日间照料、全托、半托等多种形式的老年人照料服务，逐步丰富和完善服务内容，做好上门巡诊等健康延伸服务。

7.2 医养融合服务进社区进家庭

2015 年 11 月，《国务院办公厅转发卫生计生委等部门关于推进医疗卫生与养老服务相结合指导意见的通知》（国办发〔2015〕84 号）印发，专门论述了推进医疗卫生与养老服务结合的重要性，提出了医养结合工作的基本原则、发展目标、重点任务和保障措施，对医养结合工作的组织实施作出了部署。这份文件可以看作是对医养结合进行了顶层设计。

在第一条原则中，国办发〔2015〕84 号文提出了统筹机构和居家社区医养结合的政策方向。一方面，对有需求的失能和部分失能老年人，方向性的要求是以机构为依托做好康复护理服务，重点是保障特殊困难老年人的健康养老服务需求。另一方面，对多数老年人，则以社区和居家养老为主，要通过医养有机融合来确保人人享有基本健康养老服务。

在发展目标中，文件要求到 2017 年医养结合政策体系、标准规范和管理制度初步建立，老年人健康养老服务可及性明显提升；到 2020 年符合国情的医养结合体制机制和政策法规体系基本建立，基本适应老年人健康养老服务需求。其中，在机构方面，到 2017 年要建成一批医养结合机构，医疗机构开设为老年人提供挂号、就医等便利服务的绿色通道的比例要达到 80% 以上，养老机构以不同形式为入住老年人提供医疗卫生服务的比例要达到 50% 以上；到 2020 年所有的医疗机构都要开设为老年人提供挂号、就医等便利服务的绿色通道，所有的养老机构都能够以不同形式为入住老年人提供医疗卫生服务。在居家社区方面，到 2017 年，基层医疗卫生机构为居家老年人提供上门服务的能力要逐步提升；到 2020 年，这个能力要明显提升。

结合重点任务部署，可以将医养结合的典型模式划分为 5 类。第一类为“养老办医类”，包括前述“内设”模式，是养老机构举办医疗机构、在提供养老服务的同时开展医疗卫生服务的模式。第二类是“医养合作类”，即前述养老机构与医疗卫生机构签订协议，开展多种形式的“合作”模式。第三类是“医疗转型类”，是医疗机构举办养老机构、开展养老服务的“转型”模式。第四类是 84 号文专门提出来的由医养结合机构提供服务的模式，即兴办兼具医疗卫生和养老服务资质和能力的医疗卫生机构或养老机构，笔者称之为“专门机构类”。《2019 年我国卫生健康事业发展统计公报》显示，截至 2019 年年底，全国报告两证齐全的医养结合机构共有4795家；其中，养老服务机构举办医疗卫生机构的3172家，医疗卫生机构开展养老服务的1623家。第五类是将医养融合服务送进社区、送进家庭的“社区居家类”模式（表7-2）。

表7-2 医养结合的典型模式

模式	概述	主要内容
养老办医类	养老机构举办医疗机构	养老机构根据服务需求和自身能力，按相关规定申请开办老年病医院、康复医院、护理院、中医医院、临终关怀机构等，或内设医务室或护理站，以提高提供基本医疗服务的能力。养老机构设置的医疗机构，符合条件的可按规定纳入城乡基本医疗保险定点范围。 执业医师到养老机构设置的医疗机构多点执业，有相关专业特长的医师及专业人员在养老机构规范开展疾病预防、营养、中医调理养生等非诊疗行为的健康服务
医养合作类	养老机构与医疗机构搭建起合作机制	养老机构与周边的医疗卫生机构开展多种形式的协议合作，建立健全协作机制。医疗卫生机构为养老机构开通预约就诊绿色通道，为入住老年人提供医疗巡诊、健康管理、保健咨询、预约就诊、急诊急救、中医养生保健等服务，确保入住老年人能够得到及时有效的医疗救治。养老机构内设的具备条件的医疗机构作为医院（含中医医院）收治老年人的后期康复护理场所。 二级以上综合医院（含中医医院，下同）与养老机构开展对口支援、合作共建。 通过建设医疗养老联合体等多种方式，整合医疗、康复、养老和护理资源，为老年人提供治疗期住院、康复期护理、稳定期生活照料以及临终关怀一体化的健康和养老服务
医疗转型类	医疗机构开展养老服务	建设老年病医院、康复医院、护理院、临终关怀机构，公立医院转为康复、老年护理等接续性医疗机构。有条件的二级以上综合医院开设老年病科，做好老年慢性病防治和康复护理相关工作。基层医疗卫生机构提高康复、护理床位占比，根据服务需求增设老年养护、临终关怀病床。 医疗卫生机构为老年人特别是高龄、重病、失能及部分失能老年人提供挂号、就诊、转诊、取药、收费、综合诊疗等就医便利服务。各级医疗卫生机构和医务工作志愿者定期为老年人开展义诊。 中医药（含民族医药）充分发挥预防保健特色优势，大力开发中医药与养老服务相结合的系列服务产品

续表

模式	概述	主要内容
专门机构类	兴办专门的医养结合机构	针对老年人健康养老需求，通过市场化运作方式，举办医养结合机构以及老年康复、老年护理等专业医疗机构。通过特许经营、公建民营、民办公助等模式，支持社会力量举办非营利性医养结合机构。
社区居家类	医养融合服务进社区、进家庭	依托社区各类服务和信息网络平台，实现基层医疗卫生机构与社区养老服务机构的无缝对接。结合基本公共卫生服务的开展为老年人建立健康档案，并为 65 岁及以上老年人提供健康管理服务。 为社区高龄、重病、失能、部分失能以及计划生育特殊家庭等行动不便或确有困难的老年人，提供定期体检、上门巡诊、家庭病床、社区护理、健康管理等基本服务。 基层医疗卫生机构和医务人员与社区、居家养老结合，与老年人家庭建立签约服务关系，为老年人提供连续性的健康管理服务和医疗服务。基层医疗卫生机构为居家老年人提供上门服务，包括医疗和护理服务，符合规定的医疗费用纳入医保支付范围

资料来源：根据国办发〔2015〕84 号文整理归纳 .

开展社区居家类医养结合服务，首先是掌握需求信息，以基层医疗卫生机构为老年人建立的健康档案为重要依托。居民健康档案是国家基本公共卫生服务中的一个重要项目，由乡镇卫生院、村卫生室、社区卫生服务中心（站）负责首次建立居民健康档案、更新信息、保存档案；其他医疗卫生机构负责将相关医疗卫生服务信息及时汇总、更新至健康档案。居民健康档案的服务对象是基层医疗卫生机构辖区内的常住居民，以 0—6 岁儿童、孕产妇、老年人、慢性病患者、严重精神障碍患者和肺结核患者等人群为重点。居民健康档案的内容主要有：①个人基本信息，包括姓名、性别等基础信息和既往史、家族史等基本健康信息；②健康体检，涵盖一般健康检查、生活方式、健康状况及其疾病用药情况、健康评价等；③重点人群健康管理记录，主要是 0—6 岁儿童、孕产妇、老年人、慢性病、严重精神障碍和肺结核患者等各类重点人群的健康管理记录；④其他医疗卫生服务记录，即上述记录之外的其他接诊、转诊、会诊记录等。

在依托健康档案掌握老年人健康信息的基础上，进一步的医养结合服务就是对老年人的健康管理服务。这项服务同样是国家基本公共卫生服务中的一项，包括评估、体检、辅助检查和健康指导等内容（专栏 7-4）。

目前，关于老年人健康管理的实际情况，相关数据呈现的形势并不一致。笔者在参与对《中国老龄事业发展“十二五”规划》（国发〔2011〕28 号）进行中期评估时，有关资料显示，2013 年 65 岁及以上老年人健康管理率已经达到

专栏 7-4 老年人健康管理服务内容

每年为辖区内 65 岁及以上常住老年人提供 1 次健康管理服务，包括生活方式和健康状况评估、体格检查、辅助检查和健康指导。

生活方式和健康状况评估。通过问诊及老年人健康状态自评了解其基本健康状况、体育锻炼、饮食、吸烟、饮酒、慢性疾病常见症状、既往所患疾病、治疗及目前用药、生活自理能力等情况。

体格检查。包括体温、脉搏、呼吸、血压、身高、体重、腰围、皮肤、浅表淋巴结、肺部、心脏、腹部等常规体格检查，并对口腔、视力、听力和运动功能等进行粗测判断。

辅助检查。包括血常规、尿常规、肝功能（血清谷草转氨酶、血清谷丙转氨酶和总胆红素）、肾功能（血清肌酐和血尿素）、空腹血糖、血脂（总胆固醇、甘油三酯、低密度脂蛋白胆固醇、高密度脂蛋白胆固醇）、心电图和腹部 B 超（肝胆胰脾）检查。

健康指导。告知评价结果并进行相应健康指导。①对发现已确诊的原发性高血压和 2 型糖尿病等患者同时开展相应的慢性病患者健康管理。②对患有其他疾病（非高血压或糖尿病）的患者，应及时治疗或转诊。③对发现有异常的老年人建议定期复查或向上级医疗机构转诊。④进行健康生活方式以及疫苗接种、骨质疏松预防、防跌倒措施、意外伤害预防和自救、认知和情感等健康指导。⑤告知或预约下一次健康管理服务的时间。

88.8%。按照“十二五”规划部署，到 2015 年应当普遍为老年人建立健康档案，也就是说“十二五”老年人健康管理率的目标接近 100%。然而，《“十三五”国家老龄事业发展和养老体系建设规划》（国发〔2017〕13 号）设置的到 2020 年 65 岁及以上老年人健康管理率目标是 70%，比“十二五”中期的实际情况还要低。在对“十三五”规划进行中期评估时，有关方面提供的数据显示，2017 年老年人健康管理率为 67%。《2018 年度中国老龄事业发展统计报告》则披露，2018 年全国有 5714 万老年人接受了健康检查并建立了健康档案——这个数字仅占同年我国 65 岁及以上老年人口（1.67 亿人）的 34.3%。

统计上的“糊涂账”从一个侧面反映了老年人健康管理这项工作的真实水平。医养结合服务进社区进家庭，还有很长的路要走。当然，各地的推进情况是有差别的。工作基础比较扎实的地区，在建立健康档案、提供体检等健康管理服务的基础上，已经在探索医养结合进家庭的更高要求——上门向老年人提供医疗、护理、健康管理等服务。

家庭病床是医养融合服务走进家庭的一种典型模式，面向的是需要进行连续治疗，但因本人生活不能自理或行动不便，到医疗机构就诊确有困难，需要依靠医护人员上门来查床、治疗、护理的患者，服务对象通常以居家的老年人为主。上海市在这方面进行了较早的探索，20 世纪 80 年代末全市家庭病床数一度超过 4.4 万张[1]。2010 年 6 月，上海市发布了地方标准《家庭病床服务规范》（DB31/T487-2010）。2019 年 12 月，《上海市家庭病床服务办法》印发，并于 2020 年 1 月开始施行。服务项目包括上门服务、检查项目、基础护理、康复项目、中医项目、药品服务、指导评估服务项目、安宁疗护服务项目等 8 个类别，共计 64 个服务项目（表 7-3）。

家庭病床更符合老年人居家养老的意愿，具有较好的社会效益；同时，在经济效益上也十分显著。

从疗效上看，患有胃癌、中风、高血压、慢性支气管炎、冠心病等疾病的老年人治愈显效比例，家庭病床为 77.8%，整体较好，与一级医院、二级医院相比，差距分别在 2 个百分点、4 个百分点以内（图 7-1）。家庭病床与医院之间存在

---

1 鲍勇，龚幼龙，王敏达，等 . 上海市社区家庭病床经济效应的动态分析 . 中国卫生事业管理，1999（4）.

表 7-3　上海市家庭病床服务项目清单（2019 年版）

类别	项目数	服务项目
上门服务	7 项	上门评估建床、门出诊、常规上门查床诊疗、家庭病床上门服务（检查、护理、治疗等）、换药、拆线、导尿
检查项目	14 项	血常规、尿常规、粪常规、心电图、B 超、血糖监测、肝动能、肾功能、血脂、电解质、其他化验项目、中段尿采集、普通标本采集、静脉血采集
基础护理	27 项	肌肉注射、皮下注射、压力性损伤护理、吸氧、雾化吸入、静脉输液、静脉注射、慢性伤口护理、普通造口护理、疑难造口护理、特殊造口护理、气管切开护理、术后伤口护理、失禁性皮炎护理、留置尿管的护理 、鼻饲护理、腹透管维护、PICC 维护、胃 / 肠造瘘管护理、各类引流管护理、生命体征的监测、物理降温、冷疗、热疗、吸痰护理、膀胱冲洗、灌肠、居家营养支持、疼痛护理
康复项目	2 项	物理治疗、作业疗法
中医项目	1 项	中医医疗技术
药品服务	3 项	西药、中成药、中药饮片
指导评估服务项目	7 项	慢病健康指导、护理指导、肢体康复指导、功能康复指导、康复辅助器具使用指导、康复评定、中医养生指导
安宁疗护服务项目	1 项	居家安宁疗护医疗护理

资料来源：上海市卫生健康委员会 . 关于印发《上海市家庭病床服务办法》的通知：沪卫规〔2019〕009 号 .

巨大的医疗条件差距，但治愈率上的差别并不十分显著。换言之，几种常见于老年人的疾病，不论在家庭病床、一级医院还是二级医院进行治疗，疗效显著的比例都在 80% 上下。

以治愈显效比例衡量的服务质量差距，家庭病床仅仅略微落后于医院，且并没有明显的差异。以月均治疗费用衡量的服务成本来看，家庭病床则显示出巨大的优势。其中，家庭病床平均每人每月的治疗费用还不到 400 元，一级医院要超过 5000 元，二级医院甚至接近 7000 元（图 7-2）。一级医院的成本是家庭病床的 12.5 倍，二级医院的成本是家庭病床的 17.5 倍。当然，这项 1996 年的

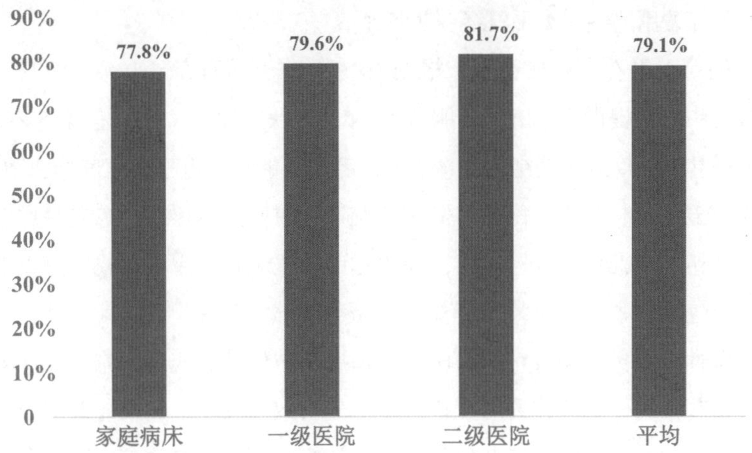

图 7-1　上海市家庭病床与一级二级医院治愈显效比例
资料来源：鲍勇，龚幼龙，王敏达，等 . 上海市社区家庭病床经济效应的动态分析 . 中国卫生事业管理，1999.

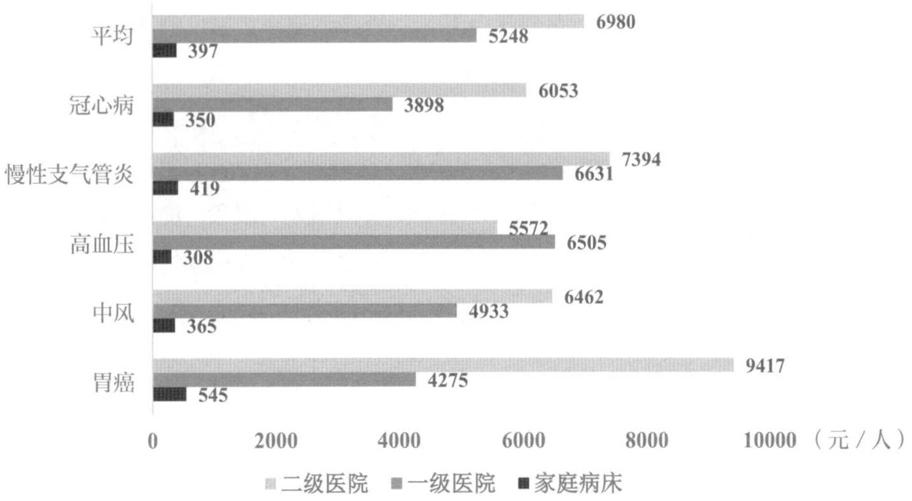

图 7-2　上海市家庭病床与一级二级医院月均治疗费用（元 / 人）
资料来源：鲍勇，龚幼龙，王敏达，等 . 上海市社区家庭病床经济效应的动态分析 . 中国卫生事业管理，1999.

调查，治疗费用的绝对水平已经今非昔比。

从相对水平看会更加客观：根据2015年的一项研究，上海市所有的社区卫生服务中心都提供了家庭病床服务[2]。如此之快的发展，背后是需要支撑条件的：一是基层医疗卫生网络的高覆盖率，老年人能够就近享有家庭病床覆盖率，基层医疗卫生机构派出上门服务队伍的交通和时间成本可控；二是基层医疗卫生服务队伍的专业化，经验丰富、技术过硬的医生和护士可以将医疗事故和纠纷的风险控制在很低的水平，确保相关服务能够大范围、长时期开展；三是费用的合理性，服务的适宜定价与医保的适度支持相辅相成，一方面要让老年人能负担得起，另一方面也要对医护人员形成有效的激励。如果能够形成基本医疗保险、长期护理保险、商业保险等互为补充、相互叠加效应，则更有利于满足多层次的家庭病床服务。

家庭病床服务也符合范围经济的原理。首先，社区卫生服务中心原本就具备相应的技术力量，而且这些技术具有通用性。其次，上门服务所需要的设备、药品、耗材，与在院服务所需没有根本区别，只是用量和组合方式有所不同。再次，在机构内研发和不断实践形成的检查、护理、康复、药剂、健康评估和指导等服务经验、特色医技甚至是专利，很容易扩散用于家庭病床。最后，社区卫生服务中心长期为基层服务的口碑以及其背后的政府信誉，让老年人及其家庭成员能够放心、安心接受服务。

在机构养老按照医养结合要求改造升级、医养融合服务走进社区和家庭后，实际上仍有相当大的一部分老年人还是无法获得相关的服务，他们既没有意愿或者收入的支撑入住医养结合机构，又没有居家设立家庭病床的需要。他们需要的不是保基本的医养结合服务，而是更加多层多样的康养服务。

2　潘毅慧，朱晓健，曹海涛，等.上海市家庭病床服务现状SWOT分析及对策建议.中华全科医学，2015，13（7）.

7.3 面向全生命周期的健康养老产业

从产业的角度看，医养结合或者医养融合服务的至关重要买方是医疗保险、长期护理保险等社会保险基金。如果必须向全体老年人提供以医保、长护险为关键买方的医养结合服务，社会保险是难以持续的，也是公共财政不能承受之重。

在《自由选择》一书中，诺贝尔经济学奖得主弗里德曼及其夫人从为谁花钱、花谁的钱这两个维度，把人们的开支划分为四类。第一类是为自己、花自己的钱，比如到超市买东西，既要省钱，又要追求花钱的实际效果最大化——尽可能让每一分钱花得都值得。第二类是为别人、花自己的钱，比如买圣诞礼物或者生日礼物送给别人，仍然需要省钱，但是在花钱的效果上与第一类相比要打折扣，因为花钱的人与接受礼物的人会有偏好上的差异。如果直接赠送钱款而不是礼物给别人，第二类开支就转化为第一类开支。第三类是为自己、花别人的钱，比如可以由公司报销的用餐，不需要省钱，不过花钱的效果会比较好——会让自己吃得满意。从老年人的角度看，养老保险、社会保险就属于第三类开支，通常会出现不同程度的浪费。第四类是为别人、花别人的钱，比如用报销单替另一位同事付餐费，既不会想着省钱，也不会达到让吃的人感到最满意的效果。对于社会保险政策的制定者、基金的管理者来说，其支出属于第四类，不仅成本高，而且效果差。

最有效率的开支是第一类，为自己、花自己的钱，这也是大部分产业消费的特点。实际上，健康也是可以买来的。总体上看，随着健康支出的增加，预期寿命会延长，二者呈现出明显的正相关关系（图 7-3）。在保障了基本医疗卫生服务需求、基本养老服务需求以及基本医养结合服务需求的前提下，人人为自己的健康投资，可以产生良好的健康产出，即预期寿命的增加。

2019 年，全国老年人年人均消费约 1.5 万元，其中，医疗康养占 1/4 左右[3]。由此匡算，全国 2.5 亿老年人的消费总量已达 3.8 万亿元，占同年社会消费品零售总额的比例为 9.2%；老年人医疗康养消费总量超过了 8700 亿元，占同年卫生总费用的比例为 13.3%，占个人卫生支出的比例为 47.1%。

---

3 中国经营报，赛迪顾问 . 2020 中国健康养老从产业创新与投资趋势 . 2020-04.

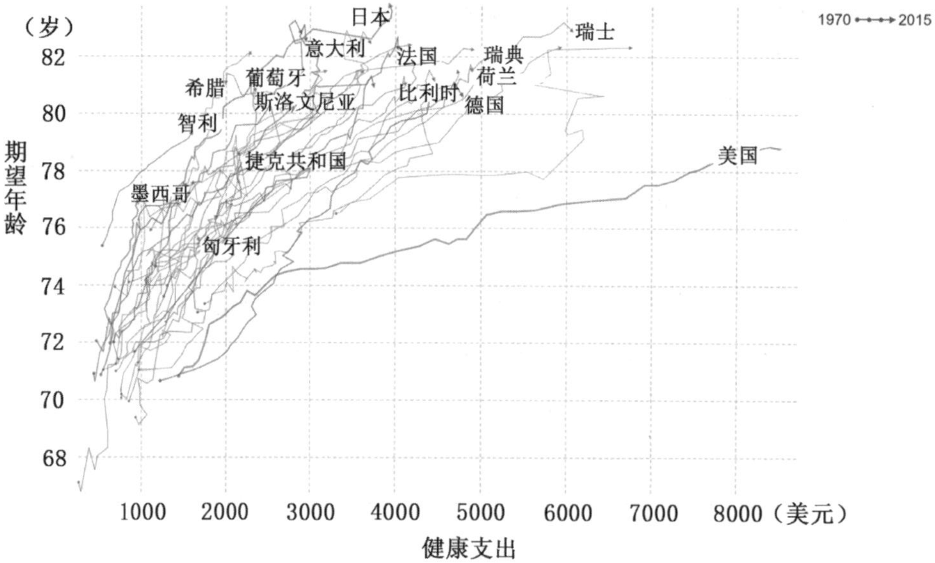

图 7-3 部分国家健康支出与预期寿命的关系
资料来源：https://ourworldindata.org/the-link-between-life-expectancy-and-health-spending-us-focus.

从全生命周期的视角看，老年人的健康状况受到此前生命历程各个阶段的影响。老年期带病生存的状况，不是人们进入老年期以后忽然发生的，而是在数十年的人生中逐步积累的。儿时的不慎、年轻时的放纵、中年后不当的生活方式，都会增加老年期的健康风险。为了老年人的健康，必须在老年期以前就引入健康服务。全产业链的老年健康服务，不仅是针对老年人的，而是针对所有人的老年期的。

医疗卫生服务只是决定健康状况的因素之一。世界卫生组织认为，除医疗卫生服务以外，收入和社会地位、教育、物理环境、就业和工作条件、社会支持网络、文化、基因、个人行为、性别和年龄等因素也对健康有着决定性的影响（图 7-4）。

提高收入、增加受教育年限、促进就业，不仅具有经济方面的意义，而且具有健康方面的意义。进一步看，缩小人们在收入、教育、就业上的差距，就能缩小人们在健康上的差距。美国健康投入较高，但相比其他经济体来说，大幅增加的健康支出没有带来预期寿命的合理提高。这个现象的一个重要原因，

收入和社会地位	• 收入、社会地位与健康状况相关联；贫富差距越大，健康差距也越大
教育	• 教育水平与健康状况、压力、自信心相关联
物理环境	• 清洁的水和空气，环境良好的工作场所，安全的住所、社区和道路，有助于健康
就业和工作条件	• 平均来看，就业的人比失业的人更健康，特别是对自身工作条件有较强控制能力的人
社会支持网络	• 来自家庭、朋友和社区支持更多的人，通常与更好的健康状况相联系
文化	• 习俗、传统、对家庭和社区的信任，会影响健康
基因	• 遗传因素不仅决定寿命，也决定健康水平以及患有某些疾病的可能性
个人行为	• 平衡饮食、保持活动、控制烟酒、处理生活中压力和挑战的方式，对健康有显著影响
医疗卫生服务	• 医疗卫生服务的可及性和实际享有，通过对疾病的预防和治疗影响健康状况
性别和年龄	• 性别不同、年龄不同，患有的疾病种类也不同

图 7-4 健康的决定因素
资料来源：http://www.who.int/hia/evidence/doh/en/.

就是美国国内不同人群的收入差距过大，而且基本的健康保障制度不完善，导致人们在健康投入、健康产出方面存在巨大的差距。平均健康支出的增加仅对少数人的预期寿命提高有好处，大部分人却没能从中受益。健康政策必须守住底线、保障基本，在此基础上更高层次的需求发展也应坚持普惠化的导向，千万不能沦为少数人的特权。否则，就会重蹈美国的覆辙。我国近年来努力缩小收入差距，加快普及学前教育、高中阶段教育和高等教育，将就业政策置于宏观政策层面并将稳就业列为“六稳”之首，将保居民就业作为“六保”之首，对于促进居民健康、缩小健康差距是有明显好处的。

改善环境质量和安全、亲友支持和社区参与、传承良好的文化和习俗，也有利于健康。打赢污染防治攻坚战、促进老年人参与社会活动、弘扬社会主义核心价值观和发扬中华传统文化优势，都对老年人的健康状况有好处。

老年人面临的一个特殊健康风险是摔倒。在我国，有 21.2% 的老年人在过去的一年中曾经摔倒过，这个比例在老年女性中为25.0%，在农村老年人中高达26.5%（表7-4）。对于老年人来说，由于活动减少、肌力减弱、平衡和认识能力受损等原因，比中青年更容易发生跌倒，轻则导致软组织损伤、心理创伤，重则导致骨折、失能，甚至还会危及生命。老年跌倒既是一个医学问题，又是一个照料问题，还是一个社会环境问题。及时的医嘱、无障碍的环境、适当的照护是防止老年人跌倒、帮助老年人保持健康的重要条件。

基因、性别和年龄尽管无法任意选择，但可以提示人们更加关注某一个或者几个方面的问题，尽可能降低固有因素对健康的不利影响。特别值得重视的是：个人行为对健康有着十分显著的影响！健康饮食、科学健身、杜绝恶习、学会减压，都有利于促进健康。对个人行为进行指导、干预和调试，具有非常广阔的产业前景。

体育产业是大健康产业中的一个重要行业，通过影响个人行为，进而促进健康。2018年，全国体育产业增加值首次突破1万亿元，占国内生产总值的比重达到1.1%[4]。体育产业正在以明显快于国民经济平均水平的速度在增长，并且呈现出结构优化的态势。在短短3年的时间里，体育用品及相关产品制造所占的比重从1/2降低到1/3，体育服务业的比重从49%提高到65%；体育经纪等中介服务、体育教育与培训、体育传媒和信息服务的增加值都翻了两番以上（表7-5）。

2014年，全国经常参加体育锻炼的人数占总人口的比重为33.9%，比2007年提高了5.7个百分点[5]。经常参加体育锻炼的人是指每周参加体育锻炼频度3次及以上、每次体育锻炼持续时间30分钟及以上、每次体育锻炼的运动强度达到中等及以上的人。科学的锻炼有助于身心健康，不当的锻炼反而会对身体产生负面影响。在经常参加体育锻炼的人群越来越广泛的情况下，体育教育与培训服务的迅猛发展对于科学健身的意义重大，对于包括老年期在内的整个生命历程的健康状况都有着积极作用。

近年来，健康养老领域涌现出一系列新的产品，其中，机器人和智能设备关注度较高。康复机器人、陪护机器人等的研发应用已经起步，智能检测、智

4 国家统计局，国家体育总局．2018年全国体育产业总规模和增加值数据公告，2020.

5 国家体育总局．2014年全民健身活动状况调查公报，2015.

表 7-4 中国老年人身体健康状况

分组	过去 12 个月摔倒过	患慢性疾病	偶尔或经常大便或小便失禁	上个月身体疼痛比较强烈或很强烈	失能	自报比较不健康或很不健康
全体	21.2%	74.7%	8.1%	26.6%	9.0%	28.2%
男性	17.4%	71.1%	7.5%	21.8%	7.7%	24.4%
女性	25.0%	78.4%	8.9%	31.1%	10.4%	31.8%
城市	15.5%	73.0%	6.6%	16.8%	8.5%	19.7%
农村	26.5%	76.6%	9.7%	35.4%	9.6%	35.8%

资料来源：中国人民大学中国调查与数据中心 .2014 年中国老年社会追踪调查（CLASS）报告 .

表 7-5 中国体育产业发展概况

分类名称	增加值（亿元）			结构		
	2015 年	2018 年	增幅	2015 年	2018 年	变动
体育产业	5494	10078	83%	100.0%	100.0%	—
体育服务业	2704	6530	141%	49.2%	64.8%	15.6%
体育管理活动	115	390	239%	2.1%	3.9%	1.8%
体育竞赛表演活动	53	103	94%	1.0%	1.0%	0%
体育健身休闲活动	129	477	270%	2.4%	4.7%	2.3%
体育场地和设施管理	458	855	87%	8.3%	8.5%	0.2%
体育经纪与代理、广告与会展、表演与设计服务	14	106	657%	0.3%	1.1%	0.8%
体育教育与培训	192	1425	642%	3.5%	14.1%	10.6%
体育传媒与信息服务	41	230	461%	0.7%	2.3%	1.6%
体育用品及相关产品销售、出租与贸易代理	1562	2327	49%	28.4%	23.1%	-5.3%
其他体育服务	140	616	340%	2.5%	6.1%	3.6%
体育用品及相关产品制造	2756	3399	23%	50.2%	33.7%	-16.5%
体育场地设施建设	35	150	329%	0.6%	1.5%	0.9%

资料来源：国家体育总局，国家统计局 . 2015 年国家体育产业规模及增加值数据的公告 .2016；
国家统计局 , 国家体育总局 . 2018 年全国体育产业总规模和增加值数据公告 . 2020.

能监测等设备已经发展起来，智能手环等可穿戴设备则进入了快速发展阶段（图7-5）。健康养老的范畴不只局限于医疗卫生服务，甚至不只是第三产业即服务业，还包括上述关注度较高产品的生产制造，涉及与第一产业密切相关的老年保健食品、特医食品的生产制造。

关于养老服务业的国发〔2013〕35号文、关于健康服务业的国发〔2013〕40号文、关于体育产业体育消费的国发〔2014〕46号文在政策上构成“姐妹篇”，都是大健康、全周期康养的重要内容，相互联系十分紧密。

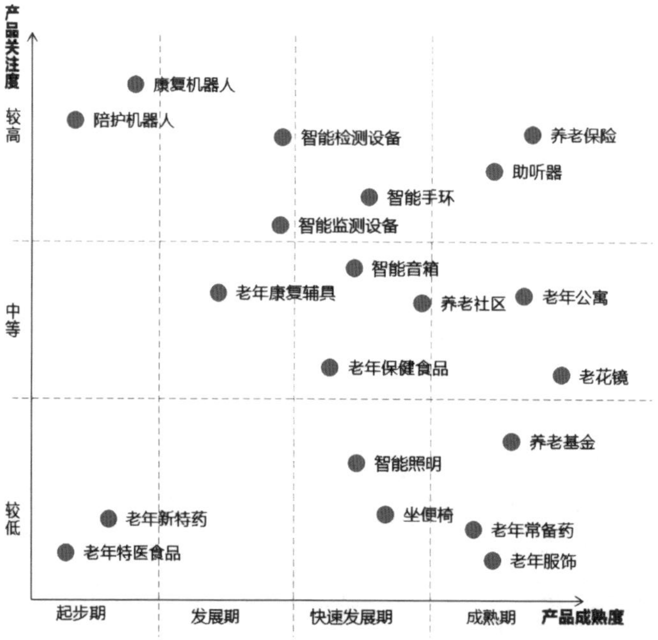

图7-5 我国健康养老产业相关产品的成熟度和关注度
资料来源：中国经营报，赛迪顾问．2020中国健康养老从产业创新与投资趋势．2020-04.

7.4 康养产业与健康预期寿命

更广义的康养产业不仅针对老年人、老年期，而且是面向全龄人群的。其中的养不只是养老，而是更为宽泛的养生范畴。从生命历程的各阶段看，涉及母婴健康、妇幼健康、儿童健康、青年康养、中年康养、老年康养。从服务对象的健康状况看，涉及健康人群的保养、亚健康人群的疗养、患病接受治疗人群的医养。从业界营销的主打概念看，有养身、养心、养神、养性、养趣、养胃、养肺甚至养眼、养颜等，当然也包括养老。从依托的资源看，有的是建立在医疗资源的基础之上，涉及中医药、康复、护理、健康管理等；有的是建立在自然资源的基础之上，利用森林、温泉、海岛、气候等特有的资源优势来提供产品和服务；有的是建立在文化资源的基础之上，通过国学、民俗、文化创意、田园风情等产生康养的效果。

对于儿童、青年、中年的健康促进，效果最终一定会在老年阶段显现。如果在预期寿命不断延长的过程中，老年人带病生存的时间同步甚至是更快地延长，那么老年人自身、家庭、医保、财政乃至全社会的负担会不断加重。通过全周期的康养产品和服务，减少老年期带病生存的状况，缩短预期寿命中非健康的阶段时间，是应对人口老龄化的必然要求，也是老年健康服务应当具有的更宽视野。从这个视野出发，更应当追求的是健康预期寿命的延长。

2016 年，全球平均的出生时预期寿命为 72 岁，健康预期寿命为 63.3 岁[6]，中间相差的 8.7 岁即“非健康余命”。同年，全球预期寿命最长的国家是日本，其居民在出生时的预期寿命为 84.2 岁，出生时的健康预期寿命为 74.8 岁，非健康余命为 9.4 岁（表 7-6）。全球健康预期寿命最长国家是新加坡，该国居民预期寿命 82.9 岁、比日本落后 1.3 岁，健康预期寿命为 76.2 岁、比日本领先 1.4 岁，非健康余命只有 6.7 岁、比日本少 2.7 岁。这一年，我国居民出生时的预期寿命为 76.4 岁，在全球 180 多个国家和地区中排名在 50 位左右，出生时的健康预期寿命 68.7 岁、排在全球前 40 名以内，非健康余命 7.7 岁，是世界上这个数字比较低的 40 个国家之一。

6 World Health Organization. World Health Statistics 2020: Monitoring Health for the SDGs, 2020.

表 7-6 部分国家出生时的预期寿命和健康预期寿命（单位：岁）

国家 | 地区	预期寿命	健康预期寿命	非健康余命	国家 | 地区	预期寿命	健康预期寿命	非健康余命
日本	84.2	74.8	9.4	德国	81.0	71.6	9.4
瑞士	83.3	73.5	9.8	斯洛文尼亚	80.9	70.5	10.4
西班牙	83.1	73.8	9.3	塞浦路斯	80.7	73.3	7.4
澳大利亚	82.9	73.0	9.9	哥斯达黎加	79.6	70.9	8.7
法国	82.9	73.4	9.5	智利	79.5	69.7	9.8
新加坡	82.9	76.2	6.7	捷克	79.2	69.3	9.9
加拿大	82.8	73.2	9.6	巴林	79.1	68.1	11.0
意大利	82.8	73.2	9.6	古巴	79.0	69.9	9.1
韩国	82.7	73.0	9.7	美国	78.5	68.5	10.0
挪威	82.5	73.0	9.5	马尔代夫	78.4	69.8	8.6
冰岛	82.4	73.0	9.4	克罗地亚	78.3	69.0	9.3
卢森堡	82.4	72.6	9.8	卡塔尔	78.1	68.6	9.5
瑞典	82.4	72.4	10.0	巴拿马	78.0	69.4	8.6
以色列	82.3	72.9	9.4	爱沙尼亚	77.8	68.2	9.6
新西兰	82.2	72.8	9.4	波兰	77.8	68.5	9.3
奥地利	81.9	72.4	9.5	斯洛伐克	77.4	68.3	9.1
荷兰	81.6	72.1	9.5	波黑	77.3	67.2	10.1
爱尔兰	81.5	72.1	9.4	阿联酋	77.2	66.7	10.5
马耳他	81.5	72.2	9.3	乌拉圭	77.1	68.8	8.3
葡萄牙	81.5	72.0	9.5	安曼	77.0	65.6	11.4
芬兰	81.4	71.7	9.7	阿根廷	76.9	68.4	8.5
英国	81.4	71.9	9.5	黑山	76.8	68.1	8.7
比利时	81.2	71.6	9.6	墨西哥	76.6	67.7	8.9
丹麦	81.2	71.8	9.4	厄瓜多尔	76.5	67.9	8.6
希腊	81.2	72.0	9.2	中国	76.4	68.7	7.7

资料来源：World Health Organizations.World Health Statistics 2020: Monitoring Health for the SDGs，2020.

从相关关系看，健康预期寿命与预期寿命的相关系数超过 0.99，二者高度正相关。也就是说，居民预期寿命越高的国家，通常健康预期寿命也越高。非健康余命与预期寿命的相关系数约为 0.7，二者总体上正相关，但是相关性不如健康预期寿命与预期寿命。一般来说，居民预期寿命越长的国家，非健康余命也越长，这主要是由于预期寿命与经济发展水平的相关性较强——经济越发达的国家，居民预期寿命越长，同时医疗条件也越好，因而可以维持非健康状态下的生命更长时间。但是，非健康余命与预期寿命之间没有那么强的相关性，这说明政策干预是大有可为的。在平均趋势线下方的国家，控制非健康余命的成效较好，比如新加坡，与相同预期寿命的国家相比，该国居民的非健康余命要少 3 岁左右（图 7-6）。我国也属于控制比较好的国家，与预期寿命差不多的国家相比，中国居民的非健康余命要少 2—3 岁。在平均趋势线上方的国家，控制非健康余命的成效较差。美国居民的预期寿命 78.5 岁，健康预期寿命只有 68.5 岁，二者相差 10 岁。与预期寿命相仿的国家相比，美国居民的非健康余命要多 1 岁以上。伊拉克的控制成效也不太好，该国居民预期寿命还不到 70 岁，在全球排在 120 位左右，但非健康余命已经接近 11 岁，高居世界第 4 位。

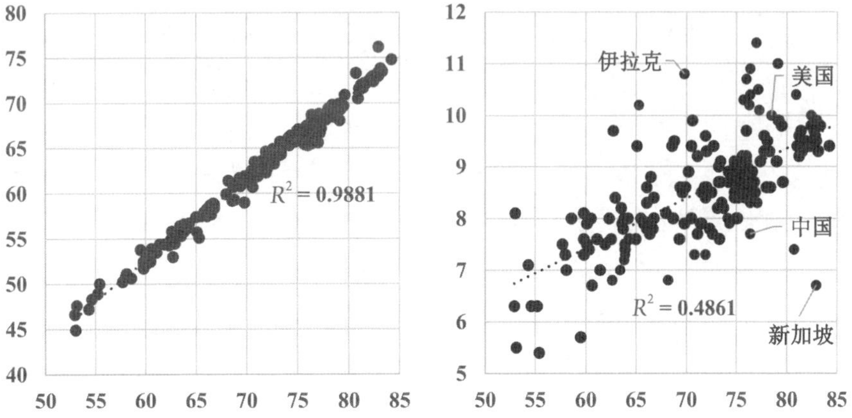

图 7-6　预期寿命（横轴）与健康预期寿命（纵轴，左图）及非健康余命（纵轴，右图）的关系（单位：岁）

资料来源：World Health Organizations.World Health Statistics 2020: Monitoring Health for the SDGs，2020.

中共中央、国务院印发的《“健康中国 2030”规划纲要》提出了我国预期寿命和健康预期寿命的目标。2020 年预期寿命的目标要达到 77.3 岁，与 2015 年相比增加近 1 岁。《2019 年我国卫生健康事业发展统计公报》数据显示，预期寿命 77.3 岁的目标已经于 2019 年提前实现了。2030 年预期寿命的目标是要进一步提高到 79 岁，健康预期寿命的目标是要“显著提高”。

从一般规律看，预期寿命提高的同时，健康预期寿命也会提高，并且与之相伴随会出现非健康余命的增加。从国际比较看，我国居民非健康余命处于相对较低的水平，客观上有增加的压力。2000 年以来，全体居民、男性、女性出生时预期的非健康余命都呈现出总体上增加的态势（表 7-7）。政策上需要着力控制好，尽可能减缓非健康余命增加的势头。这不仅是医疗卫生政策的关切点，而且也应该是一切与健康相关的政策的关切点。要按照《“健康中国 2030”规划纲要》的要求，针对生活行为方式、生产生活环境、医疗卫生服务等影响健康的主要因素，以普及健康生活、优化健康服务、完善健康保障、建设健康环境、发展健康产业为重点，把健康融入所有政策，将促进健康的理念融入公共政策制定实施的全过程，全方位、全周期维护和保障人民健康。

表 7-7 中国居民预期寿命相关情况（单位：岁）

年份	2000 年	2005 年	2010 年	2015 年	2016 年
居民出生时的预期寿命	72.1	74.2	75.2	76.2	76.4
居民出生时的健康预期寿命	64.8	66.7	67.6	68.4	68.7
居民非健康余命	7.3	7.5	7.6	7.8	7.7
男性出生时的预期寿命	70.7	72.8	73.8	74.8	75.0
男性出生时的健康预期寿命	64.1	66.1	67.0	67.8	68.0
男性非健康余命	6.6	6.7	6.8	7.0	7.0
女性出生时的预期寿命	73.7	75.6	76.7	77.7	77.9
女性出生时的健康预期寿命	65.6	67.3	68.3	69.1	69.3
女性非健康余命	8.1	8.3	8.4	8.6	8.6

资料来源：World Health Organizations.World Health Statistics 2020: Monitoring Health for the SDGs，2020.

一些地方的探索值得关注。2016 年，上海市人均预期寿命已经达到 83.2 岁，这一水平超过了绝大多数发达国家，仅次于日本和瑞士。因此，《“健康上海 2030”规划纲要》并没有“加码”预期寿命的定量指标，只是定性要求“保持发达国家水平”。不过，上海市特别鲜明地强调了健康预期寿命的目标，定性描述是要“达到全球城市先进水平”，并且提出了定量目标：到 2020 年要达到 70 岁以上，2030 年要进一步达到 72 岁以上——这两个数字分别相当于世界排名第 30 位和第 20 位国家的水平。淡化预期寿命目标，强化健康预期寿命，是推动全生命周期的康养向着高质量、内涵式发展阶段升级的重要政策导向，对其他地区有很强的参考和借鉴价值。

2016 年以来，党中央逐步明确了促进健康与养老融合、建设康养基地、医养康养相结合等新的方向。原国家旅游局制定了《国家康养旅游示范基地标准》，原国家林业局启动了“全国森林养生基地建设试点”，从国家政府部门层面、建立在各自主管行业主要业务的基础上，开始推动康养产业发展。目前，在国家层面尚未对康养产业给出明晰的定义，主要还是沿用健康服务业、医养结合等政策框架。不少地方制定了相关的政策，对这个新兴产业的提法各异，包括但不限于健康养生产业、养老健康服务业、医养健康产业、避暑休闲产业、森林康养产业、生态康养产业等（表 7-8）。河北、山西、海南等省份专门出台了省级或省直部门发展康养产业的意见、规划、计划，划出了康养产业的内涵范围，并且提出了有针对性的支持政策。

河北的康养产业体系是医、养、旅、居、文、体等产业相融合的概念，包括旅游康养、农业休闲康养、体育健身休闲、康养会展、中医药健康服务等重点方向（表 7-9）。政策涵盖了鼓励社会资本进入、促进融资支持、推进创新创业、推进重点项目、扶持领军企业、建设产业园区等方面，还谋划了环京津康养产业平台、智慧康养平台、康养人才平台、医养结合平台等支撑平台。河北的康养产业政策兼具产业结构政策、产业组织政策、产业布局政策、产业技术政策等政策维度。

山西的康养产业计划是依托一批康养小镇、康养社区的项目化推进方式，分三年实施，旨在打响“康养山西、夏养山西”的品牌，使康养产业成为该省经济转型发展支柱产业之一。政策涉及立项、用地、财政、金融、税费等项目建设的各个主要方面，以期拉动投资、吸引消费、打造品牌。产业布局政策的

表 7-8 不同层级的康养产业政策

政策层级	政策文件及主要内容
党中央政策	《“健康中国 2030”规划纲要》：积极促进健康与养老、旅游、互联网、健身休闲、食品融合。 2017 年和 2018 年中央一号文件：推进农业、林业与旅游、教育、文化、康养等产业深度融合；建设一批……康养基地。 党的十九届四中全会《中共中央关于坚持和完善中国特色社会主义制度 推进国家治理体系和治理能力现代化若干重大问题的决定》：加快建设居家社区机构相协调、医养康养相结合的养老服务体系
国务院政策	《国务院关于促进健康服务业发展的若干意见》：加快发展健康养老服务；发展健康文化和旅游；支持发展健康服务产业集群。 《国务院办公厅转发卫计委等部门医养结合指导意见》：通过由金融和产业资本共同筹资的健康产业投资基金支持医养结合发展
部门政策	国家旅游局《国家康养旅游示范基地标准》。 国家林业局“全国森林体验基地和全国森林养生基地建设试点”
地方政策（省级）	河北省人民政府办公厅关于大力推进康养产业发展意见； 山西省《支持康养产业发展行动计划（2019—2021）》； 《海南省康养产业发展规划（2019—2025 年）》； 《贵州省人民政府关于支持健康养生产业发展若干政策措施的意见》； 《贵州省健康养生产业发展规划（2015—2020 年）》； “黔山秀水贵州康养服务工程”； 《四川省养老健康服务业发展规划（2015—2020 年）》； 《四川省林业厅关于大力推进森林康养产业发展的意见》； 《四川省大力发展生态康养产业实施方案（2018—2022）》； 《山东省医养健康产业发展规划（2018—2022 年）》； 《吉林省委省政府关于推进避暑休闲产业创新发展的实施意见》

资料来源：根据公开资料整理 .

表 7-9 冀晋琼三省康养产业政策文件主要内容

省份	康养产业特点	重点任务和支持政策		
河北	加快建设康养产业体系，促进医、养、旅、居、文、体等相关产业融合	大力培育康养产业：鼓励社会资本进入；促进融资支持；推进创新创业；推进重点项目；扶持领军企业；建设产业园区	搭建康养产业支撑平台：环京津康养产业平台；智慧康养平台；康养人才平台；医养结合平台	打造优质康养品牌：高品质康养品牌；旅游康养品牌；农业休闲康养品牌；体育健身休闲品牌；康养会展强省品牌；特色康养产品品牌；中医药健康服务品牌
山西	谋划培育一批康养小镇、康养社区，打响“康养山西、夏养山西”品牌的重大战略部署	目标导向：拉动投资，三年撬动社会投资超过 300 亿元；吸引消费，形成“养生·养心·养老”康养产业带；打造品牌，建设度假养生、抱团养老目的地	重点项目：大同桑干河森林康养小镇等 15 个康养小镇；大同兴云康养社区等 15 个康养社区	政策支持：立项政策；用地政策；财政政策；金融政策；税费政策
海南	业态丰富、品牌集聚、环境舒适、特色鲜明的亚洲康养中心、国际康养目的地	产业布局：东部医疗康养高地；北部运动康养文化区；南部中医药康养旅游区；中部森林医药康养区；西部生态康养生活区	重点领域：特色气候康养；中医药康养；温泉产业升级改造；热带森林康养；康养产业与旅游业融合	重点任务：中高端康养基地或小镇；精品康养旅游线路；康养企业及协会；特色康养品牌；国际化康养行业标准

资料来源：河北省人民政府办公厅．关于大力推进康养产业发展意见：冀政办字〔2018〕160 号；山西省民政厅，山西省发展和改革委员会，山西省财政厅，等．关于印发《支持康养产业发展行动计划（2019—2021）》的通知：晋民发〔2019〕31 号；海南省卫生健康委员会，海南省发展和改革委员会．关于印发海南省康养产业发展规划（2019—2025 年）的通知：琼卫产合〔2019〕2 号．

特色非常鲜明，也有产业结构政策的特点。

海南的康养产业规划是作为健康产业规划的子规划来制定的，对康养产业给出了明确的定义：“康养产业是面向有健康需求的健康人群、亚健康人群和患病人群，提供包括康复、疗养、健康管理、运动、休闲、文化、旅游等多种服务的统一整体、综合有机的产业链，涉及农业、制造业和服务业。”还分析了康养产业的资源基础、核心和配套环节以及产业发展的特性——“康养产业以宜居、宜养、宜业的生态环境和丰富的自然资源为基础，核心是对人群健康有价值和吸引力的康养产品，配套基础设施和服务则是康养产业发展的必备要素，覆盖面广、产业链长、潜力巨大。同时，康养产业具有投资大、回报周期长、风险高、招商难度大的特点[7]。”

康养产业发展方兴未艾、前景广阔，对于从全生命周期促进健康、提升老年期健康水平和人们的健康预期寿命，都具有重要作用，需要在模式上和业态上进一步探索，在政策上进一步引导和扶持。

7 海南省卫生健康委员会，海南省发展和改革委员会. 关于印发海南省康养产业发展规划（2019—2025年）的通知：琼卫产合〔2019〕2号，2019.

第 8 章
老年文教：开启百岁人生的金钥匙

越来越长的寿命有可能带来越来越低的主观幸福感受，对人们退休前后的财务平衡也会造成巨大影响。迎来百岁人生，必须对传统的学习—工作—退休的三段式生命历程进行重构。老年文教服务在其中起着重要作用，对老年人保持身心健康、延长活力状态、促进晚年幸福起到了至关重要的积极作用。老年教育服务已经进入了第四代，互动式发展为老年教育降低了成本，融合式发展带来了范围经济效应，多样化的需求使得老年教育可以形成市场。老年教育与旅游服务的融合形成了旅居养老的一种典型模式，从观光式旅居养老、度假型和游学型养老，到候鸟式养老和社区旅居养老，再到康养型旅居养老、深度体验式旅居养老，旅居养老已经形成了丰富的层次、业态和产品系列。面向广大普通老年人提供的、具有产业发展前景和消费需求潜力的旅居养老项目，在政策上可以作为普惠性养老服务来支持。

8.1 长寿的烦恼与生命历程的重构

在古希腊神话中，库迈亚的女先知西比尔（The Sibyl of Cumae）向太阳神阿波罗求得了几乎永恒的生命——她手中捧起多少粒沙子，就能活多少年纪。然而不幸的是，她忘记了向阿波罗讨要同样永恒的青春。随着时间的流逝，西比尔永远活在世上，却日渐衰老，最后已经老得缩成了一团。她不得不躲在洞穴中，在最黑暗的角落继续发布着她的预言，这样才能保证她的衰老、萎缩、虚弱、丑陋不为世人所见。

长寿是福，也是挑战。本书第 7 章引证的第四次中国城乡老年人生活状况调查数据显示，我国老年人患有慢性病的比例高达 80%；中国老年社会追踪调查数据还显示，上个月身体疼痛比较强烈或很强烈的比例为近 27%。病痛的困扰只是老年期遇到的一部分麻烦。随着年纪的增加，老年人的认知能力会显著下降。对于追踪调查设置的 5 道简单问题，60 岁的老年人平均能答对 4.1 个，70 岁平均能答对 3.8 个，80 岁只能答对 3 个，到 90 岁仅仅能答对 2.4 个。此外，孤独感会随着年龄与日俱增（图 8-1），幸福感则随年龄增加而下降（图 8-2）。

这些调查结果不禁让人想起《格列佛游记》里边提到的“斯特鲁德布鲁格”——即长生不老之人。在 30 岁之前，“斯特鲁德布鲁格”与普通人没有什么两样，可在这之后就开始逐步变得忧郁和沮丧起来，并且一发不可收拾。

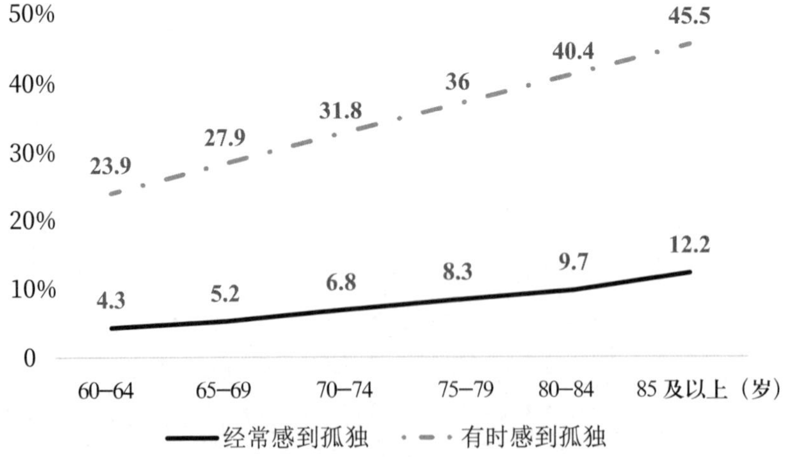

图 8-1　孤独感随年龄增加而上升

资料来源：党俊武 . 中国城乡老年人生活状况调查报告 2018. 北京：社会科学文献出版社，2018.

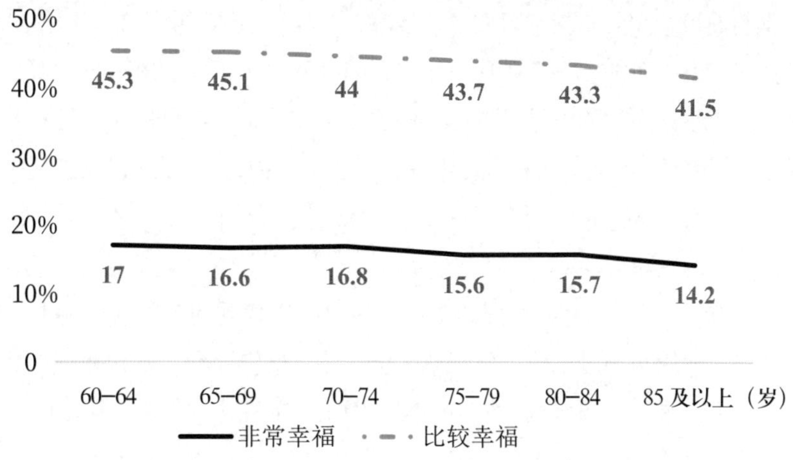

图 8-2 幸福感随年龄增加而下降
资料来源：党俊武 . 中国城乡老年人生活状况调查报告 2018. 北京：社会科学文献出版社，2018.

到 80 岁时，他们不仅具备像其他老年人一样的毛病和荒唐行为，而且还因为永生而出现很多别的问题——性情顽固、暴躁、贪婪、忧郁、愚蠢、爱唠叨。到了 90 岁，牙齿掉光，头发掉光，嗅觉失灵，吃什么喝什么都没有味道了。更严重的是，忘记了常见的人和事物的名称，甚至连自己最亲近的家人都认不得了。由于记忆力太差，一个句子看到后半句就忘了前半句，从书中找寻人生乐趣的路也被堵死了。再后来，他们连同胞的话都听不懂了，生活在祖国却像置身于外国那样不便，而且还会遭受歧视。

本书第 1 章简要回顾了人类寿命的历史。从世界平均预期寿命超过 60 岁到今天，只不过经历了 40 多年而已。人口学家总是倾向于认为人类的寿命是有极限的，而且总是根据当时的情况预测说，这个极限马上就要到了。但实际情况是，这些保守的预测基本上都错了。即便是最没有想象力地、按照 1840—2000 年的趋势外推，最佳实践国家的预期寿命将在 2040 年突破 95 岁，2060 年将进一步达到具有标志性意义的 100 岁！普遍的百岁人生指日可待！更为激进的预测来自历史学家——尤瓦尔 · 赫拉利在《未来简史》中提出，人类社会几千年来一直面临的三大重要生存课题，即饥荒、瘟疫和战争，在进入 21 世纪以后都呈现出消失的趋势。而随着这些威胁的彻底消失，人们追求长生不死的愿望有可能很快就能变为现实。

我们的祖辈和父辈刚刚习惯了“学习—工作—退休”的生命历程三阶段，我们这一代就有可能、下一代几乎一定会因为寿命永不停歇地延长，需要重新来谋划整个生命历程的安排。琳达·格拉顿和安德鲁·斯科特在《百岁人生：长寿时代的生活和工作》中模式化地虚构了三个人物——“40后”杰克（Jack）、“70后”吉米（Jimmy）、“90后”简（Jane），分别代表三代人，也就对应着三种模式的生命历程。

1945年出生的杰克20岁开始工作，先是成为优秀的工程师，后来成长为公司高管。尽管也换过工作，但职业生涯总体上比较顺利。尤其幸运的是，对于他这代人来说，公司普遍会为员工购买固定收益的企业年金，这样可以为他的退休生活提供更好的保障。杰克工作了42年，为了确保退休生活时可以领取到相当于退休前收入50%水平（即替代率50%）的养老金，他在工作期间需要将收入中的4.3%储蓄下来。退休以后，杰克领取的养老金中，有20%是由社会保险负担的，个人承担了40%，公司帮他承担了另外的40%（表8-1）。从财务上看，杰克在退休前后平衡得非常好。从生命历程看，他是最典型的“学习—工作—退休”三阶段。

表8-1 三代人的财务平衡与人生阶段

财务指标 典型人物	工作年限（年）	收入中用于养老金储蓄的比例	退休年限（年）	按替代率50%领取的养老金（万美元）	养老金负担比例（社保：个人：雇主）	人生阶段
杰克（1945—2015）	42	4.3%	8	7.8	20：40：40	学习—工作—退休
吉米（1971—2056）	44	17.2%	20	8.4	20：80：0	学习—工作—达到退休年龄继续工作—完全退休
简（1998—2098）	44	25%	35	11.2	20：80：0	学习—探险+打工—创业—经理人—退而不休

资料来源：格拉顿，斯科特.百岁人生：长寿时代的生活和工作.北京：中信出版社，2018.

1971 年出生的吉米既幸运又不幸。幸运的是，他的寿命比杰克长 15 年。不幸的是，他要在退休时间更长的情况下维持财务平衡，就必须大幅提高收入中用于养老金的储蓄比例，从杰克那一代人的 4.3% 提高到他这一代人的 17.2%。预防性储蓄的大幅增加，直接降低了工作期间的消费和生活品质。杰克用 42 年的工作为 8 年的退休生活提供储备，吉米则要用 44 年的工作为长达 20 年的退休生活做好准备，后者在财务上的状况肯定要紧张得多。另外还有一个坏消息：企业年金成为企业不能承受之重，这类计划纷纷关停，吉米得不到公司在这方面的支持了。在他的养老金中，社会保险负担了 20%，他自己要承担 80%。实际上，吉米不可能在工作时期始终保持那么高的储蓄率，因为他这一代人的工作流动性明显更高。工作换挡期没有收入用于储蓄，频繁的转换工作也使他失去一些资本的积累。这就意味着，当他进入退休年龄后，仍然要工作一段时间，才能维持财务上的平衡。或者他必须在退休前，当资本、人脉、知识、技能等积累到人生顶峰的时候选择创业，以谋求更高的收入和财富。创业的行为大概率会延续到退休以后，直至财务上平衡，可以安心退休。吉米的生命历程变成了“学习—工作—达到退休年龄继续工作—完全退休”。

1998 年出生的简与吉米一样 21 岁开始工作、65 岁退休，工作年限相同。她将是整个一代人能够活到 100 岁的第一代，是历史的幸运儿。但也正是因为寿命的大幅延长，她的退休时间会长达 35 年，与工作时间几乎是 1 ∶ 1 的关系，而吉米大约是 1 ∶ 2，杰克是 1 ∶ 5 左右。为了保持 50% 的替代率，简需要在工作时期将收入的 1/4 用于养老金的储蓄，这个比例几乎是不现实的。即便是极其节俭地做到了，也面临另外一个更大的挑战：如何度过漫长的退休生涯？要是整天闷在家里无所事事，估计很快就会变成“斯特鲁德布鲁格”。从 100 年这么长的生命历程来规划，简没有必要在完成学习后直接进入类似杰克和吉米那样的工作阶段，而是可以一边“探险”一边打工。先去旅行，像格列佛那样广泛地游历。在此过程中，建立起人际网络，拓展语言或者其他方面的技能，同时可以从事一些相对轻松的工作，为随后的人生阶段打下坚实的基础。在积累了足够的经验和人脉后，简进入到创业阶段，以比第二阶段更快的速度、也比杰克和吉米更快的速度增加收入和积累财富。为了兼顾事业和生活，到了一定年龄以后，简从创业老板向职业经理人转换，第四个阶段可以持续到退休以后。换句话说，当简达到退休年龄后，她仍然处于职业经理人的工作状态，相当于延迟退休，尽可能缩短无所事事的完全退休生活。当她真正开始领取养老金以后，仍然可以开个餐厅或者做兼职，有此前丰富的积累，她完全可以轻松应对第五阶段退而不休的生活。

百岁人生的生命历程，必然要在达到退休年龄后继续工作、创业或者从事其他一些力所能及的活动。这就对老年教育提出了内生性的要求，要适应新的岗位和事务，需要继续教育和技能培训。在时间更长的退休生活中，要尽最大可能保持活力，促进幸福感的提升，离不开更广泛的各类老年教育和丰富的老年文化娱乐活动。

第四次中国城乡老年人生活状况抽样调查数据的研究显示，常住地、性别、年龄组、配偶和子女状况、收入和教育、健康及保障、居住状况、家庭关系、精神生活等方面有差异的老年人，其主观幸福感也有显著差异。

常住地在城镇、男性、低龄、有配偶的老年人，比常住地在农村、女性、高龄、无配偶的老年人更幸福，幸福感的平均得分高出 8%，1%，9% 和 6%。学历越高的老年人越幸福，大学以上文化程度的老年人比未上学的老年人平均幸福感高出 18%。健康状况及对健康的服务保障显著影响着老年人的幸福感，无慢性病、有医疗保障、医疗卫生服务便利的老年人，比有慢性病、无医疗保障、医疗卫生服务不便的老年人幸福感分别高出 6%，7% 和 4%。与配偶共同居住、对住房满意的老年人，幸福感比独居、对住房不满意的老年人分别高出 12% 和 26%。家庭关系也影响着晚年生活的幸福程度，没有受到家人虐待、子女生活比较独立、子女孝顺的老年人，比遭受家人虐待、子女还要“啃老”、子女不孝顺的老年人平均幸福感分别高 26%，1% 和 37%（表 8-2）。

精神生活对老年人的主观幸福感具有非常显著的影响。有社会参与的老年人，幸福感的平均得分比无社会参与的老年人高出 6%；参加了社团、老年大学、休闲活动的老年人，平均幸福感比没有参加这些活动的老年人分别高 6%，8%，11% 和 19%（图 8-3）。这些活动与老年教育、老年文化、老年娱乐等服务密切相关。

老年文教服务既直接影响老年人的主观幸福感，又通过促进老年人的健康，间接对晚年生活的幸福程度产生影响。利用北京大学开展的全国老年健康影响因素跟踪调查项目数据进行的分析表明，参加社会活动的老年人自评健康状况为“很好”的比例超过 17%，而不参加社会活动的老年人健康状况“很好”的比例还不到 9%，前者比后者高出近 1 倍。自评健康状况为“好”的比例，参

表 8-2 老年人主观幸福感的差异

影响因素	具体变量	幸福感	影响因素	具体变量	幸福感平均值
常住地	城镇	3.83	居住状况	与配偶同住	3.79
	农村	3.54		其他	3.60
性别	男性	3.71		独居	3.37
	女性	3.68		住房满意	4.01
年龄组	60—69 岁	3.72		住房一般	3.49
	70—79 岁	3.68		住房不满意	3.18
	80 岁及以上	3.64	家庭关系	无家人虐待	3.88
配偶和子女	有配偶	3.78		有家人虐待	3.07
	无配偶	3.46		子女独立	3.70
	子女数	显著		子女啃老	3.66
收入和教育	年收入	显著		子女孝顺	3.98
	大学以上	4.14		子女一般	3.39
	中学	3.89		子女不孝顺	2.90
	小学	3.66	精神生活	有社会参与	3.81
	未上学	3.52		无社会参与	3.60
健康及保障	无慢性病	3.89		参加社团	4.14
	有慢性病	3.66		未参加社团	3.82
	有医保	3.70		参加老年大学	4.11
	无医保	3.45		未参加老年大学	3.69
	医疗便利	3.81		参加休闲活动	3.74
	医疗不便	3.65		未参加休闲活动	3.15

资料来源：党俊武，李晶 . 中国老年人生活质量发展报告 . 北京：社会科学文献出版社，2019.

加社会活动的老年人也明显高于不参加社会活动的老年人（图 8-4）。健康状况“不好”和“很不好”的比例，不参加社会活动的老年人大体上相当于参加社会活动的老年人的 2 倍和 7 倍。

从生活自理的情况看，将近 90% 的参加社会活动老年人没有失能，而不参加社会活动的老年人只有 70% 没有失能；不参加社会活动的老年人失能的比例接近30%，是参加社会活动的老年人失能比例的3倍左右。国际上的研究也表明，包括老年大学教育在内的老年教育有利于帮助老年人保持健康和活力。

可见，老年文教服务与老年人健康之间的关系紧密，有利于延长人们的健康预期寿命，同时降低非健康余命过长带来的过度负担，对于晚年生活的幸福感和退休前后的财务平衡都有好处。有效应对长寿带来的挑战，合理重构整个生命历程，老年文教的作用尤其重要。

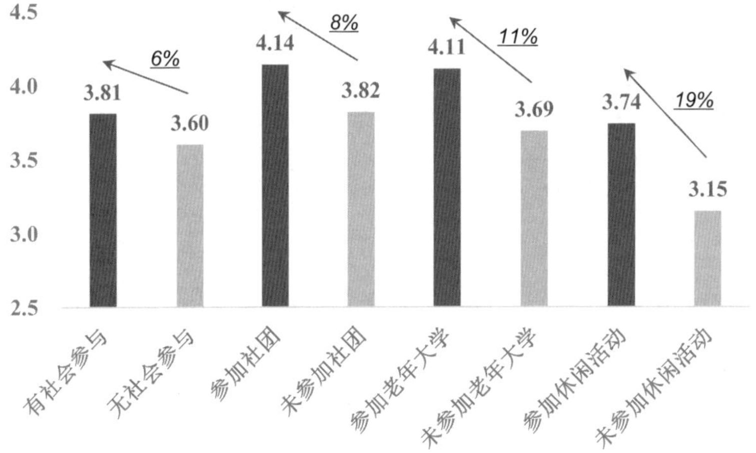

图 8-3 精神生活与老年人主观幸福感

资料来源：党俊武，李晶 . 中国老年人生活质量发展报告 . 北京：社会科学文献出版社，2019.

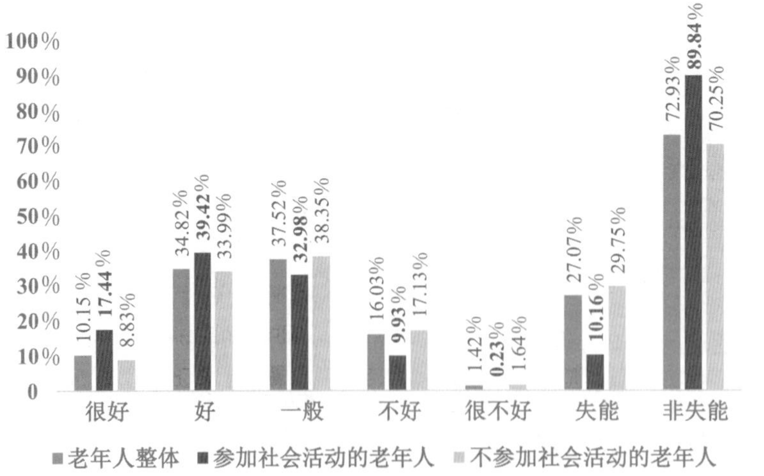

图 8-4 社会活动与老年人健康状况

资料来源：姜向群，魏蒙，张文娟 . 中国老年人口的健康状况及影响因素研究 . 人口学刊，2015.

8.2　多样性孕育了老年教育市场

老年教育也被称为“第三年龄”教育。通常，儿童是“第一年龄”人群，劳动年龄人口是“第二年龄”人群，退休后的活力老年人是“第三年龄”人群，失能后必须依赖别人来照顾的老年人是“第四年龄”人群。处于“第三年龄”的老年人既不被工作任务所羁绊，又不被养家职责所束缚。他们身体状况还比较好，对社会参与保持着积极状态，乐意花时间和金钱来参加正式的或者非正式的教育课程，以丰富自己的退休生活，更高的追求则是实现自我。

科尔巴赫和赫斯塔特认为老年教育的发展先后经历了四代（图 8-5）。

第一代老年教育出现于 20 世纪 60 年代，代表是在美国纽约创建的退休学习学院（Institutes for Learning in Retirement，ILRs）。老年人以会员身份加入学院，参与课程设置、教学指导、课堂学习、参观游览、教务管理等全过程。第一代老年教育的主要目的是为老年人提供文化休闲的便利，使其保持身心状态的活跃，持续与社会互动。值得关注的是，在退休学习学院的课程中，经常会安排到画廊、博物馆、历史遗迹、剧院等开展活动。教育与文化、旅游是相融合的，老年教育从一开始就是跨界、跨行业的。

第二代老年教育服务兴起于 20 世纪 70 年代，代表是在法国图卢兹创办的全球第一所老年大学即“第三年龄大学”（University of the Third Age，U3A）。由大学委员会根据老年人的兴趣和需要来整体设计课程大纲，由大学教师负责教学和学习指导的职责，具体的课程、学时要求、收费标准有很大的差异。这种方式的老年教育后来在全欧洲大部分国家广泛复制，被称作“法国模式”。与第一代相比，第二代老年教育鲜明地提出：首要目标是提升老年人的健康水平和生活质量。这绝不是简单地打发时间、休闲娱乐的概念。同时，第二代兼

图 8-5　老年教育的发展阶段

资料来源：格拉顿，斯科特 . 百岁人生：长寿时代的生活和工作 . 北京：中信出版社，2018.

顾了第一代关于促进老年人与社会互动、与其他年龄群体保持紧密联系的目标导向，并且还提出了研究老年问题、为决策者提供咨询建议等新的目标。

世界上第一所老年大学在法国创立后不久，1975 年，非营利组织“老年游学营”（Elderhostel）在美国创立，老年教育与老年旅游深度融合的模式出现了，可以看作是另一条路径上的第二代老年教育。该模式依托大学校园，面向老年人，同时提供体验式教学和文化旅游产品。老年人可以在大学里住宿、用餐，这通常比住在酒店和在饭店用餐更便宜。大学向老年人提供一周左右、低收费、不计学分的课程，课程计划中有大量的实地游览内容。据该组织官方网站介绍，在老年游学营成立的第一年，新英格兰的五所学院向 220 名学员提供了首批课程。到 1980 年，学员就超过了 2 万名，访问的地区遍布全美 50 个州以及加拿大的大部分地区。1981 年，访问英国和斯堪的纳维亚国家的首批国际项目推出。到 2010 年时，参加老年游学项目的学员累计超过了 400 万人。同年，“老年游学营”更名为“道路学者”（Road Scholar）。目前，该组织开发的游学产品已经多达 5500 种，每年吸引 10 万多人参与，在美国等 150 个国家以及全球范围的河流和海洋上提供着各种主题和形式的体验式学习机会。

沿着老年游学营的路径，第二代老年教育发展了第一代退休学习学院采用的游览式学习方法，在“学”与“游”的结合中更加强调“游”。教育与旅游的深度融合产生了范围经济效应，使一个名不见经传的非营利组织成长为全球领军的老年游学服务供应商。

第三代老年教育起源于 20 世纪 80 年代，为老年人提供性价比更高的学分制大学课程，可以向老年人授予毕业证书或是学位证书。这种模式已经遍布全球，包括美国、加拿大，英国、澳大利亚、新西兰、德国、捷克、波兰、斯堪的纳维亚国家、拉丁美洲国家、中国、日本等。鉴于老年人在第二代老年教育中的作用相对被动，80 年代开始，英国剑桥建立“自助式”“自给自足型”的老年教育。这种老年大学实际上并不隶属于传统的教育机构，是完全开放的，既没有入学要求，也没有考试，任何有兴趣学习的人和有意愿帮助别人学习的人都可以加入，教的人也在学，学的人也在教。“英国模式”很快传播到澳大利亚，成为 20 世纪 80 年代以来该国发展最快的教育运动。2004 年，仅维多利亚州就建有 68 所老年大学，55 岁及以上会员大约 1.8 万名，占该州同年龄段人口的比例约为 1.5%；同年，澳大利亚全国的老年大学会员超过 5.3 万名，占同期同年龄段人口的比例为 1.1%[1]。澳大利亚的老年大学在管理和教学上以志愿者为基础，鼓励学员在自愿基础上积极参与教学。这些老年大学并不收取学费，只收取每人每年 20 ～ 30 美元的会员费。学员即会员的模式回归了退休学习学院的第一代老年教育传统，同时也是对老年教育互动性的重新强调。

在欧洲，以学历教育、学位教育为典型特征的第三代老年教育能够发展起来，主要是受到人口老龄化的双重影响。一方面，少子化导致传统的生源减少；另一方面，越来越多的老年人带来接受高等教育的潜在需求。在一些地区，比如德国的东部地区，人口净流出加剧了高等教育机构生源减少的态势。大学的领导者们看到了老年教育的必要性和迫切性。20 世纪 80 年代，联邦德国只有多特蒙德、奥登堡、曼海姆、法兰克福、比勒菲尔德和马尔堡等少数几所大学为第三年龄人群提供教育服务。到 20 世纪 90 年代，提供老年教育服务的大学连续突破 30 所和 40 所。进入 21 世纪，这个数字进一步达到了 50 所。而且，在老年大学中，老年人的学习选择也更加多样，通常包括三种方式：一是以普通学生身份注册，需要入学文凭，要学习必修课程并参加考试；二是作为普通旁听生，没有入学限制，可以自由选择课程，学习结束后也没有任何考试；三是注册为“特别旁听生”，学习内容和期限不固定，在某种程度上可以认为是定制的课程、培训、讲座等，形式非常灵活，颇受老年人欢迎。

从产业融合与老年人能动性发挥的结合点来看，还可以把老年教育与职业培训的融合看作是第三代的老年教育。20 世纪 80—90 年代，德国实施了以“帮助他人即帮助自己”为口号的“高级专家服务”（即“老专家服务”）项目。该项目旨在发挥老年人的宝贵经验，15 年间派遣 6000 多人到 130 多个国家提供专业知识、工作经验和业务指导。老专家主要是退休的经理人员、工头工长、技师工匠，帮助中国改善了啤酒生产，帮助约旦建立了印刷厂，帮助委内瑞拉培训木工[2]。老专家们在为别人服务的同时，保持了与社会的互动，最大限度降低了空虚感，并且在劳动强度较低的条件下，逐步适应了晚年生活的状态。

世纪之交，随着老龄化社会的来临，更加强调经济社会综合性、凸显出经

---

1 Hebestrei, Lydia. The Role of the University of the Third Age in Meeting Needs of Adult Learners in Victoria. Australia, Australian Journal of Adult Learning ,2008,48（3）.

2 刘泽琳，孙立新 . 德国老年教育进展及其对我国的启示 . 老龄科学研究，2019（11）.

济价值的第四代老年教育应运而生。第四代老年教育与互联网融合发展。在这方面，我国已经进行了丰富的实践探索，正在走向世界的前列。

从社会角度看，通过参与学习和教学，老年人可以继续融入社会生活之中，进而保持身心健康和生活质量。这是前三代老年教育延续下来的传承，并且得到越来越多的科学研究的支持。从经济角度看，一方面，老年人提供的学费和会员费、政府提供的拨款和补贴、社会各界的捐助以及新兴的投资等，让老年教育成为“银发市场”中的一项重要服务；另一方面，老年教育通过对老年人健康的促进，显著压低了医疗保险、公共财政、家庭及老年人自身的经济负担，具有降成本的重要价值。

老年教育具有明显的多样性，上述划分并不是唯一的、全纳式的。直到今天，仍然是有一部分老年大学隶属于大学或者学院，另一部分则是独立于传统教育体系的自主性、志愿性、互助型的组织。老年教育的地域特征十分浓厚，各国之间、一个国家内部各地方之间的老年教育可以有很大的不同。有的强调人文教育等内容，有的强调互动教学等方式，还有的强调在老年教育中对弱势群体的声援。老年教育可以从拓宽视野、获取知识、促进社会参与等多个维度帮助老年人应对身心健康、认知能力等方面的挑战。

不论老年教育的历史断代怎样划分，要形成持续繁荣的老年教育市场，必须让老年教育供给的多样性与老年人教育需求的多样性精准匹配起来。教育是一个公益与商业、政府兜底的基本公共服务与多层多样的市场服务并存的领域，老年教育作为其中一个子领域也如是。

1983 年，我国第一所老年大学——山东省红十字老年大学（山东老年大学前身）成立，标志着改革开放后的老年教育正式起步。1988 年，中国老年大学协会成立，老年教育开始形成中国特色的体系。目前，该协会联系着全国 7 万多所老年大学和老年学校、800 多万在校学员，以及参加远程教育的数百万学员。

处于我国老年教育“塔尖”上的山东老年大学，是参照公务员法管理的事业单位，现为正厅级，归口省委组织部、由省委老干部局协助管理，并由老干部局一名副局长兼任老年大学的校长。学校的经费列入省级财政预算，目前已建有 5 个校区和 6 所分校，设有 5 个学院、1 个艺术团，专兼职教师 200 多名，开设 80 多门课程（专栏 8-1），有 800 多个教学班，注册学员 2.3 万人次。学校的价格秉持公益性定价，一个学期 64 学时的课程收费仅 300 元。在课堂学习以外，还开辟了采风、写生、旅游、志愿服务、社会实践、汇报演出等学习方式。

专栏 8-1 山东老年大学课程

社会科学类：中外哲学简史、易经、道德经、孔子与论语、中共党史、时事形势、经济理财、金融股票、法律基础知识等；

历史地理类：中国历史、世界历史、自然地理、人文地理（特色旅游、风土人情）等；

农学类：花卉园艺、室内蔬菜种植等；

语言类：朗诵、播音主持、英语基础、英语口语、旅游英语、走遍美国、日语等；

文学类：中国文学史、中国传统文化、儒学经典通讲、诗词鉴赏、说文解字、写作、世界文化史、名人名著赏析等；

书法类：书法、篆刻、硬笔书法、特色书法等；

美术类：写意花鸟画、写意人物画、写意山水画、工笔花鸟画、工笔人物画、工笔山水画、线描、油画、素描、水粉、水彩画、彩铅画、钢笔画、内画、烙画、书画装裱等；

医学类：老年心理与生理保健、中医基础常识、中医保健、慢性病预防保健、营养与膳食、饮食与健康、保健推拿、老年实用保健、婴幼儿护理等；

健身类：运动舞蹈、健身气功、经络按摩操、保健操、八段锦、舞韵瑜伽等；

舞蹈类：形体舞蹈、古典舞、芭蕾舞、民族舞、现代舞、爵士舞、踢踏舞、街舞、摩登舞、交谊舞、拉丁舞、肚皮舞等；

声乐类：乐理、声乐、声乐表演（合唱、独唱、美声演唱、民歌演唱、流行歌曲演唱、音乐剧、歌剧表演）等；

器乐类：笛子、葫芦丝、巴乌、琵琶、柳琴、中阮、古筝、扬琴、古琴、打击乐、京胡等民族乐器；小提琴、吉他、长笛、萨克斯、电吹管、手风琴、口琴等西洋乐器；

戏剧类：京剧、吕剧、黄梅戏、评剧、豫剧、话剧等；

信息技术类：计算机基础、实用软件、智能手机、摄影后期、电子相册制作、动画制作、摄像、影像编辑、音乐编辑等；

生活艺术类：摄影、手工艺术、化妆、礼仪、服饰设计、服饰表演、古玩鉴赏、插花、家庭护理、面点制作等。

有组织上和经费上的保障，有专业的教师队伍，有丰富而成熟的课程体系，有数十年积累形成的品牌，这类老年教育机构具有示范引领的作用。不过，要想复制山东老年大学模式，却非常困难——行政级别、人员编制、财政预算，每一道都是难以逾越的。实体机构通常是重资产的，老年人能够接受的课程价格又不可能太高，导致老年教育机构建设的投资回收期很长。与养老照护服务类似，机构化的老年教育服务也需要向社区延伸。轻资产、分布式、嵌入式的老年教育一方面有利于吸引民间资本和社会力量参与，另一方面也方便老年人就近享有和提供老年教育服务。

从政策上看，社区化是老年教育的重要方向。国务院办公厅印发的《老年教育发展规划（2016—2020 年）》在基本原则部分提出了“将老年教育的增量重点放在基层和农村，形成以基层需求为导向的老年教育供给结构”“方便就近学习，办好家门口的老年教育”等要求。在重要任务中，第一条就是“优先发展城乡社区老年教育”，具体要求包括：完善基层社区老年教育服务体系；建立健全“县（市、区）—乡镇（街道）—村（居委会）”三级社区老年教育网络；发展农村社区老年教育等。在“促进各级各类学校开展老年教育”这项任务中，要求各级各类学校向区域内老年人开放，普通高校和职业院校为社区共享课程与教学资源，举办“老年开放大学”或“网上老年大学”，并延伸至乡镇（街道）和城乡社区。在“推动老年大学面向社会办学”的任务中，要求老年大学集聚的教育资源向基层和社区辐射。在“探索养教结合新模式”中，提出整合利用社区居家养老资源开展老年服务的要求。在“老年教育机构基础能力提升计划”中，还提出了行政村居委会老年学习点的覆盖率指标要求（专栏 8-2）。

专栏 8-2 《老年教育发展规划（2016—2020 年）》中关于社区老年教育的内容摘录

优先发展城乡社区老年教育。完善基层社区老年教育服务体系，整合利用现有的社区教育机构、县级职教中心、乡镇成人文化技术学校等教育资源，以及群众艺术馆、文化馆、体育场、社区文化活动中心（文化活动室）、社区科普学校等，开展老年教育活动。建立健全“县（市、区）—乡镇（街道）—村（居委会）”三级社区老年教育网络，方便老年人就近学习。发展农村社区老年教育，有效整合乡村教育文化资源，以村民喜爱的形式开展适应农村老年人需求的教育活动。加强对农村散居、独居老人的教育服务。推进城乡老年教育对口支援，鼓励发达地区以建立分校或办学点、选送教师、配送学习资源、提供人员培训等方式，为边远地区和农村社区老年教育提供支援。

促进各级各类学校开展老年教育。推动各级各类学校向区域内老年人开放场地、图书馆、设施设备等资源，为他们便利化学习提供支持，积极接收有学习需求的老年人入校学习。推动普通高校和职业院校面向老年人提供课程资源……为社区、老年教育机构及养老服务机构等积极提供支持服务，共享课程与教学资源。推动开放大学和广播电视大学举办“老年开放大学”或“网上老年大学”，并延伸至乡镇（街道）、城乡社区，建立老年学习网点。

推动老年大学面向社会办学。省、市两级老年大学在开展教育教学工作的同时，要在办学模式示范、教学业务指导、课程资源开发等方面对区域内老年教育发挥带动和引领作用，将老年大学集聚的教育资源向基层和社区辐射。

探索养教结合新模式。整合利用社区居家养老资源，在社区老年人日间照料中心、托老所等各类社区居家养老场所内，开展形式多样的老年教育。

老年教育机构基础能力提升计划。整合资源，改善基层社区老年教育机构设施设备，建设一批在本区域发挥示范作用的乡镇（街道）社区老年人学习场所，建设好村（居委会）老年社区学习点。到 2020 年，全国县级以上城市原则上至少应有一所老年大学，50% 的乡镇（街道）建有老年学校，30% 的行政村（居委会）建有老年学习点。

由于中国高等教育还没有实现大众化，高等教育入学率的提升有较大空间，还有更多的年轻人将进入高等教育机构，因此老年教育还不具备整体转向学历教育、学位教育的条件，也就是尚未进入科尔巴赫和赫斯塔特划分的第三代。不过，一部分老年人的消费潜力正在释放。有调查显示，近 1/3 的老年人可以接受年支付费用在 1000 元以内的学习项目。第四次中国城乡老年人生活状况调查则显示，2015 年全国老年人参加老年大学的比例为 2%；其中，经济非常宽裕和比较宽裕的老年人参加老年大学的比例分别接近 5% 和 4%，城市中这两个比例已经分别超过 6% 和 5%[3]。消费意愿和消费能力的提升，使得我国已经显现出老年教育市场即第四代老年教育的苗头趋势。从产业融合的视角看，老年教育与旅游、文化、体育、医疗卫生的结合越来越紧密，互联网 + 老年教育、数字化老年教育不断迭代。中国的老年教育已经超越了传统的历史路径，多代并存、跨代发展催生出新的服务模式和业态。

互助是老年教育从“诞生”时起就具有的先天特征，在社区老年教育中，老年人互助的模式应用十分广泛。根据对浙江温州市三个区社区老年“学习苑”的调查统计，在 500 多名从业人员中，60 岁以上老年人占比为 32%；其中，管理人员中的老年人占比为 16%，兼职教师中的老年人占比为 33%，专职教师中的老年人占比为 44%，志愿者中的老年人占比为 42%[4]。考虑到企业女性职工 50 岁退休的情况，进一步考察 50 岁以上人员在社区老年“学习苑”从业人员中的比重，整体上达到了 50%；其中，管理人员、兼职教师、专职教师、志愿者中 50 岁以上人员的比重分别为 33%，52%，58%，61%（表 8-3）。在社区教育中，老年人自我管理、自我服务、互助式学习的特点非常明显。这样的方式使得老有所学、老有所乐、老有所为在同一个活动中得以实现。

互助式老年教育的最大优势是成本较低，这给老年教育市场的供给方提供了盈利的可能性，同时给需求方提供了可承受的价格。线上与线下相结合的方

3 党俊武 . 中国城乡老年人生活状况调查报告 2018. 北京：社会科学文献出版社，2018.

4 鲁文，白晴雪 . 从“被养”到“互养”的蜕变：老年教育模式与养老服务理念的新解读：以温州社区老年学习苑的建设为例 . 湖北广播电视大学学报，2016.

表 8-3 我国温州市三个区社区老年学习苑分年龄组的从业人员比重

年龄组	从业人员	# 管理人员	# 兼职教师	# 专职教师	# 志愿者
60 岁以上	32%	16%	33%	44%	42%
50—60 岁	18%	17%	19%	14%	17%
40—50 岁	17%	25%	16%	9%	19%
40 岁以下	33%	42%	32%	33%	22%
50 岁以上	50%	33%	52%	58%	61%

资料来源：鲁文，白晴雪.从“被养”到“互养”的蜕变：老年教育模式与养老服务理念的新解读：以温州社区老年学习苑的建设为例.湖北广播电视大学学报，2016.

式，进一步降低了成本——基于移动互联网的线上老年大学甚至推出了 9.9 元的课程。互联网 + 老年教育使得老年大学的老年教育服务更容易向社区延伸、向家庭延伸，贯通了机构、社区、居家老年教育服务，在大幅度减少成本的同时，丰富了老年教育的内容和形式，提升了可及性和便利性。老年教育与社区教育相融合，形成了老年社区教育。老年教育与老年人照料、护理、文化、休闲、旅游、健康管理乃至社会工作、社区服务、社会治理相融合，正在探索出更多的具有可持续性的发展模式。

此外，从重构整个生命历程的更高要求看，以延长工作年限、挖掘老龄人力资源为导向的技能培训式的老年教育，也将迎来新的机遇。2018 年，韩国 55—64 岁的大龄、老龄劳动力仍然有 14% 左右参与职业教育，65—79 岁的老年人口参与职业教育的比例超过 5%（表 8-4）。

本书第 2 章描述了部分国家退休政策的变化，这种变化给老年劳动力带来了挑战。针对越来越长的工作时长与大龄、老龄劳动力身心状况之间的矛盾，公共就业政策需要作出调整——要更多地向越来越庞大的老年劳动者队伍提供具有政府兜底保障性质的基本公共服务，包括但不限于政策法规咨询、岗位信息查询、职业介绍和指导、就业和失业登记、职业技能培训和鉴定、劳动关系协调、劳动争议仲裁、就业援助、劳动保障监察等。高度市场化运

表 8-4 韩国各年龄段人口非学历教育参与比例（2018 年）

年龄组	职业教育	通识教育	文化艺术和体育教育	社会参与教育
25—34 岁	29.5%	8.8%	15.7%	0.2%
35—44 岁	25.6%	7.6%	16.2%	0.6%
45—54 岁	22.0%	7.2%	16.9%	1.0%
55—64 岁	13.8%	6.3%	16.4%	0.9%
65—79 岁	5.4%	8.8%	20.4%	1.4%
平均	19.8%	7.7%	17.0%	0.8%

资料来源：UNESCO Institute for Lifelong Learning. 4th Global Report on Adult Learning and Education - Leave No One Behind: Participation, Equity and Inclusion, 2019.

作的人力资源服务企业也需要调整传统的服务对象结构和服务方式方法，面向情况各异的老年劳动者（包括自雇型劳动者）及其实际的或者潜在的雇主，提供个性化、定制式的人力资源测评、培训、派遣、招聘、猎头、管理及战略咨询等服务。

8.3 旅居养老不止于老年旅游

老年教育与旅游相融合，形成了旅居养老的一种模式，本 8.2 节提到的“老年研学营”是世界范围内这一模式的先驱。老年人旅游出行的目的实际上非常广泛，这里以我国 2017 年的国内旅游抽样调查数据为例。这一年，城镇 65 岁及以上的老年游客有 43.8% 的出行目的是观光游览，有 25.1% 是为了探亲访友，有 22.8% 的目的是休闲度假，另有 3.1%，2.0%，1.8% 分别是为了养生保健疗养、文娱体育健身、做生意办公事（表 8-5）。相对于全龄人群而言，城镇老年人通过旅游进行观光游览和养生保健疗养的目的明显更强。

农村的情况有所差别，排在第一位的出行目的是探亲访友，比例为 38.2%；排第二位的才是观光游览，比例为 21.3%；第三位是“其他”，占 14.2%；第四是休闲度假，占 12.4%；此外，养生保健疗养、做生意办公事、文娱体育健身分别占 6.9%，6%，0.9%。与全龄人群相比，农村老年人在旅游中实现养生保健疗养的目的更强，还有很多潜在的其他原因决定了他们的出行。

老年人与其他人群相比，旅游出行有着更多的不便，导致老年人一日游的比例明显高出各年龄组的平均水平。2017 年，城镇老年人一日游的比例超过

表 8-5 中国城乡老年人国内旅游目的构成（2017 年）

城镇	观光游览	休闲度假	做生意 / 办公事	探亲访友	文娱体育健身	养生保健疗养	其他
全龄人群	29.4%	24.8%	11.9%	29.8%	2.1%	1.1%	0.9%
65 岁及以上老年人	43.8%	22.8%	1.8%	25.1%	2.0%	3.1%	1.5%
农村	**观光游览**	**休闲度假**	**做生意 / 办公事**	**探亲访友**	**文娱体育健身**	**养生保健疗养**	**其他**
全龄人群	22.8%	14.5%	18.3%	35.7%	1.5%	1.9%	5.3%
65 岁及以上老年人	21.3%	12.4%	6.0%	38.2%	0.9%	6.9%	14.2%

资料来源：文化和旅游部 . 旅游抽样调查资料 2018. 北京：中国旅游出版社，2018.

50%，比全龄人群高 9 个百分点；农村老年人一日游的比例更高，接近 60%。一日游实际上是有“旅”无“居”的旅行，过夜游才兼有“旅”和“居”的双重属性。老年旅游中的过夜游才能算作宽口径的旅居养老。过夜游的花费明显高于一日游，在城镇，全龄人群的过夜游人均花费是一日游的 3.9 倍，老年人的这个指标是 4.5 倍；在农村，全龄人群的过夜游人均花费是一日游的 3.5 倍，老年人则高达 7.8 倍——旅居养老明显具有更加可观的营业收入前景（表 8-6）。

与本地游相比，异地游明显更具旅居养老的属性。然而，老年人异地游的比例比过夜游的比例还要低。2017 年，城镇老年游客只有 1/3 左右是异地游，农村老年游客更是仅有 1/4 属于异地游，这两个比例都比相应的全龄人群低 10 个百分点左右。与过夜游人均花费明显高于一日游的情况相仿的是，异地游的人均花费也明显高于本地游。城镇全龄人群异地游人均花费是本地游的 3.2 倍，城镇老年人这个倍数是 3.5 倍，农村全龄人群和老年人的这两个指标分别为 2.5 倍和 5.8 倍。

尽管目前我国城乡之间仍然存在着比较明显的居民收入差距、老年人收入差距以及人均旅游花费差距，但是老年游客人均旅游花费差距的城乡差距却已经不存在了。2005 年，城镇老年游客人均旅游花费约为 647 元，农村老年游客人均旅游花费为 639 元[5]，前者仅比后者多 8 元，二者仅相差 1 个百分点。到 2017 年，城镇老年游客的人均旅游花费增加到 971 元，农村老年游客的这个数字增至 997 元[6]，后者甚至比前者多出 20 多元，老年游客的人均花费出现了城乡之间的“反转”。2005—2017 年，城乡 65 岁及以上老年游客的总规模从将近 6000 万人次猛增至接近 3 亿人次，增加了整整 4 倍，年均增长超过 14%。同期，65 岁及以上老年游客旅游总花费从 387 亿元迅速增加到 2892 亿元，累计增长 6.5 倍，年均增长超过 18%（表 8-7）。老年游客的人均旅游花费实现了 50% 左右的累计增长，年均增长率略高于 3%。考虑到在此期间通货膨胀率的状况，老年游客人均旅游花费尽管实现了名义上的增长，但实际上却没有什么变化。因此，老年旅游市场的扩张，主要是数量型的扩张，即老年游客人数的增加来实现的。

5 国家旅游局政策法规司，国家统计局城市社会经济调查司，国家统计局农村社会经济调查司 . 中国国内旅游抽样调查资料 2006. 北京：中国旅游出版社，2006.

6 文化和旅游部 . 旅游抽样调查资料 2018. 北京：中国旅游出版社，2018.

表 8-6 中国城乡老年人按停留时间和出游半径的国内旅游概况（2017 年）

城镇	比例构成		人均花费（元 / 人次）	
停留时间	一日游	过夜游	一日游	过夜游
全龄人群	41.9%	58.1%	505.6	1989.9
65 岁及以上老年人	50.9%	49.1%	356.2	1592.9
出游半径	本地游	异地游	本地游	异地游
全龄人群	54.0%	46.0%	686.3	2168.3
65 岁及以上老年人	65.4%	34.6%	521.4	1799.2
农村	比例构成		人均花费（元 / 人次）	
停留时间	一日游	过夜游	一日游	过夜游
全龄人群	54.8%	45.2%	385.9	1333.5
65 岁及以上老年人	58.9%	41.1%	262.9	2048.7
出游半径	本地游	异地游	本地游	异地游
全龄人群	66.1%	33.9%	536.3	1356.4
65 岁及以上老年人	76.0%	24.0%	460.8	2695.0

资料来源：文化和旅游部 . 旅游抽样调查资料 2018. 北京：中国旅游出版社，2018.

表 8-7 中国城乡老年人国内旅游概况（2005 年和 2017 年）

城乡	2005 年	2017 年	累计增长（倍）	年均增长
65 岁及以上游客人数（万人）	5989.2	29766.1	4.0	14.3%
人均旅游花费（元 / 人次）	646.8	971.4	0.5	3.4%
老年游客总花费（亿元）	387.4	2891.6	6.5	18.2%
城镇	2005 年	2017 年	累计增长（倍）	年均增长
65 岁及以上游客人数（万人）	3769.6	22576.8	5.0	16.1%
人均旅游花费（元 / 人次）	651.5	963.3	0.5	3.3%
老年游客总花费（亿元）	245.6	2174.8	7.9	19.9%
农村	2005 年	2017 年	累计增长（倍）	年均增长
65 岁及以上游客人数（万人）	2219.6	7189.3	2.2	10.3%
人均旅游花费（元 / 人次）	638.7	997.0	0.6	3.8%
老年游客总花费（亿元）	141.8	716.8	4.1	14.5%

资料来源：根据旅游抽样调查资料 2018、中国国内旅游抽样调查资料 2006 数据计算整理 .

可见，让更多老年人参与到旅游活动之中，特别是选择过夜游、异地游，是现阶段促进我国旅居养老发展的必经之路。旅居养老的载体是旅游，但承担的功能和发挥的作用要超过旅游。从“旅游 + 养老”的层次看，旅游作为老年人的一种生活方式，或者说是在一个特定时段内的生活选择，通过观光、游览、休闲、度假、娱乐、学习，丰富了经历，增长了见识，放松了身心，进而提高了幸福感。这是老年旅游的最基础层次，对于服务供给的要求主要是在旅游项目中更多考虑老年人的内在特点和突出需求。从旅游需求的层次看，观光式旅居养老是更为基础性的服务，度假式养老、游学型养老则是更高层次的需求。为老年人提供到景区景点旅游产品，是典型的观光式旅居养老。田园式旅居养老、山居式旅居养老、滨海式旅居养老，则是度假式养老的典型产品。古城古镇旅居养老、民俗民风旅居养老、宗教禅修旅居养老，是国内游学型养老常见的产品。

如果老年人旅游的持续时间足够长，并且存在反季节出行的特征，比如夏季避暑、冬季避寒，旅居养老就进入候鸟式养老的层次。这就要求在适老化的旅游服务供给以外，将养老照护的资源与旅游资源紧密衔接，向老年人提供在异地的机构中集中供养、在异地住所所在地的社区中日间照料、在异地的家中享有上门服务的选项。

养老机构由于享有相应的优惠政策，住宿成本更低，因而可以向老年人提供可负担的住宿服务，并配之以本身就比较擅长的助餐、助洁等一系列服务。南方的养老机构在冬季吸引北方的老年人来旅居，北方的养老机构吸引南方的老年人在夏季来旅居。不少机构开展了跨地区旅居养老项目合作，互为对方地区的老年顾客提供价格优惠、衔接顺畅的服务。还有的养老服务供应商还开辟了异地连锁的模式，一南一北设立旅居站点，平抑候鸟式旅居养老的季节性对营收产生的影响。黑龙江省由民政厅牵头，联合养老机构、酒店民宿等主体成立了旅居养老行业组织“天鹅颐养联盟”，为老年人提供候鸟式养老的线上线下融合平台（专栏 8-3）。

候鸟式养老为养老建筑、养老地产的发展带来了新的机遇。养老与地产结合形成的模式也被称为社区式旅居养老。养老住宅开发建设与销售、养老物业租售与代持代管，以及养老社区中配建的老年大学、基层卫生机构、娱乐和商业设施等，形成了功能丰富的产业链条。有的项目通过共有产权的形式，一方

专栏 8-3 全国首个由政府牵头成立的旅居养老行业组织“天鹅颐养联盟”

2015 年 4 月，由黑龙江省民政厅牵头成立了全国首家从事养老服务业的行业组织——天鹅颐养联盟。老年人想当“候鸟”，只要打个电话，联盟中的各地成员就能安排好外地养老的一切事宜，使老人轻松实现候鸟式养老。联盟成立前两年就吸引了合作机构 300 余家，平台直接服务机构 160 余家，包括黑龙江省内省外从事养老服务的企业、机构、社团及其他行业组织，开展全国候鸟旅居养老推介活动 20 场，共服务各地候鸟老人达百万人次。联盟通过组织形式丰富的老年旅游、休闲养生、健身文艺、文化交流等活动，为老年朋友提供放心、舒心的养老服务，提升老年人的生活和生命质量，最终目标是形成一个覆盖全国的候鸟式养生养老产业网络。

2017 年年初，黑龙江省民政厅对天鹅颐养联盟进行升级整合，投资开发了天鹅颐养联盟电子商务平台。平台采取垂直网站模式，专注旅居养老细分市场，注重与旅游产品的区分和差异化设计，以科学、健康、养生、快乐为理念，以养老机构、度假机构等资源为依托，以私人定制、贴身管家、健康监测、紧急援助、绿色通道、共享社区和适老化慢游七大特色服务为支撑，提供“食、住、行、医、养、游、学、娱、安、购”共十类服务的一站式解决方案，将养生康疗、休闲慢游、学习娱乐、智能照护相互结合，注重用户的深度参与和良好体验，努力打造最时尚的养老生活方式。

面依托房产销售为养老服务提供资金支持，另一方面确保物业始终用于养老的性质不变。当然，硬件设施建成后的接续服务决定了此类项目的成败，实践中确实有打着养老旗号只卖房子不提供服务的问题，相当多的候鸟式养老项目从服务的角度看还停留在概念上。

当老年人同时需要在旅居中实现健康促进的目标时，旅游资源不仅要对接好通常的养老照护资源，而且还必须与医疗卫生、康复疗养、健康管理乃至本书第 7 章所讲的全生命周期康养服务相融合。中医养生型旅居养老、西医护理型旅居养老、慢病管理型旅居养老、康复疗养型旅居养老、食疗调理型旅居养老等，都是康养型旅居养老常见的典型产品。

目前，理论界和产业界对旅居养老还没有形成广泛一致的认识，更没有规范的概念界定。笔者认为，旅居养老作为一种新型养老模式，将养老服务与旅游资源相结合，既包含旅游的“吃、住、行、游、购、娱”六大要素，又包含老年人的“医康养护学心”等服务环节。旅居养老依托的载体是旅行活动，主要为健康状况较好的活力老年群体提供服务，兼有但不限于观光游览、休闲度假、文化娱乐、教育培训、健康管理等功能。多元功能为范围经济效应的形成和充分发挥创造了条件，使得旅居养老已经出现了一些可以持续稳定盈利的项目。

旅居中的“居”也十分重要，因为它不仅是旅行中即期的必需品，而且也是面向未来的一种必要的体验。不论入住进机构还是嵌入在社区，老年人都可以通过旅居预先体验未来的养老模式。气候、环境是否适应，设施、服务是否满意，价格、收费是否合理，医疗、文教是否配套，尽可提前“试养”。笔者将能够提供与未来实际享有的养老服务高度一致的旅居养老项目称之为深度体验式旅居养老，这个层面的旅居养老不仅服务于旅居时期，更重要的意义在于为后旅居时期更长阶段提供预先的体验，并且做好适应性的准备（图 8-6）。

再长的人生，即便是百年人生，也有不得不告别的那一天。人生的最后一段旅程该如何度过，能否安享最后的时光，取决于养老模式的选择及相应的服

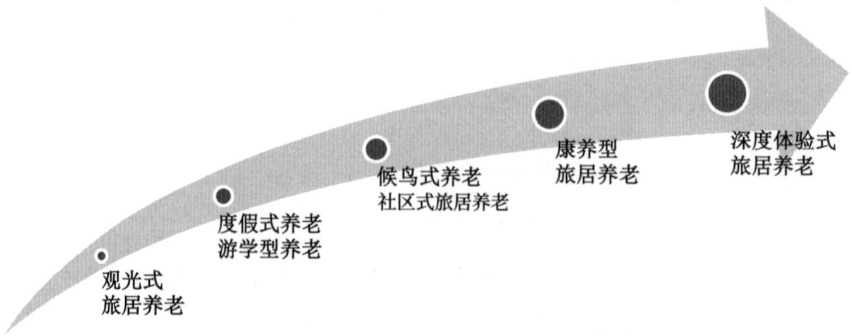

图 8-6 旅居养老的五个层次

务供给。“最后一段服务”有一个巨大的风险，一旦进入服务流程，再不满意，也没有后悔药可吃。从这个意义上讲，通过深度体验式旅居养老，提前感受和评价，以便筛选出最适合的“最后一段服务”，最大限度避免无法修复的战略性错误，是对整个生命历程的优化。

从需求的层次看，旅居养老不属于基本公共服务的范畴，其中一部分属于高端服务，另一部分则属于普惠性服务。随着人们美好生活需要的升级，会有越来越多的老年人选择具有普惠性质的旅居养老服务。老年人国内旅游人数的快速增长，为此提供了需求基础。面向工作时属于工薪阶层、中等收入群体的广大老年人，普惠性的旅居养老服务主要靠市场来供给，政府可以从发展产业、促进消费的角度提供政策的引导。在普惠性养老服务中，政府的主要职责是提供土地、规划、融资、财税、医养结合、人才等全方位的政策支持包。笔者认为，衡量养老服务能不能普惠，不应该仅仅强调服务对象的收入情况，而更应该关注政府在提供服务的过程中发挥什么作用——如果政府不是服务的直接提供者，而是通过产业政策，支持服务供给的扩大，促进服务价格的降低，使之能够便捷地惠及更多老年人，那么政府实质上就提供了普惠性的养老服务。

尽管旅居养老主要是面向相对健康的活力老人，并非针对特困老年人、经济困难的失能老年人等基本养老服务的对象，但政府通过适当方式的政策支持，培育旅居养老市场，支持旅居养老企业发展，能够扩大养老服务有效供给，为老年人群提供优质、舒适、安全的旅居养老服务，满足社会中多层次、多样化的养老服务需求，增强老年群体及其家人的获得感、幸福感和安全感。因此，旅居养老可以参照普惠性的养老服务来给予政策支持。

从政策上推进普惠性旅居养老的发展，可以考虑以下五方面的工作。

一是加强行业规范建设和管理。建立旅居养老服务市场准入标准、服务规范和监管准则，加强老年人权益维护的政策法规建设，引导行业规范发展，有效避免非法集资、诚信危机等风险。

二是强化对从业人员专业化培训。可建立省—市（县）—机构三级培训机制，满足养老护理员特别是旅居养老对中高端养老护理员的培训需求，通过对一线护理人员进行岗位补贴等手段，全面提升养老护理服务水平，推动旅居养老高质量发展。

三是适度给予公共投资支持。通过城企联动、以奖代补等方式，鼓励养老机构围绕旅居养老服务需求进行设施改造，支持设施达标、服务规范、信誉良好的旅居养老机构进行升级改造和扩建，向更多老年人提供服务。

四是进一步放宽社会资本的准入条件。全面放开旅居养老服务市场，鼓励更多有积极性的社会力量参与旅居养老设施建设和服务提供，促进投资主体多元化和经营主体民营化，吸引外资进入国内旅居养老市场，促进良性竞争。

五是搭建服务平台。整合相关资源，组织重点城市、优质企业、景区景点等建立旅居养老联盟，构建旅居养老线上服务和移动互联网服务平台，建立全方位、多层次、跨领域的区域合作机制，为旅居老人提供安全可信、便利可及的普惠性服务。

第 9 章 养老行业：需要慢下来找回初心

金融是现代经济的核心，是典型的资金密集型、高附加值、高收入行业。金融与养老的结合有利于养老行业可持续发展，但是必须在纷繁的业务种类和业态形式中，坚持为养老服务的需求方和供给方提供资金融通的使命，而不是将养老服务引入脱实向虚的歧途，更不能侵害老年人的权益。制造业是中国经济的强项，但是依靠成本低、打价格战的策略不应当在老年用品制造领域复制。老年用品既有制造的意义，又有服务的功能，需要紧紧围绕老年人的需求精耕细作。借鉴日本经验，我国老年用品行业需要在设计、制造、销售、服务、监管等环节全面提升，并且应探索跨界融合的创新。没有衔接养老服务的地产称不上养老地产，内生有养老服务的建筑和社区才是养老建筑和养老社区，规模经济和范围经济的效应会同时在持续照护型养老社区中发挥出来。

9.1 大道至简的养老金融

金融在人们的印象中是一个“高大上”的产业，与养老的传统形象相隔甚远。2019 年，金融业城镇非私营单位的年平均工资超过 13 万元，是各行业平均工资的 1.5 倍，在国民经济 19 个大行业中排名第三；该行业城镇私营单位的年平均工资为 7.6 万元，是各行业平均的 1.4 倍，排名第二位（表 9-1）。

高工资的背后是高生产率、高利润率和高附加值。金融业是资金最为密集的行业，也是利润率较高的行业，盈利能力远远高于养老机构、医养结合机构所在的卫生和社会工作行业。养老与金融的融合，为养老业务扭亏为盈、实现更长时期的可持续发展创造了条件。

表 9-1 2019 年中国各行业年平均工资（单位：元 / 人）

大行业	城镇非私营单位	城镇私营单位	大行业	城镇非私营单位	城镇私营单位
农、林、牧、渔业	39340	37760	房地产业	80157	54416
			租赁和商务服务业	88190	57248
采矿业	91068	49675	科学研究和技术服务业	133459	67642
制造业	78147	52858			
电力、热力、燃气及水生产和供应业	107733	49633	水利、环境和公共设施管理业	61158	44444
建筑业	65580	54167	居民服务、修理和其他服务业	60232	43926
批发和零售业	89047	48722			
交通运输、仓储和邮政业	97050	54006	教育	97681	50761
			卫生和社会工作	108903	57140
住宿和餐饮业	50346	42424	文化、体育和娱乐业	107708	49289
信息传输、软件和信息技术服务业	161352	85301	公共管理、社会保障和社会组织	94369	—
金融业	131405	76107	各行业平均	90501	53604

资料来源：国家统计局 . 中国统计年鉴 2019. 北京：中国统计出版社，2019.

金融业的门类、业务、业态十分丰富。国民经济行业分类中，金融业涵盖货币金融服务、资本市场服务、保险业、其他金融业 4 个子行业，其中又包括 20 多个小行业，近 50 个细分行业（表 9-2）。大部分金融服务看似与老年人、老年期不直接相关，但实际上是密不可分的。

货币金融服务是金融业第一个子行业，其中的第一个行业是中央银行服务。在我国，此项服务的提供主体是中国人民银行。根据《中华人民共和国中国人民银行法》规定，制定和执行货币政策是人民银行的首要职责，而“货币政策目标是保持货币币值的稳定，并以此促进经济增长”。老年人的主要收入是养老金，币值稳定、通货膨胀率低，意味着养老金的购买力是稳定的。人民银行通过中央银行服务中的货币政策实施，为老年人守住了养老金的实际价值。货

表 9-2 金融业各子行业、小行业、细分行业

I. 货币金融服务	II . 资本市场服务	III . 保险业	IV其他金融业
I-i. 中央银行服务 I-ii. 货币银行服务 商业银行服务； 政策性银行服务； 信用合作社服务； 农村资金互助社服务； 其他货币银行服务 I-iii. 非货币银行服务 融资租赁服务； 财务公司服务； 典当； 汽车金融公司服务； 小额贷款公司服务； 消费金融公司服务； 网络借贷服务； 其他非货币银行服务 I-iv. 银行理财服务 I-v. 银行监管服务	II -i. 证券市场服务 证券市场管理服务； 证券经纪交易服务 II -ii. 公开募集证券投资基金 II -iii. 非公开募集证券投资基金 创业投资基金； 天使投资； 其他非公开募集证券投资基金 II -iv. 期货市场服务 期货市场管理服务； 其他期货市场服务 II -v. 证券期货监管服务 II -vi. 资本投资服务 II -vii. 其他资本市场服务	III -i. 人身保险 人寿保险； 年金保险； 健康保险； 意外伤害保险 III -ii. 财产保险 III -iii. 再保险 III -iv. 商业养老金 III -v. 保险中介服务 保险经纪服务； 保险代理服务； 保险公估服务 III -vi. 保险资产管理 III -vii. 保险监管服务 III -viii. 其他保险活动	IV -i. 金融信托与管理服务 信托公司； 其他金融信托与管理服务 IV -ii. 控股公司服务 IV -iii. 非金融机构支付服务 IV -iv. 金融信息服务 IV -v. 金融资产管理公司 IV -vi. 其他未列明金融业 货币经纪公司服务； 其他未包括金融业

资料来源：《国民经济行业分类》（GB/T 4754—2017）.

币金融服务中的货币银行服务，包括商业银行、政策性银行、信用合作社、农村资金互助社等提供的服务。其中，商业银行服务与老年人和老年期的关系最紧密，城市的居民为养老进行储蓄、城市老年人领取养老金都是通过商业银行；信用合作社则为农村居民提供了养老储蓄和养老金领取的服务。在新农村建设和乡村振兴的实践中，“村社内置金融”为典型模式的农村资金互助社服务在一些地方快速发展。中国乡建院与河南省信阳市平桥区政府合作，在该区的郝堂村建立了“养老资金互助社”，探索形成了农村养老金融的新模式。非货币银行服务中的小额贷款、消费金融、网络借贷等服务，为老年人购买养老产品和服务提供了融资支持；银行理财服务为老年人资产的保值增值提供了渠道；银行监管服务则帮助老年人守住了资产安全的底线。

资本市场服务早已不是青年人、中年人的专属服务。在证券营业厅，人头攒动中不乏老年人的身影。证券市场管理服务、证券经纪交易服务为老年人“炒股”提供了平台和媒介。

保险业与养老的关系更加直接，人寿保险是为养老进行财富储备中最重要的保险形式，普通寿险、分红寿险、投连寿险、万能寿险等产品已为人们所熟知。年金保险是基于部分企业为员工建立的补充养老账户；商业养老金主要是个人为获得更高的退休金而通过保险公司设立的商业养老年金保险产品或计划；健康保险为老年人患病、就医、接受护理服务等提供保障；意外伤害保险已经在越来越多的养老机构和旅居养老项目中引入。

其他金融业也与老年人和老年期的生活密切相关。尽管有一定的风险，现实中还是有不少老年人购买了信托产品，以期获得比储蓄利息、银行理财更高的收益。随着“互联网 + 金融”特别是移动互联网金融的发展，非金融机构支付服务为老年人提供了更加便捷的网络支付服务。金融信息服务为养老所需的财富储备以及老年人的资产配置提供金融交易的实时行情和历史数据、财经类资讯、金融分析报告以及信用评级。老年人要交易黄金及其他贵重物品、兑换外币、进行借款或融资担保，也离不开其他金融业的服务。

除了为老年人、老年期的需求方服务以外，金融业还为养老服务的供给方提供融资渠道。货币金融服务可以为养老企业提供各类贷款，资本市场服务能够帮助养老企业上市或者发债，保险业则可以为养老机构提供财产保险、责任险等。本书第 6 章介绍的“城企联动普惠养老专项行动”，就提出“鼓励银行、保险、基金等各类金融机构参与合作，对专项行动提供多层次多样化金融服务”。

商业银行、政策性银行已经参与专项行动中，养老产业专项债券和世行、亚行贷款也对重点项目进行了支持。

商业银行贷款方面，中国银行深化养老产业银政合作，积极拓展养老企业客户，加大了养老产业信贷投放，加强业务联动，为养老产业提供全产品线综合服务。中行制定了《健康养老产业客户授信审批指导意见》，对于民营养老重点项目给予信贷规模支持，优先保障投放需要；对于以优惠利率支持养老企业的重点项目，对相关分行进行绩效考核调整，减少经济资本占用。

中国工商银行确定了全行康养产业的整体发展目标、具体工作措施和要求，并按照国家统计局最新修订的 2017 年国民经济行业分类明确了属于康养产业范畴的行业代码，为后续业务指导、分析通报工作奠定了良好的基础。工行通过编制印发优秀案例、综合金融服务方案、业务营销动态、产业支持微课件等方式，实施系统化的行业营销指引。总行信贷前中后台联动，重点分行共同调研，研究制定并印发实施了养老行业信贷政策，重点支持股东实力较强、行业经验丰富、区位优势明显、政府政策支持、运营模式清晰、受众定位准确、融资要素合理的项目。

政策性银行贷款方面，国家开发银行重点支持三大类项目：一是支持城市“三位一体”养老服务体系建设，提升居家社区养老服务质量；二是支持综合养老社区建设，整体提升区域内机构养老服务质量；三是支持医养结合项目建设，促进医疗养老资源进一步融合。经政府许可实施养老项目建设的主体可作为借款人，资本金占比应不低于总投资的 20%，其余部分可申请贷款。还款来源包括但不限于项目自由现金流、公司自由现金流。贷款期限根据项目偿债能力分析确定，最长不超过 15 年，宽限期一般不超过 3 年。对符合条件的项目给予优惠利率，还可以采取资产抵押、保证担保、股权质押、收费权质押等合格担保方式。

中国农业发展银行提供一般不超过 15 年、最长不超过 20 年期限的信贷支持，利率按照政策性银行保本微利的经营原则，较同业适当优惠，贫困地区还会有更加优惠的政策。对于城企联动普惠养老项目，还开辟了绿色办贷通道，在各项行政审批手续完善的前提下，优先安排调查评估。农发行重点支持养老院、社区养老、医养结合机构、养老综合体等建设。

2017 年 4 月，国家发展改革委印发了《养老产业专项债券发行指引》，养老产业得到了专项债券的支持。养老产业专项债券重点支持专门为老年人提供生活照料、康复护理等服务的营利性或非营利性养老项目发行养老产业专项债券，用于建设养老服务设施设备和提供养老服务。发债企业可使用债券资金改造其他社会机构的养老设施或收购政府拥有的学校、医院、疗养机构等闲置公用设施，并改造为养老服务设施。

此外，国外贷款项目也开始支持我国的养老服务发展。以世界银行和亚洲银行为例，支持的范围包括居家养老、社区养老和机构养老等多层次养老服务体系建设，促进养老服务供给方式、管理方式和融资方式创新，引导社会资本有效参与，健全养老服务政策制度建设。

养老与金融的结合产生了养老金融，学术界广泛认同的养老金融概念包括三个方面的内容。一是“养老金金融”，是为储备制度化的养老金进行的一系列金融活动，通过制度安排积累养老资产，实现其保值增值。二是“养老服务金融”，是除了制度化养老金以外，金融机构围绕与养老相关的投资、理财、消费及其他衍生需求所采取的一系列金融活动，通过金融创新保障多元化养老需求。三是“养老产业金融”，是为养老相关产业提供融资支持的一系列金融活动，以满足养老产业的各类投融资需求。

目前我国养老金金融的数据获取相对容易，而养老服务金融、养老产业金融却没有建立起常态、公开的统计制度。这里仅以企业年金的数据简要说明养老金金融的发展概况。截至 2019 年年末，我国企业年金基金投资组合已经达到 4327 个，比 2013 年末增加了 70% 以上，比 2007 年年末增加了 19 倍以上。2019 年，企业年金资产总额 1.77 万亿元，分别比 2013 年和 2007 年增长了 2.4 倍和 113 倍（图 9-1）。从收益率看，早期波动较大的状况近年来有所改善。当前及今后一个时期，在国际国内经济形势发生深刻变化的条件下，养老金金融的发展应秉持审慎和稳健的策略，在确保安全的前提下为更多社会成员的老年期争取更充足的养老金储备。

国家统计局 2020 年 2 月颁布的《养老产业统计分类（2020）》将养老产业的范围确定为 12 个大类，包括：养老照护服务、老年医疗卫生服务、老年健康促进与社会参与、老年社会保障、养老教育培训和人力资源服务、养老金融服务、养老科技和智慧养老服务、养老公共管理、其他养老服务、老年用品及相关产品制造、老年用品及相关产品销售和租赁、养老设施建设。其中养老金融服务涵盖老年商业保险、商业养老保险、养老理财服务、养老金信托、养老债券、其他养老金融服务 6 个中类（表 9-3）。

在这个官方划分的养老产业主要行业中，养老金融服务大类中并不包含养老金金融的内容，后者体现为老年社会保障大类、老年社会保险中类的基本养

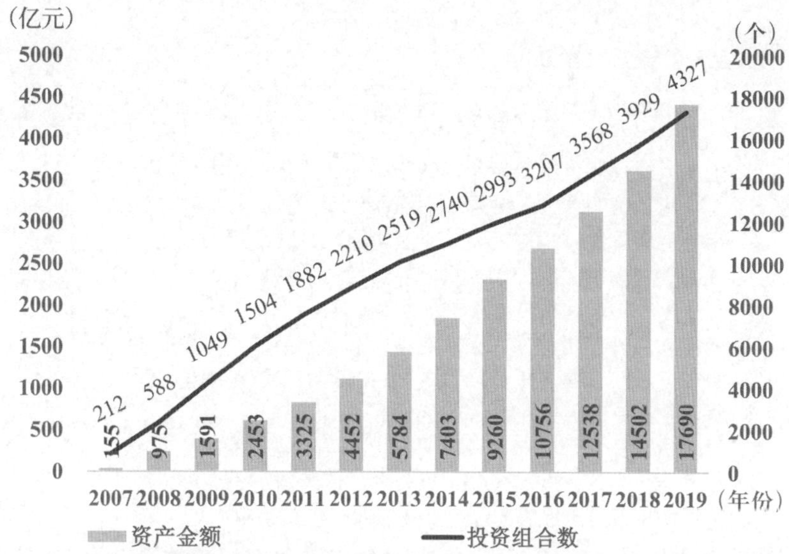

图 9-1 我国企业年金基金投资发展概况
资料来源：全国企业年金基金业务数据摘要（2019 年度）.

老保险和老年补充保险这两个小类。其中，老年补充保险对应着企业年金。

从经济学和产业发展的视角，可以将养老金融服务划分为面向需求的养老金融服务和面向供给的养老金融服务。面向需求的养老金融主要为老年人和老年期提供财富储备和增值、健康和人身风险保障、养老消费资金融通等服务，面向供给的养老金融主要为养老企业和社会组织等提供商业贷款、政策性贷款、证券债券、抵押担保等融资服务，以及通过资本市场等直接融资的方式，给予有效的资金支持，以使这些主体能够更好地提供养老服务。在《养老产业统计分类（2020）》中，老年商业保险、商业养老保险、养老理财服务、养老金信托这四个中类可以看作是面向需求的养老金融服务，养老债券、其他养老金融服务这两个中类则是面向供给的养老金融服务。

根据笔者的界定，养老金金融实际上是养老金融与涉老政策相结合、相融合的范畴。近年来，我国养老金融已经实现了较快的发展，可以考虑从数量扩张型的发展转向内涵质量型的发展，回归为养老服务供求双方提供融资服务的根本职能，而不是自身形成某种利益集团，在养老领域重蹈宏观经济在某种程度上脱实向虚的覆辙；更不是打着“以房养老”的幌子非法集资，最终侵害到老年人的根本利益。

表 9-3 养老金融服务行业中类和小类划分

中类名称	小类名称及说明	对应国民经济行业
老年商业保险	老年人寿保险，指以老年人的寿命为保险标的人寿保险，包括定期寿险、终身寿险和两全保险等。 老年健康保险，指对老年人以健康原因或医疗行为发生为给付保险金条件的人身保险，包括疾病保险、医疗保险、护理保险、医疗意外保险。 老年人意外伤害保险，指以老年人因意外事故而导致身故、残疾或者发生保险合同约定的其他事故为给付保险金条件的人身保险。 养老机构责任保险，指以被保险人在其管理区域内从事养老服务时，因过失导致意外事故，造成第三者的人身伤亡或财产损失的赔偿责任为保险标的保险	人寿保险； 健康保险； 意外伤害保险； 财产保险
商业养老保险	养老年金保险，指商业保险机构提供的，以养老保障为目的的年金保险。 住房反向抵押养老保险，指将住房反向抵押与养老年金保险相结合的商业养老保险服务。 其他商业养老保险，指保险中介服务、保险监管服务及保障委托管理服务等与养老相关或密切相关的保险活动，包括个人商业养老年金保险产品、个人商业养老年金保险计划	年金保险； 其他非货币银行服务； 再保险； 商业养老金； 保险中介服务； 保险监管服务； 其他保险活动
养老理财服务	指银行及银行理财子公司、信托等金融机构开发或者提供的养老型理财产品、信托产品等养老金融产品服务，以及为养老活动提供支持的基金管理服务、养老目标基金管理服务、养老投资与资产管理、产权交易服务等，包括银行养老理财服务和银行理财子公司养老理财服务	银行理财服务； 公开募集证券投资基金； 其他非公开募集证券投资基金； 资本投资服务； 保险资产管理
养老金信托	指养老保险经办机构将单位和个人按照有关法律、法规规定缴纳的养老保险费作为信托资产，交给金融信托机构管理和经营，职工退休后获益的一种信托形式	信托公司
养老债券	指专门为老年人提供生活照料、康复护理等服务的营利性或非营利性养老项目发行养老产业专项债券，用于建设养老服务设施设备和提供养老服务	证券市场服务； 资本投资服务； 其他资本市场服务
其他养老金融服务	指营利性养老机构以有偿取得的土地设施等资产进行抵押融资的金融服务和养老融资服务等其他养老金融服务	其他资本市场服务

资料来源：国家统计局．养老产业统计分类（2020）：国家统计局令第 30 号．

9.2 老年用品制造呼唤深耕细作

我国是制造业大国。1949 年以来，工业产品从少到多，工业体系从弱到强。70 多年前，我们只能生产纱、布、火柴、肥皂、面粉等少数日用生活消费品。而到今天，我国主要工业产品产量均进入了世界前列。2018 年，原煤产量 36.8 亿吨，粗钢产量 9.3 亿吨，水泥产量 22.1 亿吨，平板玻璃 8.7 亿重量箱，化肥产量 5424.4 万吨，分别比 1949 年增长 115 倍、5799 倍、3344 倍、803 倍和 9040 倍。70 多年来，主要消费品行业实现了供应不足向供应充裕的巨大转变。2018 年，纱产量 2958.9 万吨，布产量 657.3 亿米，分别比 1949 年增长 89.5 倍和 33.8 倍。我国高技术装备类产品起步较晚，但在较短的时期内实现了迅猛发展。2018 年，手机、计算机和彩电产量分别达 18 亿部、3.1 亿台和 1.9 亿台，占全球总产量的比重为 70%～90%，同年，汽车产量为 2781.9 万辆，已经连续多年蝉联全球第一。目前，我国拥有联合国产业分类中全部的工业门类，涵盖 41 个工业大类、207 个中类、666 个小类[1]。除上述列举的产品以外，还有钟表、自行车、缝纫机、电池、啤酒、家具、塑料加工机械等 200 多种工业品的产量居世界第一。2010 年以来，按照汇率平价，中国制造业增加值已经超过了美国，至今一直稳居全球首位。

我国也是老年用品的需求大国。中国消费者协会（2013）发布的《2013 年中国老年消费者权益保护调查报告》显示，食品、日用品、医疗（含药品）、服装是老年人日常消费中排在前四位的支出，日常有这四项支出的老年人分别占 65.3%，25.7%，15.7%，14.8%（图 9-2）。2017 年的一项调查则显示，食品餐饮、日用品、旅游、服装配饰是老年人日常消费中排在前四位的支出，人均年消费额分别为 7972 元、4371 元、2149 元、1936 元（图 9-3）。此外，老年人平均每人每年花费在家电厨卫家具、家用理疗器材上的支出分别为 861 元和 260 元，合计超过 1100 元。据推算，老年人食品餐饮、生活用品、服饰、家具家电的消费分别达到了 1 万亿元、5000 亿元、2000 亿元、1000 亿元的规模[2]。

然而，我们却是原创型、创新型老年用品的小国。

以最常见、最普通、几乎每位老年人日常都用得着的指甲剪为例。老年人

---

1 国家统计局 . 中国统计年鉴 2019. 北京：中国统计出版社，2019.

2 幸福 9 号，普华永道思略特 . 2017 中国老年消费习惯白皮书 . 2018-01.

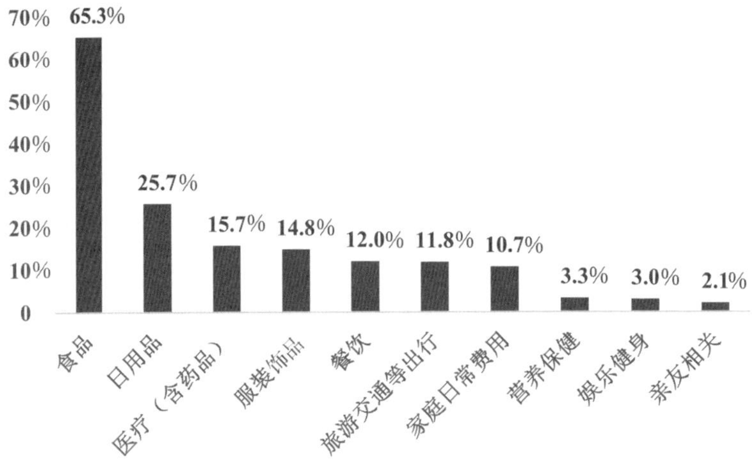

图 9-2 我国老年人有日常消费的支出项目占比

资料来源：中国消费者协会 .2013 年中国老年消费者权益保护调查报告 .

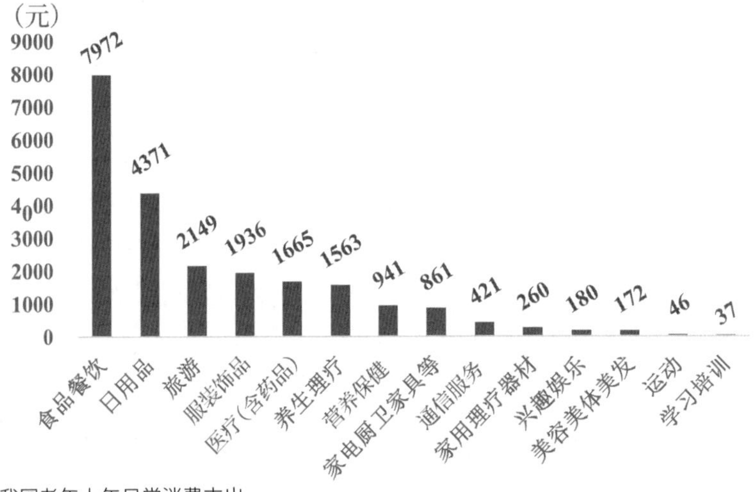

图 9-3 我国老年人年日常消费支出

资料来源：幸福 9 号，普华永道思略特 . 2017 中国老年消费习惯白皮书 . 2018-01.

由于视力下降或者患上远视眼，剪指甲这样的小事儿有时也会变成难事儿、烦心事儿。为帮助老年人解决这个困扰，我国有人发明了“老年人用指甲剪”，并且到国家知识产权部门申请了实用新型专利（2006 年 12 月 30 日申请，申请号 CN200620162655.X；2007 年 12 月 12 日公开，公开号，CN200987451Y）。这款老年人用指甲剪，在前端安装了一个向前上方支出的支杆，在支杆上铰链有一个小型放大镜（图 9-4）。通过小型放大镜放大，老年人能够更清晰地看到指甲，从而可以准确、安全地修剪指甲。

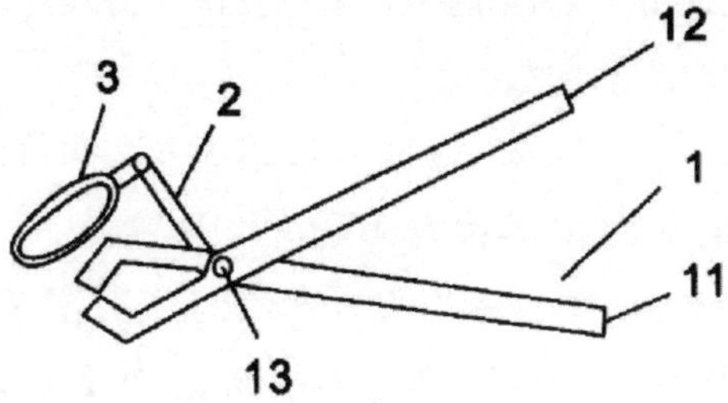

a. 我国老年人用指甲剪专利

b. 日本 3R 集团 Smolia 指甲剪产品

图 9-4 老年人用指甲剪

资料来源：国家知识产权公共服务网（http://ggfw.cnipa.gov.cn:8010/PatentCMS_Center）；3R 集团（https://3rrr-btob.jp/archives/items/3r-smolia-nail#view1）.

看似简单的创意，却需要一定的设计和制造能力，才能真正转变为实用的产品。指甲剪上面的放大镜既要能够灵活调整角度，又要保持相对固定的位置，还要方便折叠放置；镜片的材质，既要确保足够的放大效果，又要不易磨损和破碎，还要充分透光以免反射光线给老年人造成不适。除了增加放大镜以外，设计上还要考虑到老年人指甲比较厚、比较硬、比较脆的特点，考虑如何避免指甲飞溅、刺伤眼睛的风险，考虑部分老年人手指力量和精确定位能力已经明显弱化的状况。

日本 3R 集团旗下 Smolia 品牌的一款指甲剪体现了同类产品目前最高的水平，这款产品的放大镜采用 K9 光学镜片，视窗范围 38 毫米，可以放大 3 倍，光线通过率高达 98%，老年人通过放大镜看得更清楚，并且不晃眼睛，不会剪到手指或者脚趾。镜片上配备了三盏小型 LED 灯，光照充足，开关方便，电池的工作时长接近 5 个小时，即使在自然光线或室内光线不好的情况下，老年人也能把指甲看得很清晰。指甲钳使用螺丝夹持固定，以防松动；钳刀口通过高温锻打形成曲线的刃口，圆滑且平滑，不易断裂，使用寿命比普通的产品更长。指甲钳下边内置了护指硅胶托，一方面把手指放上去，免除了抬胳膊的辛苦；另一方面可以将手指有效定位，以确保安全。产品分为上、下两个部分，上边的放大镜和下边的指甲钳采用磁吸式技术处理，拆合起来非常方便——合并时通过立体柱的设计，防止剪下来的指甲飞溅，拆分开则更容易清理指甲碎片和清洁钳口，放大镜还可以用来读书看报。指甲锉则固定在底部，面积大，颗粒均匀、圆润、饱满，既可以多个角度使用，又不伤手指。整个产品重量只有 65 克，充分利用人体工学原理，携带方便，也更便于操作。

最普通的指甲刀售价也就 1 元钱，一般带放大镜的老年人指甲剪零售价在 10 ～ 20 元不等，Smolia 这款产品在电商平台的售价约 60 元。

在老年用品的设计和制造上，日本是大国也是强国，值得我们学习。首先，日本老年用品的设计十分精巧。这并不一定需要多高的科技含量，但是必须仔细了解老年人的生活状况和切实需要，设身处地为老年人着想，谋划出适用的产品。上文讲的指甲剪就是一个典型的例子，另外一个广为人知的典型产品是球形洗衣粉。一般来说，洗衣粉是袋装、盒装或者桶装的，里面会有一个量杯或者量勺。人们在洗衣服时，根据衣物的多少，量出相应洗衣粉，再倒入洗衣机即可。有的老年人由于视力下降，看不清楚量器上的刻度，量少了清洁衣物的效果达不到，量多了灼伤衣物，残留在衣物上的洗衣粉也对健康不利。手部或者胳膊颤抖，容易洒落洗衣粉，又增加了地面清洁的负担。球形洗衣粉的设计就是考虑了部分老年人在洗衣服方面遇到的困难，将洗衣粉做成大、中、小不同规格的球状，衣服多时用大号的，适中时用中号的，较少时用小号的，直接而简便，免去了戴上老花镜看刻度、颤巍巍弄撒洗衣粉的烦恼。

这样的产品制造是第二产业，却发挥了第三产业——助洁服务的作用。从健康老龄化的两种能力视角看，尽管老年人的内在能力不可逆地逐渐丧失，但是功能能力还可以继续保持在一定水平。老年用品对于功能能力的保持至关重要，不论是带放大镜的指甲剪、球形洗衣粉，还是附加了座椅功能的手推车，都是通过有形的产品提供了无形的服务。

其次，日本老年用品制造中融入了匠人精神。研发人员的精巧设计，需要结合一线工人的精湛技术才能形成高质量的精品。匠人精神在老年用品中最重要的体现，就是产品的可靠性和耐用性。大部分老年用品使用频率较高，在使用过程中，一旦出现故障或损坏，反而会危及老年人的健康和安全。随着科技的进步和科技成果在养老服务领域的应用，相关的装备使用起来越来越简便，但背后的研发、设计、生产却越来越复杂。高度自动化的装备，比如方便失能老年人吃饭、洗澡、如厕的特制食器、淋浴器、便池，越来越像精密仪器，哪一个重要零件出现问题，都会影响使用，还可能造成安全隐患。就连再普通不过的集尿器，也衍生出了多种全自动产品——总部位于东京的八乐梦（Paramount）公司同时拥有日本和欧洲专利的一款自动集尿器，部件包括接收器、输送管、尿液罐、控制器、电极电阻、检测电路、模式设置装置、变化检测装置、真空抽吸装置等。匠人精神确保每一个零部件的质量，进而保证产品整体的质量以及老年人使用的安全与舒适。

售后服务与质量监管也体现了匠人精神。以老年人经常用到的医疗器械为例，日本相关法规要求的上市产品合格率为 100%，并且要确保安全有效。监管法规要求，企业内部设有质量控制小组和产品安全负责人制度，以确保产品质量和安全。日本还建立了第三方评估监督的监管制度，医疗器械经核准上市后，由第三方机构来负责产品的事后监督，对质量标准执行情况进行检查。在严格的监管下，日本老年用品的售后服务比较到位，会及时回应和解决顾客提出的问题。我们在监管上还存在盲区和漏洞，个别生产厂商把产品卖出去了就不再负责，老年用品质量堪忧，售后服务跟不上。短期、孤立地看，企业是节省了成本，但从长期、整体看，不单是这样企业失去了具有黏性的顾客，而且企业间相互效仿，在价格上恶性竞争，产品质量下降，服务打了折扣，老年用品市场的生态和口碑都遭受了破坏，制约了行业的发展，也影响了老年人的生活质量。

再次，日本老年用品的销售渠道比较畅通和友好。随着老龄化程度的加深，越来越多的零售商为老年人购物提供方便。本书第 3 章引证的新宿京王百货公司，针对老年人的特点，加宽了柜台之间的距离，不仅使行走于其间的老年人感到舒适，而且使依靠助行器、轮椅出行的老年人也不感到狭窄；在环楼层的边缘地带，摆设了很多客用座椅，供老年人休息；设置了饮水机，方便有需要的老人按时服用药物；洗手池、化妆台、马桶的高度降低了；电梯的升降速度变慢了；标识标牌换成大号字了；甚至还专门安排了相当于老人儿女年龄的销售人员以提供更贴心的导购服务。很多零售商将老年用品集中放置，免除老年人选购时在楼层间、区域间奔波的辛苦；有的还在购物车上放置了放大镜，方便老年人使用。在商业区，老年用品的专营店也比较常见。

我国相对专门销售老年用品的零售终端还比较少。一项对辽宁省 14 个市中心商业街进行的调查显示，在 6721 家商业店铺中，销售老年用品的仅有 81 家，占比只有 1.2%；在销售老年用品的店铺中，专门经营老年用品的专营店只有

31 家，占销售老年用品店铺的比例为 1/3，占全部被调查商业店铺的比例还不到 0.5%[3]。

与销售密切相关的服务是租赁。有的老年用品单价比较高，老年人购买负担重，或者因为没有实际使用过，购买前总是有顾虑和犹豫。租赁市场提供了解决方案，老年人可以花费少量的支出来体验老年用品，既可以先试再买，也可以长期租用，不但降低了成本，而且也节约了生产产品所需的各种资源。当然，租赁市场建立在高质量的产品基础之上，否则是难以为继的。产品质量差，不敢让顾客租赁，顾客使用后也不会购买，还会因为租赁期间出现产品问题而产生纠纷。社会诚信和知识产权保护也很重要，老年用品关键在实用，很多设计只不过隔了一层窗户纸，非常容易模仿和抄袭。知识产权得不到保护的话，对原创型产品的打击是巨大的。

可喜的是，我国已经开始探索老年用品的集中展示和租赁渠道。例如，2016 年 12 月，北京市首家老年用品展示中心成立（专栏 9-1）。该中心是北京市政府向百姓承诺完成的年度民生项目，正式营业后，不仅提供老年用品的销售服务，而且还提供租赁服务。比如定价 8000 多元的制氧机，租用一周需要 250 元，租一个季度只需要 1300 元[4]。

另外，日本老年用品的丰富还有一条潜在的经验——跨界。特别是其他行业向养老行业跨界，既给这些行业自身的传统业务挖掘新的潜在客户群体，又给养老服务带来新的产品和增长点。

前述 3R 集团是 LED 放大镜和便携式显微镜的供应商，原先并非专门生产老年用指甲剪的企业。该集团著名的放大镜品牌 Smolia 其实是“生活辅助智能放大镜”（Smart Magnifier of Life Assistance）的英文首字母缩写，产品主要是为需要阅读工具、工作用的检查透镜、黑暗环境下的 LED 等要求，提供明亮、视野清晰的最佳解决方案。放大镜和显微镜在光学原理上是相通的，放大镜与指甲剪相结合，形成了具有引领性、前沿性的新型老年用品。具有自动集尿器专利的八乐梦公司，主打产品实际上是医疗护理用床，延伸开发出来的附属医疗器械也十分受欢迎。

---

3 王秋玲，邵祥东 . 辽宁省老年用品市场供需问题及对策措施 . 辽宁教育行政学院学报，2019（1）.

4 张婷 . 代“老”寻宝记：探秘北京首家老年用品展示中心 . 中国社会工作，2017（5）.

专栏 9-1 北京市首家老年用品展示中心

北京市老年用品展示中心由北京市老龄产业协会和北京城乡商业（集团）股份有限公司共同设立，致力于建设中高端老年用品展示中心、体验中心以及销售、租赁服务平台，专注于成为各类养老机构以及居家养老的适老用品和适老服务专业供应商。

展示中心面积 5800 平方米，设有老年精品区、中高端老年用品、老年生活实景体验区、老年健康养生课堂、老年怀旧时光区、世界知名品牌体验区、医疗保健咨询服务区等区域，提供展示、体验、销售以及租赁服务等。展示品种有个人医疗辅助器具、技能训练辅助器具、个人生活自理和防护辅助器具、家务辅助器具、沟通和信息辅助器具等 12 大类，从刚开始营业的 3000 余个品种发展到 5000 余个品种，部分产品来自日本、德国、荷兰、比利时、以色列、中国台湾等国家和地区。产品大到可升降的老年人专用床，小到老人吃饭使用的碗筷、老花镜，基本涵盖老年人起居、医疗、沟通等生活的方方面面。

在展示中心内，设有占地约 500 平方米的老年大学，主要提供两个方面的公益服务。一是健康管理，定期从三甲医院邀请专家，给老年人做养生、疾病预防等主题的讲座，为老年人做体检、义诊。中心提供进口的体检一体机，供老年人免费使用。二是休闲娱乐，从各大院校聘请老师，为老年人开展琴棋书画、烹饪、插花等培训课程，以中心会员为基础，面向所有到访中心的老年人，免费提供课程。此外，展示中心还长期开展为老年人免费进行骨密度检测、血压血氧检测等惠民服务。

更值得注意的是，总部和研发部门位于日本福冈市的3R集团，生产线设在中国。总部和研发部门在东京的八乐梦公司，也在中国建设了生产线，生产手摇床、高中档电动床、ICU用床、婴儿床及医疗附属产品。对于企业来讲，这样的跨国安排形成了成本—效益上的最佳组合，将中国的价格优势和日本的质量优势发挥到极致。但我们也应反思，在高质量发展的道路上，中国是否也需要在老年用品的研发上有更大的作为，是否需要推动中国的老年用品行业向“微笑曲线”的两端转移。

老年用品涉及老年人吃、穿、住、行等日常生活的方方面面，种类十分丰富。根据国家统计局（2020）的划分，老年用品及相关产品制造行业包括9个中类行业，分别为老年食品制造、老年日用品及辅助产品制造、老年健身产品制造、老年休闲娱乐产品制造、老年保健用品制造、老年药品制造、老年医疗器械和康复辅具制造、老年智能与可穿戴装备制造以及老年代步车制造等（表9-4）。

老年用品直观上看是有形的产品，实质上还提供了无形的服务，以弥补老年人内在能力的下降，帮助老年人保持功能能力。也有的产品对于老年人内在能力的恢复很有帮助，比如药品和康复辅具。我国老年用品的发展，具有工业门类齐全的供给侧优势，同时有超大规模市场的需求侧支撑，再加上近年来“互联网+”、智能化和智慧化等新模式新业态，一定会迎来快速发展的新阶段。不过，笔者想要提醒的是，老年用品不能再被打上“低价”“劣质”的标签，不能以损失产品质量、忽视售后服务、侵犯知识产权为代价进行恶性竞争。即使那样可以在短期内实现野蛮生长和快速扩张，但终究是不可持续、自毁前程的。我们应向我们的近邻日本学习，秉持工匠精神，在设计上悉心，在制造上精心，在销售上贴心，在服务上细心，在监管上尽心，在跨界融合上不断创新。

表 9-4 老年用品及相关产品制造行业中类及说明

中类 | 小类名称	说明	对应国民经济行业
老年食品制造	指适合老年人群营养健康需求的饮食产品的制造，包括营养食品和保健食品的制造	营养食品制造；保健食品制造
老年日用品及辅助产品制造	指老年服装、手套、袜子、围巾、帽子、鞋、眼镜，登山杖等日用品和辅助产品的制造；适合老人操作的电脑和移动电话的制造	其他机织服装制造；其他针织或钩针编织服装制造；服饰制造；制鞋业；眼镜制造；通信终端设备制造；其他日用杂品制造
老年健身产品制造	指适合老年人运动的健身自行车、健身球、弹簧拉力器、各种球类用品、钓鱼器具、手腕活动器及户外健身器材等健身产品的制造	球类制造；健身器材制造；其他体育用品制造
老年休闲娱乐产品制造	指适合老年人娱乐的围棋、象棋、军棋、跳棋、九连环、拼图、小闷盒、扑克牌等益智玩具，体育游艺器材，保龄球、台球、沙狐球、桌式足球等供室内、桌上游艺及娱乐场所使用的运动游乐设备等制造	包装装潢及其他印刷；其他玩具制造；游艺用品及室内游艺器材制造
老年保健用品制造	指适合老年人康复、按摩用的保健用品的制造，如艾灸枕、艾灸贴、艾灸帽、刮痧头梳、养生理疗枕以及竹制保健产品等制造	竹制品制造；家用美容、保健护理电器具制造
老年药品制造	指维护、调节、促进老年人生理、心理机能的原料药、化学药品制剂、天然或人工种植养殖的动植物矿物药材的生产加工活动	化学药品原料药品制造；化学药品制剂制造；中药饮片加工；中成药生产
老年医疗器械和康复辅具制造	指用于病房护理、老年病的康复理疗等医疗设备的制造；适合老年人的成人护理垫、老年纸尿垫、隔尿垫、纸尿片、纸尿裤、充气褥疮坐垫、轮椅、助行器、助听器、按摩垫、按摩球、足底按摩器、揉捏按摩器、如厕辅助器具、认知治疗辅助器具、防止大小便失禁的辅助器具、肠造口护理辅助器具、失禁训练辅助器具，以及清洗、盆浴和淋浴辅助器具等产品和零部件的制造	机械治疗及病房护理设备制造；康复辅具制造；其他医疗设备及器械制造
老年智能与可穿戴装备制造	指为老年人服务或养老院使用的智能机器人和智能家庭消费设备、康复机器人制造；适合老年人用的可穿戴智能设备制造	可穿戴智能设备制造；服务消费机器人制造；其他智能消费设备制造
老年代步车制造	指老年人出行所需的三轮、四轮的助动车以及轮椅车的制造	残疾人座车制造；助动车制造

资料来源：国家统计局 . 养老产业统计分类（2020）：国家统计局令第 30 号 .

9.3 养老建筑需要将服务内生化

回顾国发〔2013〕35 号文刚刚印发后的一段时期，可以与养老机构建设热潮相提并论的，就是养老地产的投资热潮了。那时笔者调研，常会被安排参观养老地产项目。然而，所见的大部分项目，只是以养老为招牌，实际上就是卖房子。美其名曰：为孝敬父母投资。可当老年人真正入住后，和一般的小区并没有什么分别。在一些正在建设或已经建成正在销售的项目调研时，老板或者销售人员会告诉我们，这个社区会为老年人提供服务的。但当我们深究起来：请问由谁来提供服务？由你们直接提供，还是引入合作伙伴来提供？以什么方式合作？已经和哪些服务供应商进行了接洽？回答都是语焉不详。有的会理直气壮地说：我们配建了老年人活动中心。然而，这其实是 35 号文的基本要求——“凡新建城区和新建居住（小）区，要按标准要求配套建设养老服务设施，并与住宅同步规划、同步建设、同步验收、同步交付使用”。

地产商进军养老行业的“集体行动”，早在35号文之前就出现了。有统计显示，截至 2013 年 8 月即 35 号文印发的前一个月，就已经有超过三成的品牌房企进入或宣布进入养老地产领域，包括万科、绿城、保利、恒大、龙湖、复星、远洋、绿地、华润、首创、复地、富力等。除了房地产开发商以外，保险企业也大举“进军”养老地产领域，仅泰康人寿、中国人寿、中国平安、新华保险、合众人寿、中国太平、中国人保这 7 家的投资就达到了千亿规模。此外，中国石化、中国水电等央企以及作为政策性银行的国开行也参与进来[5]。

我国家庭的住房自有率较高，对于很多老年人来说，所需要的并不是再多一套房产。中国家庭金融调查（CHFS）数据显示，在 35 号文印发的 2013 年，全国家庭住房拥有率已经达到 82.9%，其中城镇为 75%，农村为 94.6%[6]。2017 年，全国家庭住房自有率进一步上升到 85.6%，其中城镇家庭以更大幅度上升至 80.8%——这个水平明显高于美国、日本、韩国、加拿大等发达国家，也高于巴西、墨西哥、阿根廷、南非等发展中国家（图 9-5）。

---

5 吴玉韶，郭平，苗文胜 . 2010 年中国城乡老年人口状况追踪调查数据分析 . 北京：中国社会出版社，2014.

6 中国家庭金融调查与研究中心 . 2017 中国城镇住房空置分析，2018.

在家庭住房自有率提高的同时，我国城镇住房的空置率也在攀升。2013 年，我国城镇地区住房空置率就已经高达 19.5%；2015 年、2017 年先后提高到 20.6%，21.4%。与主要国家相比，我国城镇的住房空置率更是明显偏高（图 9-6）。如果只是盖一栋新房子提供给老年人，对于养老来说，增量的贡献并不大。当然，不能否认其中有必要的改善性需求，比如更舒适的室内和小区环境、更为便捷的地理位置、更好的无障碍设施和环境等，能够增进老年人的福祉。

与房子本身相比，老年人及其家庭更需要的是服务。将养老服务内生于其中的建筑，才称得上是养老建筑。将养老服务内生于其中的地产，才称得上养老地产。推而广之，不是说有老年人居住的社区就是养老社区，也不是说进行了适老化改造的社区就可以宣称自己是养老社区了。为老年人提供社区式照顾的住宅才是养老社区——它是由政府、非政府组织以及其他机构共同为老年人设立的，集合了居住、餐饮、医疗、娱乐、文化、学习等各种功能的养老场所。

总部位于田纳西州的布鲁克代尔老年生活公司（Brookdale Senior Living Inc.）是美国领军的养老社区所有者和运营商，在全美 40 多个州拥有或运营 800 多个养老社区，包括独立生活社区、辅助生活社区、痴呆症护理设施、康复护理中心、持续照护中心等。布鲁克代尔公司的社区服务于 7 万余名居民，致力于通过专门设计、建造和运营养老社区为老年人提供卓越的生活体验，包括最高质量的服务、护理和住宿。布鲁克代尔是在纽交所上市的公司，2019 年资产约 72 亿美元。

布鲁克代尔公司的养老社区主要有三种。

第一种是独立生活社区（Independent Living Communities，ILCs），主要是为中高收入的老年人设计。这部分老年人通常希望居住在提供最高质量服务的高档住宅环境之中。独立生活社区的地理位置都在大都会区，以便老年人与他们的成年子女保持比较近的距离。大多数独立生活社区由独立生活单元和辅助生活单元组成，以便在同一个社区中能够向老年人提供从独立生活到辅助生活的接续服务，让老年人实现“就地养老”（age-in-place）。截至 2018 年年底，在 68 个独立生活社区的 12419 个单元中，有 9749 个是独立生活单元，占比 78.5%[7]；其他单元则已经获得了辅助生活和记忆护理服务的许可。独立生活

7 Brookdale Senior Living Inc. 2018 Annual Report，2019.

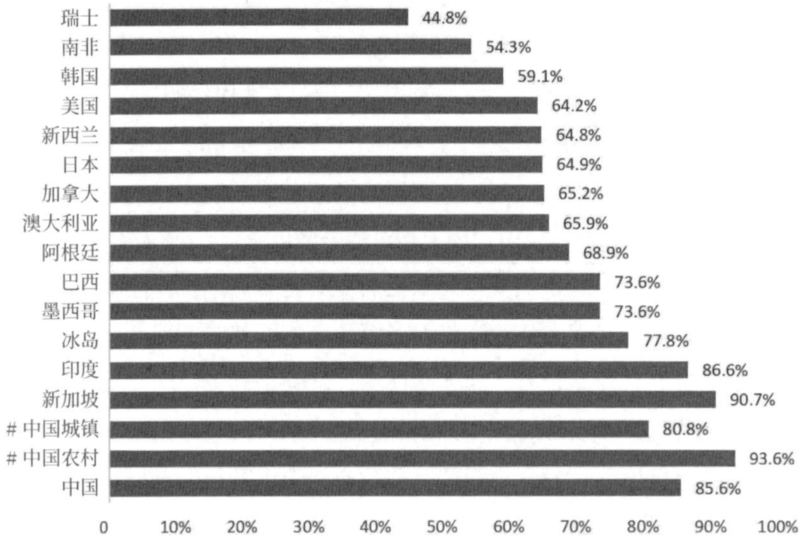

图 9-5 部分国家和地区住房自有率

资料来源：中国家庭金融调查与研究中心 . 2017 中国城镇住房空置分析 .2018-12-21.

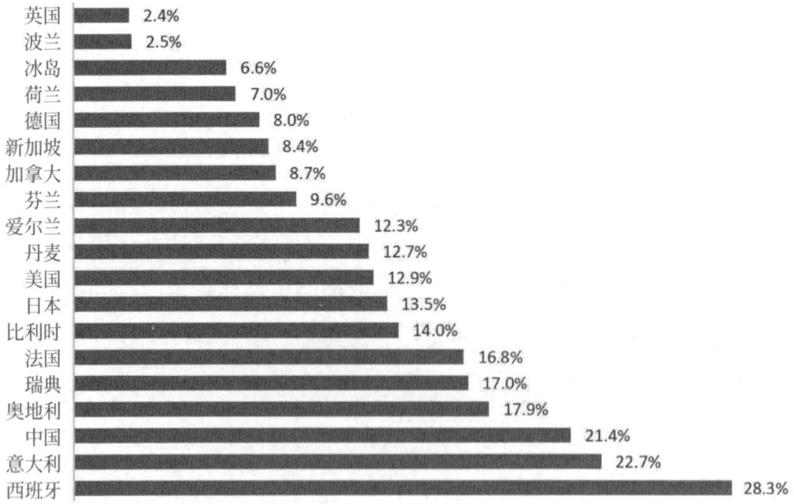

图 9-6 部分国家和地区住房空置率

资料来源：中国家庭金融调查与研究中心 . 2017 中国城镇住房空置分析 .2018-12-21.

社区通常是大型的、多层的建筑，平均有 183 个单元，拥有广泛的公共区域和便利设施，户型有工作室、一居室和两居室。每个独立生活社区都为居民提供一系列基本服务，包括餐饮服务、24 小时应急响应、客房服务、礼宾服务、交通服务、娱乐活动等。大多数社区还提供定制式的个人护理服务，如用药提醒、陪伴服务等，需要额外收费。

第二种是生活辅助和记忆护理社区（Assisted Living and Memory Care Communities，ALCs），主要为老年人和中度视力虚弱的居民提供住房和 24 小时的日常生活辅助服务。这种社区中的居民通常是因病需要直接照料和护理的，建筑有多层的，也有单层的。有的社区设有工作室、一居室、豪华一居室等户型，有的提供 1 ～ 2 位居民居住的类似家庭的住宅——包括卧室、客厅、餐厅、庭院或封闭门廊、洗衣房、个人护理区以及护理人员工作站。对于患有老年痴呆症或类似疾病的老年人，则安排在独立的记忆护理社区，一般有 20 ～ 70 张床位，有些是校园式环境的一部分，其中包括独立的辅助生活社区。到 2018 年年末，布鲁克代尔公司共有生活辅助和记忆护理社区 593 个，包括 3.75 万个单元，平均每个社区 63 个单元；其中，有 462 个社区提供记忆护理服务，包括 11860 个记忆护理单元。生活辅助和记忆护理社区对所有居民提供基本护理服务，包括持续的健康评估、每日三餐和零食、由注册营养师制定特别饮食计划、医疗护理、社交和娱乐活动、客房服务和个人洗衣服务等。在一些社区，还为居民制定锻炼计划以及针对老年痴呆症的早期干预计划。此外，对于因认知障碍而需要更加频繁、更加密集的生活辅助和护理服务的居民，也提供额外付费的更高水平的个性化服务。实际上，生活辅助和记忆护理社区类似我国的医养结合机构，但其环境是类似居民小区或者校园的。

第三种是持续照护社区（Continuing Care Retirement Communities，CCRCs），主要是为寻找“就地养老”解决方案的老年人提供多样化的生活安排和服务。持续照护社区通常都是大型的，平均单元数 253 个，超过独立生活社区，远多于辅助生活和记忆护理社区。服务针对不同身体机能和健康状况的老年人进行设计，社区内设有独立生活和辅助生活区域，社区内或者邻近地区设有护理设施，有的还有专门的老年痴呆症护理设施。持续照护社区的居民都是想在同一个社区获得连续性服务的老年人，一般来说老人首先搬入独立生活单元，然后随着需求的变化再搬进辅助生活单元或者专业护理区域。部分持续照护社区允许独立生活单元的老年人预付一次性的入住费用，通常为10万～40万美元，入住费用取决于住宅单元的类型和大小、选择的合同计划类型、合同是否包含住户的人寿保险福利（即医疗折扣）、退款金额和时间等。预付了入住费用的居民，仍需按月支付服务费，但标准明显低于同类服务的其他居民，并且可以享有专属的设施和服务。提前终止合同可以按约定退还部分预付费用，有的社区还允许转售单元并将增值的一定比例一并退回。

除上述三个业务板块，还有输出管理的板块，涉及205个社区；另外还有专门的医疗服务业务板块。2018年度，布鲁克代尔公司的营业收入总额为45.3亿美元，其中81.5%来自社区居民付费，15.1%来自政府补贴（主要是医疗保险补贴），另外3.4%是其他来源。在社区居民付费中，44.7%来自自有的社区，42.6%来自租赁的社区，12.7%来自专门的医疗服务业务板块。从2018年报数据不难看出，在养老社区中，规模经济和范围经济共同发挥着重要作用。在占营业收入中绝大部分的三种社区中，持续照护社区的平均规模最大——平均的单元数最多，这使得服务的成本可以有效降低。与此同时，持续照护社区的多元化服务产生了可观的范围经济效应。独立生活社区尽管专门针对中高收入的老年人，但是平均每个单元创造的年营业收入只有4.8万美元。在医养结合的辅助生活和记忆护理社区，平均每个单元带来的年营业收入更高，超过5.3万美元，这可以认为是养老与医疗相融合的范围经济效应。而在服务种类、形式、需求层次都更为丰富的持续照护社区，每个单元每年能给布鲁克代尔公司带来超过6.3万美元的营业收入（表9-5）。可见，规模经济和范围经济效应都发挥得更加充分的持续照料社区，不论是与中高收入活力老人为主的社区，还是与一般的医养结合型社区相比，都具有更强的可持续增收能力。

如果我们把辅助生活和记忆护理社区看作是医养结合机构的一种，那么独立生活社区和持续照护社区就是养老社区最典型的两种模式。在《进军养老地产》一书中，吉姆 · 穆尔列举了这两种模式共同面临的十大挑战（专栏9-2），这些挑战不单单是养老社区运营方需要考虑的问题，也是项目建设方要提前应对的挑战。排在第一位的挑战是服务不足，这与本书第2章关于养老服务短缺是老龄化的最大灰犀牛即“多米诺”类灰犀牛风险的观点不谋而合。要应对这些挑战，对建筑物本身做的工作仅占一小部分，绝大部分的工作是服务。而这些服务不是孤立存在的，必须与建筑、社区这些空间载体紧密衔接、深度融合。

表 9-5 布鲁克代尔公司的养老社区概况（2018 年）

社区类型	社区数量（个）	单元数量（个）	单元数占比	社区平均单元数（个）	来自社区居民的收入（亿美元）	收入占比	平均每个单元收入（千美元）
独立生活社区	68	12419	14.7%	183	6.0	19.5%	48.3
辅助生活和记忆护理社区	593	37500	44.5%	63	20.0	64.7%	53.2
持续照护社区	26	6573	7.8%	253	4.2	13.5%	63.4
管理输出社区	205	27787	33.0%	136	7.2	2.3%	2.6
合计	892	84279	100%	94	30.8	100%	36.6

资料来源：Brookdale Senior Living Inc. 2018 Annual Report, September 2019.

专栏 9-2 养老社区面临的十大挑战

没有配备全周期的养老服务。仅对自理老年人提供服务的社区，针对自理和半自理老人却没有医疗护理服务的社区，尚未专门提供老年痴呆症和失能老年人照护服务的社区，面临的挑战尤其严峻。

建筑和设备日益老化。设计不合时宜，不适应新的需求，不符合老年人特别是无障碍的需要，维修维护非常滞后。

社区居民不断老化。有的社区对自理老人提供了过度的生活辅助服务，产生了负面效果，也埋下了隐患。新入住的居民年龄越来越高，原来的居民半失能和失能的数量越来越多。

成本结构失去了控制。运营的利润率不断下降，以至于最终低到不能接受、难以为继的程度。

现行的定价策略不适用。有的价格需要频繁地进行调整，有的需要重新进行整体修改。

服务合同履行困难。随着寿命的不断延长、服务成本的不断提高，过去指定的长期照护甚至是终身照护合同失去了精算平衡，或者无法满足新的需求。

不断创新的竞争者。竞争对手在产品、价值、价格、可选择性、服务等方面的创新，可能或者正在夺取更大的市场份额。

被动营销寸步难行。过去长时间采用的接受订单的被动市场营销遇到很大困难，必须转向精心策划的、更加主动的市场营销战略。

需求深刻变化。潜在的养老社区居民在消费的意愿、心态、能力上发生显著变化，影响消费的因素和消费模式本身也变了。

养老社区只是一种价格敏感的商品。这样的社区很容易被市场淘汰，必须转型成为受欢迎的精品社区。

例如，全周期的养老服务不可能在空中楼阁上提供，必须有落地的载体。服务团队和技术的引入，需要场地和设施设备方面的支持。又如，社区居民在变化、需求在变化，需要的是市场营销服务作出相应的改变和升级。定价水平和机制的调整、合同内容和条款的变更，都需要建立在对服务需求进行科学评估、对收支前景进行精算的基础之上。与对手竞争，更是取决于服务是否贴心、是否到位、是否有较好的性价比、是否可持续。

因此，尽管从统计上看，养老建筑只是第二产业中的建筑业范畴（表 9-6），但是从养老全产业链的视角看，养老建筑是内生有第三产业范畴，特别是要与养老照护服务、老年医疗卫生服务深度融合的建筑。养老设施的建设、改造及装修维修，是为在机构中供养的老年人提供更好服务的设施基础。住宅适老化及无障碍改造，不仅是为了老年人居家生活的舒适便捷，而且也是为了照料人、上门服务人员提供服务时能够更加便利和顺畅。公共设施适老化及无障碍改造，对于社区养老和居家养老的上门服务都有重要的促进作用。

更广泛地来看，养老建筑还可以紧密结合老年健康促进与社会参与、老年社会保障、养老教育培训和人力资源服务、养老金融服务、养老科技和智慧养老服务、养老公共管理、老年用品及相关产品的制造和销售租赁等行业，以发挥更大作用。

表 9-6　养老设施建设行业中类及说明

中类 | 小类名称	说明	对应国民经济行业
养老设施建设、改造及装修维修	· 指新建、改建和扩建为老年人提供居住、生活照料、医疗保健等方面专项或综合服务的老年养护院、养老院和老年日间照料中心等各类养老设施及其服务用房、场地及附属设施，以及建筑装饰、装修、维修等活动，包括特困人员供养服务设施（敬老院）改造提升工程	专用设备修理； 其他房屋建筑业； 管道和设备安装； 公共建筑装饰和装修； 建筑幕墙装饰和装修
住宅适老化及无障碍改造	· 指适应老年人生活特点和安全需要的家庭住宅装修、家具设施、辅助设备等建设、配备和改造，包括对多层老旧住宅加装电梯；对老年人居住环境进行安全评估，通过方案设计、施工改造、辅具适配、设备配备等方式，改善老年人居住环境，以及无障碍设施的适老化改造	其他建筑安装； 住宅装饰和装修
公共设施适老化及无障碍改造	· 指对公共设施进行适老化及无障碍改造，局部适老化和无障碍环境功能改善的活动，包括临水和临空的活动场所、踏步及坡道等设施设置安全护栏、扶手及照明设施，老年人自主安全地通行道路、出入相关建筑物、搭乘公共交通工具、交流信息、获得社区服务密切相关的公共设施的无障碍设计与改造，对坡道、楼梯、电梯、扶手等居住区公共设施无障碍改造，公共厕所或公共卫生间的适老化改造，以及老年人生活圈配套设施的建设和完善	电气安装； 其他建筑安装

资料来源：国家统计局 . 养老产业统计分类（2020）：国家统计局令第 30 号 .

例如，全周期的养老服务不可能在空中楼阁上提供，必须有落地的载体。服务团队和技术的引入，需要场地和设施设备方面的支持。又如，社区居民在变化、需求在变化，需要的是市场营销服务做出相应的改变和升级。定价水平和机制的调整、合同内容和条款的变更，都需要建立在对服务需求进行科学评估、对收支前景进行精算的基础之上。与对手竞争，更是取决于服务是否贴心、是否到位、是否有较好的性价比、是否可持续。

第 10 章
涉老政策：动态适应只有进行时

人口老龄化的进程始终与现代化的进程相伴随。我国 2025 年将进入中度老龄化社会，2035 年接近重度老龄化社会，21 世纪中叶 60 岁以上人口占比将达到 35% 左右。老龄化是一个动态过程，政策也要有动态调整的适应性。现阶段，社区居家、企业参与、普惠性和全周期、劳动和技术密集型的养老服务发展是短板和弱项，跨界融合也不足。底数不清、需求不明、落实不力、保障失序、监管不到位等漏洞，也不利于应对老龄化带来的“灰犀牛”风险。进入“十四五”，还面对老龄化提速、养老保险失衡、转移人口集中返乡养老、失能老年人大幅增加以及来自宏观形势的新挑战。鉴于此，养老服务业的发展应立足新发展格局，为形成强大国内市场和扩大内需作出更大贡献。在已经作出的国家积极应对人口老龄化顶层设计基础上，涉老政策还可以采取一系列新举措，不断适应新的形势需要。

10.1 现阶段的短板与弱项

客观上看，涉老政策作为养老服务全产业链的枢纽环节，尽管已经引起了广泛的重视，但与快速发展的老龄化进程相比、与老年人和老年期日益多层多样的需求相比、与养老服务供给主体和主要行业的期盼相比，仍有不少短板、弱项和漏洞。

基于本书第 5 章所界定的养老服务全产业链的多个维度，结合参与《中国老龄事业发展“十二五”规划》和《“十三五”国家老龄事业发展和养老体系建设规划》评估工作的经验，笔者认为，养老服务业发展的短板和涉老政策的弱项主要有以下六个方面。

第一，从养老服务的方式看，与机构养老相比，社区居家养老是短板，支持社区和居家养老服务发展的政策是弱项。

至 2019 年年末，全国 60 岁及以上老年人口 2.54 亿人；养老机构 3.4 万个、床位 438.8 万张，社区互助型养老设施 10.1 万个、床位 336.2 万张。我们假定养老机构和设施的床位已经全部入住老年人，可以匡算出机构养老、社区养老、居家养老的比例为 1.7% ∶ 1.3% ∶ 97%；如果考虑到床位空置的问题，机构养老的比例只有 1% 左右，社区养老的比例则低于 1%，居家养老的比例在 98% 以上。

在北京、上海等少数城市之外，绝大部分地区还延续着以机构建设为主的养老服务政策促进方式，“边建设、边空置”的问题不断积累、越发凸显出来。专门针对社区养老、居家养老的支持政策明显不足。2019 年，享有各类老年人补贴的老年人仅有 3579.1 万人，占 60 岁及以上老年人口的比例尽管超过了 14%，但其中绝大多数享有的是具有福利性质的高龄补贴——2963 万老年人享有高龄补贴，占全部享有老年人补贴的老年人比例高达 83%（表 10-1）。本书第 2 章和第 3 章的论证表明，福利化的养老服务路径最终是一条“死胡同”，适度福利没有问题，然而过度福利一定不可持续。市场化的养老服务路径才是通路，在市场主体比较弱小、整个产业比较幼稚的阶段，专门针对服务活动进行补贴是行之有效的办法。然而，2019 年，全国享受养老服务补贴的老年人仅有 516.3 万人，占享有各类补贴的老年人的比例只有 14%，占全体老年人的比例只有 2%；享受护理补贴的老年人仅仅 66.3 万人，占享有补贴老年人的比重 1.9%，占全体老年人的比重刚刚超过 0.2%。即便把护理补贴、养老服务补贴、综合老龄补贴统算在一起，全国能够享受到服务补贴的老年人也还不到 1/40。当然，高龄老年人需要养老服务的比例肯定高于 80 岁以下的老年人，高龄补贴比面向所有老年人的福利补贴效率更高。但是与更加精准地围绕服务活动和服务消费给予补贴相比，福利化的高龄补贴就显得效率偏低了。

第二，从养老服务的供给主体看，与政府公共服务和“民非”等非营利组织相比，企业服务是短板，支持企业参与养老服务的政策是弱项。

对民办非企业单位、社会团体的优惠政策有很多不能给予企业，但在很多情况下，前两者与后者在提供服务上并没有什么分别。非营利组织一经认定，就可以一劳永逸地享有税费优惠。而企业即使提供的是同样具有普惠性、公益性甚至是承接基本公共服务的行为，也得不到税费方面的优惠。与非营利组织相比，企业有更强的灵活性。如本书第 6 章所述，在规模化、连锁化经营上，企业的优势也更加明显。如果能够有更多像城企联动普惠养老专项行动这样的政策，有更多的企业得到更大力度的政策支持，那么养老服务的供给一定会更加丰富，养老服务市场也一定会更加繁荣。

笔者到访的很多地方，牵头养老服务工作的地方政府部门对企业仍有顾虑、担忧，甚至是歧视和敌视。“这事怎么能让企业干？”“企业进来赚钱怎么行？”“企业卷钱跑了怎么办？”“企业会为了利润压榨老人的！”类似的疑问、质问和认识，还停留在改革开放以前，但却是真实存在的。其后果是因噎废食，养老服务业发展迟迟上不了正常的轨道。

表 10-1　我国老年人补贴概况（2019 年）

补贴类型	享有人数（万人）	占享有补贴老年人的比例	占 60 及以上老年人口的比例
高龄补贴	2963.0	82.8%	11.7%
护理补贴	66.3	1.9%	0.3%
养老服务补贴	516.3	14.4%	2.0%
综合老龄补贴	33.5	0.9%	0.1%
合计	3579.1	100%	14.1%

资料来源：民政部财务和机关事务司 . 2019 年民政事业发展统计报告 (根据数据计算整理).

第三，从养老服务的对象看，与兜底保障和高端服务相比，如何满足"夹心层"需求是短板，支持普惠性服务的政策是弱项。

过去政策上讲的农村五保老人和城镇"三无"老人也就是现在所讲的城乡特困老年人，已经基本上做到应保尽保了。其中，有意愿进入乡镇敬老院、社会福利院等机构的，也大都安排入住了。诚然，有的机构设施条件较差，服务只是三餐管饱，但从最基本的兜底角度看，初步满足了最基本层次的需要。

高端养老市场在一段时期发展较快，特别是保险资金投资养老社区的探索已经取得了较为成熟、可以复制的经验。作为原中国保监会批准的首个险资投资养老社区试点，以大规模、全功能、高品质、连锁医养为特色的泰康之家已经布局了全国 29 个城市。泰康之家以美国持续照护社区的成功经验为参考，规划总地上面积超过 420 万平方米，可容纳约 7.5 万老年人，提供近 5 万个生活单元和超过 3000 张医疗床位。目前，北京燕园、上海申园、广州粤园、成都蜀园、苏州吴园、武汉楚园的社区以及配套建设的康复医院都已正式投入运营。泰康之家医养社区以活力养老、文化养老、健康养老、科技养老为管理理念，满足老年人社交、运动、美食、文化、健康、财务管理、心灵归属等 7 个方面的需求，为入住的居民打造"温馨的家、高品质医疗保健中心、开放的大学、优雅的俱乐部、长辈心灵和精神的家园"五位一体的生活方式。泰康之家养老社区提供的是高品质的服务，理念先进，设施一流，服务到位，当然价格也不菲。动辄数百万元的入门标准，是绝大多数老年人承担不了的。

政府兜底的对象和高端市场的对象逐渐不用发愁养老问题了，但处于居民收入分布中间位置的"夹心层"却面临严峻的养老难题。设施和服务比较好的公办机构入住难，民办的高端机构住不起，不用提每个月的服务费了，就连入门的会员费、保险费都难以承担。对其他的中低端机构要么不放心，要么不满意。想要"就地养老"，但社区和居家的养老服务发展比较滞后，有些服务有需求但是没有供给，有的有供给却缺乏足够的购买力。农村的"夹心层"老年人比城市的中等收入老年人更难：从需求看，收入低、积蓄少，房产土地等资产难以变现，消费习惯也没有形成；从供给侧看，机构主要是乡镇敬老院，医养结合服务十分滞后，企业不愿意来，非营利组织也难以扎根。与城市相比，农村走福利化路径缺乏公共财力支撑，走市场化道路则缺乏对资本的吸引力，因此普惠化的养老服务异常短缺。

第四，从养老服务涉及的生命历程阶段看，相对于老年人医疗服务，向前延伸的健康管理和向后延伸的康复护理等服务是短板，支持全生命周期服务的政策是弱项。

如本书第 7 章所述，尽管基本公共卫生项目要求基层医疗卫生机构每年为辖区内 65 岁及以上常住老年人提供 1 次健康管理服务，具体的服务项目包括生活方式和健康状况评估、体格检查、辅助检查和健康指导等，但实际上健康管理的覆盖率状况并不理想，不利于及时发现老年人健康风险并提出有针对性的措施。亚健康拖成了不健康，小病拖成了大病，给医疗、医保带来了负担。老年期的许多疾病，隐患在中青年阶段就已经埋下，但针对这个年龄段的健康管理还没有纳入公共服务体系，不良的生活习惯和不当的锻炼方式等，都加剧了中年人、青年人进入老年期以后的患病风险。

我国康复医学起步较晚，20 世纪 80 年代初才引进现代康复医学理念，在一些医疗机构试办康复中心。尽管 2009 年《中共中央 国务院关于深化医药卫生体制改革的意见》从顶层设计上已经明确了“注重预防、治疗、康复三者的结合”，2011—2013 年卫生部在 14 个省区市开展了康复医疗服务体系试点工作，但康复至今依然是这预防、治疗、康复中最短的短板。2015 年，全国共有康复机构 7111 个，占医疗卫生机构总数的比例只有 0.7%[1]；而在同一年，美国各类康复医疗机构多达 29177 家，其中家庭护理机构 12346 家。同年，我国各类医疗机构康复医学科床位数为 16.2 万张，占全国医疗卫生机构床位总数的比重仅为 2.3%；全国每 10 万人仅拥有 0.4 名康复医师，这与美国、日本、欧洲每 10 万人拥有 30 ～ 70 名康复治疗师的差距相去甚远。康复医学和康复服务严重滞后，与人口老龄化的形势脱节，远远不能满足老年人康复和护理的需要。

第五，从养老服务的主要行业看，相对于养老建筑等资本密集型行业，养老照护、老年用品等劳动密集型和知识密集型行业是短板，支持服务和研发的政策是弱项。

重建设轻服务已经称得上是一个老生常谈的问题了。政策上对建设的支持方式很多，从规划、用地，到投资、融资，已经形成了较为完成的链条。对于服务和研发，尽管表述较多，但“真金白银”投入少。对研发的支持还没有作

1 国家卫生和计划生育委员会 . 2015 年我国卫生和计划生育事业发展统计公报，2016.

为主要政策纳入涉老政策体系，例如，在《国务院办公厅关于推进养老服务发展的意见》（国办发〔2019〕5号）提出的28条举措中，只有两条直接和研发相关。其中，关于“建设产学研用协同的成果转化推广平台”的表述比较笼统，没有配套政策；关于“互联网+养老”行动的措施也基本上是倡导性的，没有明确的财政、税收、投资等政策支持。

第六，从养老服务的业态看，相对于固守单一行业的传统模式，跨界发展是短板，支持跨行业、跨领域融合的政策是弱项。

本书第6章到第9章关于养老照护、老年健康、老年文教、养老金融、老年用品、养老建筑等养老服务全产业链中重点行业的分析表明，跨界可以发挥出范围经济效应。但遗憾的是，真正实现了跨界、激发出范围经济效应的养老服务供给者还是少数。针对某一个行业的支持政策出台了不少，鼓励行业间相互融合的政策偏少，甚至有个别政策还在行业之间设置了原本不该有的壁垒。

这些短板不补齐、弱项不加强，养老服务就难以充分发展，最终对付不了服务短缺这个老龄化的“灰犀牛”。除了短板和弱项以外，涉老政策还存在一些漏洞，其中较为严重、有可能引发本书第2章所述“多米诺式”灰犀牛风险的主要有以下五个方面。

一是底数不清。关于养老服务的相关统计比较滞后，实施政策的基础情况不清晰。例如，在国务院印发的《“十三五”国家老龄事业发展和养老体系建设规划》（国发〔2017〕13号）中，专门在发展目标一节列明的12项主要指标中，只有1项可以根据公开的年度统计数据计算得到，其他的11项都没有公开的年度统计数据（表10-2）。没有公开的统计数据，就无法对规划的实施情况进行客观的评估，也无法反映相关工作的基本情况。

二是需求不明。官方开展的城乡老年人生活状况调查每五年才组织一次，中国人民大学、北京大学等高校开展的调查频次略高，社会上的其他调查样本偏小、代表性不强。目前还没有反映全国城乡老年人生活状况和需求诉求全貌的年度调查，不利于及时跟踪、及时施策。这个漏洞与上一个漏洞共同存在，一方面导致政策上反应迟缓的不作为风险，另一方面加剧了以偏概全等乱作为的风险。

三是落实不力。养老服务文件出了很多，其中方向性的、倡导性的、无法考核评估的政策居多，真正管用的、能落地实施的、可以考核评估的较少。比如，

表 10-2 《“十三五”国家老龄事业发展和养老体系建设规划》主要指标统计概况

规划指标	目标值	公开统计来源及指标
基本养老保险参保率	达到 90%	《人力资源和社会保障事业发展统计公报》中，有“年末全国参加基本养老保险人数”指标，没有参保率指标
基本医疗保险参保率	稳定在 95% 以上	《全国医疗保障事业发展统计公报》中，有“参加全国基本医疗保险人数”指标，没有参保率指标
政府运营的养老床位占比	不超过 50%	《民政事业发展统计公报》中，有“养老床位数”指标，分机构床位和社区设施床位，没有专门划分出政府运营床位
护理型养老床位占比	不低于 30%	同上，没有专门划分出护理型床位
老年人健康素养	提升至 10%	中国健康教育中心开展的居民健康素养专项调查数据，没有年度统计数据
二级以上综合医院设老年病科比例	35% 以上	《我国卫生健康事业发展统计公报》中，有二级医院、三级医院的机构数以及设有老年医学科的二级及以上综合性医院数，可以计算比例指标
65 岁及以上老年人健康管理率	达到 70%	《我国卫生健康事业发展统计公报》中，没有此指标。《中国老龄事业发展统计报告》涉及该指标，但不是每年都公布
建有老年学校的乡镇（街道）比例	达到 50%	中国老年大学协会不定期公布老年大学和老年学校数。《全国教育事业发展统计公报》中，没有此指标
经常性参与教育活动的老年人口比例	20% 以上	《全国教育事业发展统计公报》中，没有此指标
老年志愿者注册人数占老年人口比例	达到 12%	《中国老龄事业发展统计报告》涉及该指标，但不是每年都公布
城乡社区基层老年协会覆盖率	90% 以上	《中国老龄事业发展统计报告》涉及该指标，但不是每年都公布
福彩公益金用于养老服务业的比例	50% 以上	《民政事业发展统计公报》中，有民政系统支出彩票公益金的数额以及其中用于社会福利、社会救助的金额，没有专门列明用于养老服务业的金额或比例

资料来源：根据公开资料整理 .

养老服务机构按照政策在用电、用水、用气、用热上应当享受居民价格，但在实践中相当多的地方不执行这个政策。笔者在中部某市调研一家民办养老机构时，负责人说，她有国家、省、市级的文件，还有市长批准的文件，但电力公司就是“坚决”不执行政策。

四是保障失序。在基本保障了城乡特困老年人的养老需求以后，增加的公共财力、多出的公办机构床位应该优先保障谁的需求？这就涉及基本养老服务扩面的问题，理论上应当有个轻重缓急，建立在对老年人的健康状况、经济状况、需求状况等评估的基础之上，排列出政策保障的优先序。但实践中还没有普遍建立这样的制度，在一些地方高收入的健康老年人大量入住公办养老机构，本应优先入住的经济困难的失能老年人反而住不进来。服务需求并不强烈的高龄健康老年人更多地获得了高龄补贴，而服务需求更加紧迫的低龄失能老年人却得不到养老服务补贴或护理补贴。这不仅导致了资源的错配，还严重影响社会公平以及政府的公信力。

五是监管不到位。行业监管部门在人员队伍、政策工具、技术手段上都跟不上快速变化的需求和更快变化的供给。监管人员不熟悉产业，不理解企业，更不懂金融，经常出现监管缺位与监管越位的两种极端，“一放就乱”与“一管就死”交替出现。政策工具比较落后，传统上采用的报表、检查等方式无法及时发现问题，甚至无法反映真实情况。有的地方利用互联网、大数据等技术进行监管的探索刚刚起步，还没有形成真正的效能。

由此看来，在养老服务全产业链中居于枢纽地位的涉老政策，还有很大的完善空间。

10.2 老龄化与现代化如影随形

进入“十四五”时期，我国已开启全面建设社会主义现代化国家新征程。按照党的十九大和二十大部署，到 2035 年要基本实现社会主义现代化，21 世纪中叶要建成富强、民主、文明、和谐、美丽的社会主义现代化强国。在现代化的道路上，老龄化也在深化。根据联合国预测，2025 年中国 60 岁以上老年人口占总人口的比重将超过 20%，同期世界平均水平还不到 15%；2030—2035 年期间，我国老龄化率将超过美国；到 2050 年，我国按 60 岁口径的老龄化率将接近 35%，届时将高于世界平均水平 13 个百分点以上，比美国和印度分别高 6 个百分点和 15 个百分点以上[2]。

笔者综合联合国和有关学者的划分，按照 65 岁的口径，将老龄化率达到 7% 以前的社会称为前老龄化社会（Pre-ageing Society），老龄化率 7% ～ 14% 称为老龄化社会（Ageing Society）或者轻度老龄化社会，14% ～ 21% 为老龄社会（Aged Society）或者中度老龄化社会，21% 以上为超老龄社会（Hyper-aged Society）或者重度老龄化社会。按照这个划分，我国于 2000 年前后与世界同步进入轻度老龄化社会。2025 年，我国将迈进中度老龄化社会，而世界平均老龄化率（65 岁口径）要到 2040 年才达到 14%（图 10-1）。从轻度到中度老龄化社会，世界平均 40 年，我国仅用了 25 年。到 2035 年，我国 65 岁及以上人口占总人口比重将接近 21%，基本实现社会主义现代化之时，也是即将成为重度老龄化社会之日。到 2050 年，我国按 65 岁口径的老龄化率将进一步攀升至 26%，在全球 200 多个国家和地区中的排名将从 2025 年的 67 位、2035 年的 53 位升至 41 位。届时，英国、加拿大、冰岛等老牌资本主义发达国家的人口结构都比我国要年轻（表 10-3）。

到 21 世纪中叶以后，我国人口结构变老的速度会逐步减缓，但是持续老化的趋势至少会一直延续到 21 世纪末。这背后的因素，与本书第 1 章所分析的别无二致，仍然是由于人们寿命越来越长、出生率越来越低。预计到 2025 年，我国人口出生时的预期寿命将达到 78 岁；2030—2035 年期间，将超过 79 岁；2035—2040 年期间，有望达到 80 岁；到 2050 年前后，进一步达到 82 岁；21 世纪末将超过 87 岁，进而向 88 岁迈进（图 10-2）。

---

2 United Nations, Department of Economic and Social Affairs. Population Division. World Population Prospects 2019.

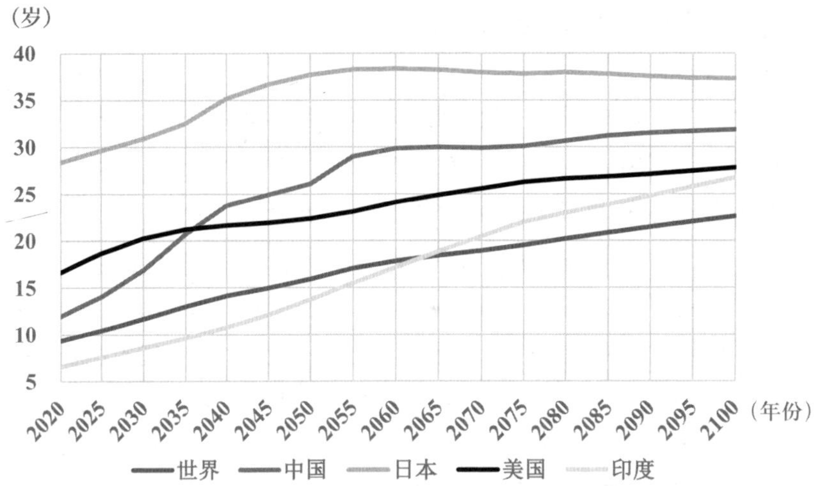

图 10-1　中日美印四国与世界老龄化率展望（65 岁及以上）
资料来源：United Nations, Department of Economic and Social Affairs, Population Division. World Population Prospects 2019.

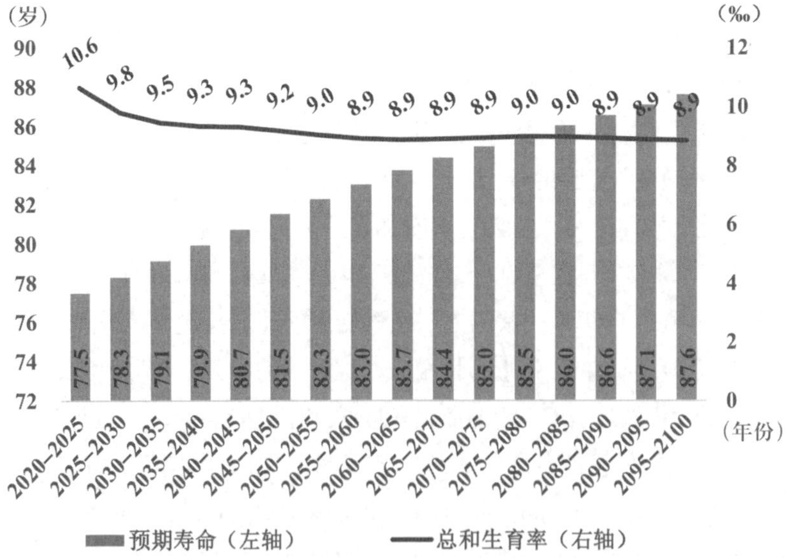

图 10-2　中国居民预期寿命和粗出生率展望
资料来源：United Nations, Department of Economic and Social Affairs, Population Division. World Population Prospects 2019.

表 10-3　2050 年全球老龄化率排名前 50 位国家和地区

国家或地区	老龄化率（65 岁及以上）	世界排名	国家或地区	老龄化率（65 岁及以上）	世界排名
韩国	38.1%	1	瑞士	28.6%	26
日本	37.7%	2	保加利亚	28.6%	27
西班牙	36.8%	3	美属维京群岛	28.5%	28
希腊	36.2%	4	法属瓜德罗普	28.4%	29
意大利	36.0%	5	英属海峡群岛	28.1%	30
中国台湾	35.0%	6	荷兰	28.0%	31
葡萄牙	34.8%	7	匈牙利	28.0%	32
中国香港	34.7%	8	法国	27.8%	33
新加坡	33.3%	9	拉脱维亚	27.8%	34
波多黎各	32.6%	10	巴巴多斯	27.7%	35
法属马提尼克	32.5%	11	罗马尼亚	27.7%	36
斯洛文尼亚	32.1%	12	芬兰	27.6%	37
波兰	31.1%	13	比利时	26.9%	38
克罗地亚	30.9%	14	塞尔维亚	26.6%	39
波黑	30.4%	15	爱尔兰	26.6%	40
马耳他	30.4%	16	中国大陆（内地）	26.1%	41
德国	30.0%	17	塞浦路斯	26.0%	42
古巴	29.8%	18	北马其顿	25.7%	43
泰国	29.6%	19	乌克兰	25.5%	44
奥地利	29.4%	20	阿尔巴尼亚	25.4%	45
立陶宛	29.0%	21	英国	25.3%	46
中国澳门	28.9%	22	冰岛	25.2%	47
捷克	28.9%	23	加拿大	25.0%	48
斯洛伐克	28.9%	24	智利	24.9%	49
爱沙尼亚	28.7%	25	荷属库拉索	24.7%	50

资料来源：United Nations, Department of Economic and Social Affairs, Population Division. World Population Prospects 2019.

与此同时，生育率呈持续下降的态势。"十四五"时期，粗出生率还能保持在10‰以上；"十五五"以后，会降至10‰以下；2035年前后，进一步降至9.3‰～9.5‰；到21世纪中叶及以后，将勉强保持在9‰左右。联合国对于我国预期寿命的提高和生育水平的下降趋势，预测得都比较保守。从东亚经济体普遍存在的高预期寿命和低生育水平看，形势更加严峻。如果我们的预期寿命像日本和韩国那样可以提高到90岁甚至更高、粗生育率也像他们那样下降到7‰左右（图10-3），那么我国人口老龄化的进程还将提速，程度还会加深。

除非发生战争、瘟疫、饥荒等重大不幸事件，否则我们几乎无法阻止人口老龄化在21世纪持续深化的进程。长寿是福气、少生是解放，都是人类主动选择的结果，因此我们也不应该敌视、仇视老龄化，而是要动态地适应，不断针对新的形势作出调整。在追求现代化的同时，也要拥抱老龄化。

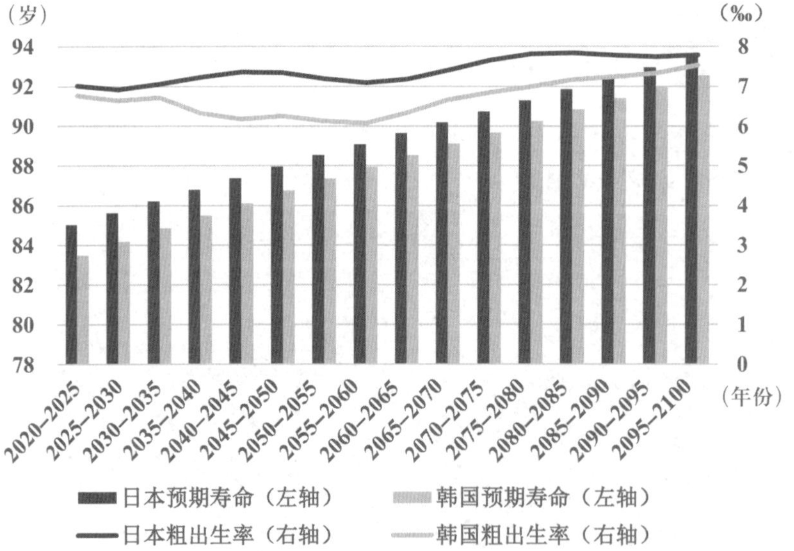

图10-3 日本、韩国居民预期寿命和粗出生率展望

资料来源：United Nations, Department of Economic and Social Affairs, Population Division. World Population Prospects 2019.

10.3 “十四五”中度老龄化社会的新挑战

人口老龄化的挑战是持续的，我们不仅需要着手解决上一节提到的养老服务和涉老政策的短板、弱项、漏洞问题，而且需要面向新的阶段预判风险挑战。老年人口规模总量的增加和老龄化率的持续提高，对养老照护、老年健康、老年文教、养老金融、老年用品、养老建筑以及涉老政策都提出了越来越高的要求。如本书第 1 章所述，老龄化持续加深，对经济潜在增长率、代际平衡关系、社会保险、公共财政也有深刻影响。在“十四五”时期，中国将进入中度老龄化社会。在人口年龄结构老化的长期历史进程中，这个新的五年会呈现出一些新的阶段性特征，有的是新出现的问题，有的是既有问题的加速恶化。它们都带来了新的挑战，也提出了新的要求。

首先，“十四五”时期我国人口老龄化的进程会重新提速，老年人口增量比“十三五”高出 30%。

据联合国经社理事会人口司估计，2016—2020 年即“十三五”时期，中国 60 岁以上老年人口增加了 3840 多万人，平均每年增加近 770 万人。这样的增量水平，相当于 2011—2015 年即“十二五”时期的 87%。“十三五”时期，中国老年人口占总人口的比重即老龄化率累计提高约 2.3 个百分点，与“十二五”时期相比要低 0.5 个百分点。我国自“十一五”时期人口老龄化出现加速发展的态势以来，在“十三五”出现了难得的、明显的减速。因此，“十三五”时期被看作是我国应对老龄化的重要窗口机遇期。

不过，进入“十四五”时期，我国 60 岁以上老年人口将大幅增加近 4980 万人、年均增加近 1000 万人。这个增量是“十二五”时期的 1.1 倍以上，是“十三五”时期的 1.3 倍。预计在“十四五”时期，我国的老龄化率将提高约 3.2 个百分点，与“十二五”时期相比加快了将近 0.4 个百分点，与“十三五”时期相比提速了 0.9 个百分点。老龄化提速的趋势会延续到“十五五”时期（图 10-4），2026—2030 年，我国老年人口五年累计的增量将进一步达到 6400 万人，年均增加 1280 万人，老龄化率五年累计提高 4.3 个百分点，年均提高将近 0.9 个百分点。那时，我国将迎来老年人口增量的历史高峰。再到“十六五”时期即 2031—2035 年，老龄化进程与“十五五”相比有所放缓，但老年人口的增量仍然在 5000 万人以上，老龄化率的增幅超过 3.5 个百分点——这个速度快于“十四五”。可见，“十四五”

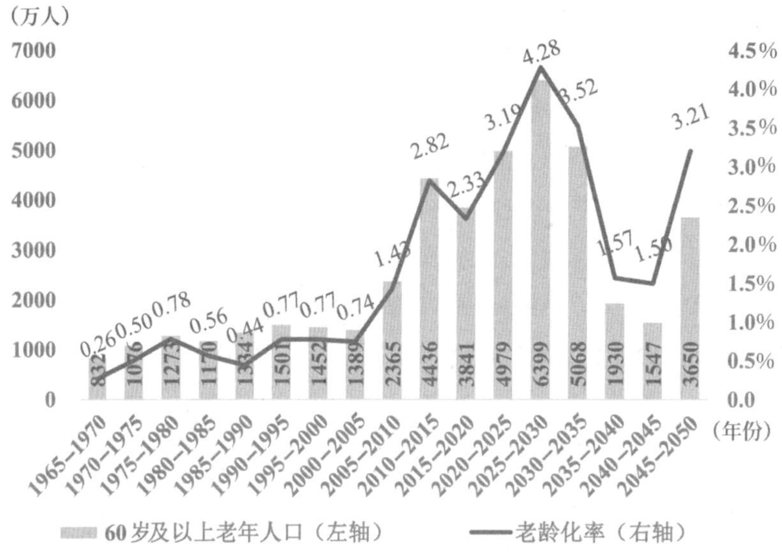

图 10-4　我国老年人口增量和老龄化率增幅

资料来源：United Nations, Department of Economic and Social Affairs, Population Division. World Population Prospects 2019.

时期是在短暂的窗口机遇期过后，我国人口老龄化重新开始提速的启动期，人口年龄结构的加速老化，带来了更为严峻的挑战。

其次，“十四五”时期养老保险支出增速再次反超收入增速，将有近半数省份养老保险支付击穿基准线。

养老保险是涉老政策中最重要的一项政策，一头连着工作人口的财富储备，另一头连着老年人口的生活水平。职工基本养老保险制度建立以来，大部分年份都是基金收入增长速度快于基金支出增长速度。个别年份出现支出增速反超收入增速后，都得到了迅速扭转。只有 2012—2016 年连续出现支出快于收入的情况，2017—2018 年收入增速重新超过了支出增速。然而，2019 年，职工养老保险基金收入增长大幅度放缓，只有 3.4%；同年，基金支出增长 10.3%，支出增速反超收入增速 6.8 个百分点，这是 2000 年以来最为严重的情况（图 10-5）。受新冠肺炎疫情影响，职工基本养老保险一度出现更为严重的收不抵支状况。

在大部分时间里，职工养老保险基金收入增长快于支出增长，主要有三个方面的原因。一是得益于全民参保计划的实施，参加养老保险的职工大幅增加，“扩面红利”是基金征缴收入快速增长的最主要因素。二是得益于职工平均工

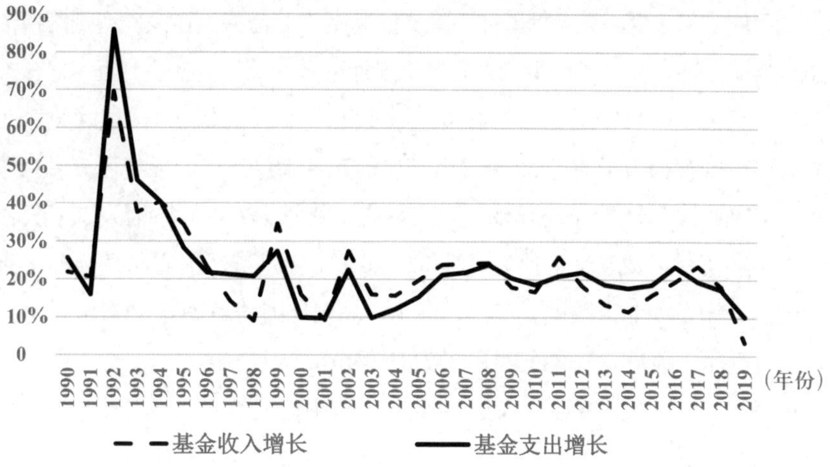

图 10-5 我国职工养老保险基金收支增长情况（1990—2019 年）

资料来源：《劳动事业发展公报》《劳动事业发展统计公报》《劳动和社会保障事业发展统计公报》《人力资源和社会保障事业发展统计公报》，1993—2019 年各期 .

资的较快增长，这带来了缴费基数的大幅提高，也在一定程度上支撑了征缴收入的增长。三是得益于财政收入较快增加，公共财政有能力提供更多资金，用于补充养老保险基金。

然而，随着职工养老保险的覆盖率越来越接近应保尽保的水平，依靠参保职工增加形成的“扩面红利”对基金增长的绝对贡献趋于下降。根据中国社会科学院世界社保研究中心的精算结果，2019 年，缴费人数占职工基本养老保险参保人数的比例为 80.2%，这个比例将一直保持到 2035 年左右，期间大部分年份基本不变，或者仅仅略有提高。这意味着，从“十四五”时期一直到“十六五”时期，依靠“扩面”来实现养老保险基金收入的快速增长，贡献会变得相对有限。

受外部环境不确定性和不稳定性加剧的影响，中国经济增长的下行压力在加大。“十四五”时期，经济增长有可能进一步减速。相应地，职工平均工资的增长和财政收入的增长有很大概率会放缓，导致依靠缴费基数提高和财政补贴来支持养老保险基金收入增长的效应，也随之减弱。而从支出看，如前所述，老年人口规模加快扩张，基本养老保险基金支出也有加快扩张的趋向。如果基金支出的增长速度持续超过基金收入增速一段时间，甚至会出现基本养老保险基金累计结存净减少的情况。

不同省份来看，养老保险收不抵支的状况不容忽视。在没有调剂的情形下，2025年全国将有9个省份职工养老保险累计结余为负值，包括山西、山东、宁夏、浙江、青海、吉林、辽宁、内蒙古、黑龙江；其中，情况最严重的黑龙江，负数的结余规模相当于该省30个月应支付的养老金总额。如果将可支付月数3个月作为警戒线，上述9个省份和甘肃、湖北、陕西、江西4个省都突破了警戒线。如果将可支付月数9个月作为基准线，那么击穿基准线的省份还要加上河南、兵团、上海、湖北、陕西、江西等6个。届时，基准线以下的省份（含新疆生产建设兵团）数量与基准线之上的数量均为16个（图10-6）。

再次，第一代农民工将有近7000万人集中返乡养老，农村养老服务供不应求状况更加突出。

国家统计局农民工监测调查报告数据显示，2013—2017年，我国50岁以上农民工持续较快增加，从4080多万人左右增至6100万人左右，占农民工的比重也从15.2%提高到21.3%[3]。而在同一时期，31—40岁、41—50岁农民工的占比非常稳定。笔者假定2017年50岁以上的农民工从51—60岁按年龄平均分布（41—50岁同理），可以推算，2021—2025年期间，有大约5500万农民工陆续达到60周岁。再加上此前已经达到退休年龄的农民工（按照2013年的农民工分年龄数据做最保守的估算），1950—1965年出生的第一代农民工到“十四五”末将累计有近9000万人超过60周岁，即现行的男性职工法定退休年龄。

如果将2017年进城农民工户拥有汽车（生活和经营用车）的比例21.3%作为能够留在城市养老的比例匡算（预计实际留城的比例只会更低），那么会有大约7000万第一代农民工只能返乡养老。考虑到农民工社会保险参保率比较低、乡镇敬老院设施落后、农村社区服务平台覆盖率偏低、农村居家养老服务严重缺失、新生代农民工返乡意愿低等现实状况，集中返乡的第一代农民工可能面临十分堪忧的养老困境，有可能埋下一系列的经济和社会风险隐患。

第四，失能老年人服务需求呈井喷态势，医养结合和全周期康养供不应求越发凸显。

从轻度老龄化社会进入到中度老龄化社会，将会面临非常突出的一个老年人内部结构问题，就是失能老年人将出现快速增加的态势。按照ADL日常生活

3 国家统计局．2017年农民工监测调查报告，2018.

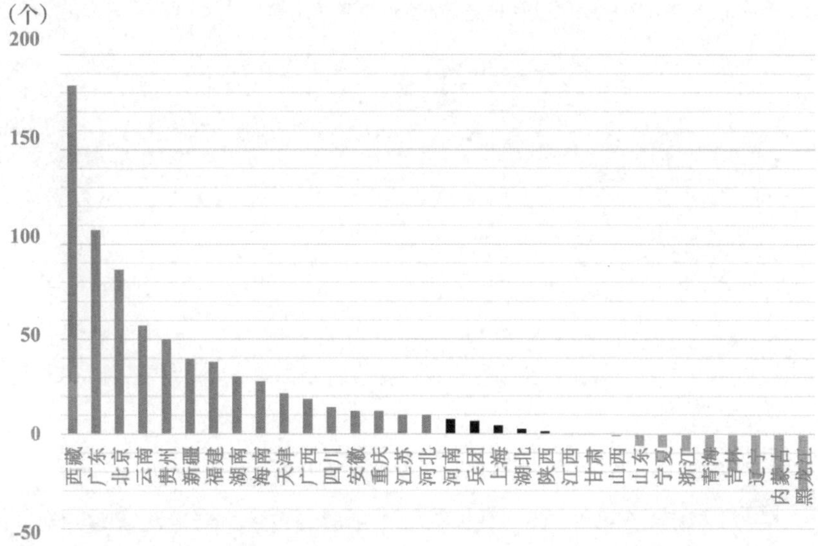

图 10-6 我国不同省市和兵团职工养老保险可支付月数预测（2025 年）

资料来源：郑秉文 . 中国养老金精算报告 2019—2050. 北京：中国劳动社会保障出版社，2019.

能力量表中吃饭、穿衣、上下床、上厕所、室内走动、洗澡等 6 个项目全部“不费力”为完全自理，其他为完全失能或部分失能的口径估算，我国的失能老年人总量已经从 2010 年的 3300 万人增加到 2013 年的 3700 万人[4]。按照较窄的口径，即城乡老年人口生活状况追踪调查的口径推断，2020—2025 年，全国失能老年人总量将从 3880 万人增加到 4645 万人，平均每年增加 150 万人以上[5]；按照适中的口径，即第六次人口普查的口径推算，失能老年人将从 2020 年的 7183 万人增至 2025 年的 8759 万人，年均增加 315 万人；按照较宽的口径，即北京大学中国健康与养老追踪调查的统计口径估算，“十四五”时期我国失能老年人数量将从 8586 万人增加到 1 亿人以上，平均每年增加近 340 万人（表 10-4）。

面对数千万甚至是上亿的失能老年人，目前的机构、社区、居家养老服务是严重不足的。全国养老机构中，护理型床位的占比还不到 50%，能够配套

4 唐钧 . 中国有多少失能老年人 . 中国社会保障，2016（12）.

5 雷咸胜 . 中国失能老年人长期照护需求规模预测及制度建设对策研究 . 残疾人研究，2019（4）.

表 10-4 不同口径下我国 60 岁以上失能老年人数量预测（万人）

年份	城乡老年人口生活状况追踪调查（窄口径）	第六次人口普查（中口径）	中国健康与养老追踪调查（宽口径）
2020 年	3880	7183	8586
2025 年	4645	8759	10280
2030 年	5605	10795	12404
2035 年	6342	13230	14033
2040 年	6614	15188	14637
2045 年	6863	15667	18140
2050 年	7422	16425	20625
“十四五”累计增加	765	1576	1694
“十四五”年均增加	153	315	339

资料来源：雷咸胜 . 中国失能老年人长期照护需求规模预测及制度建设对策研究 . 残疾人研究，2019（4）：80-87.

提供护理服务的床位比例更低；中度和重度失能老年人能够入住养老机构的还不到 10%，这部分老年人对家政服务的供求缺口率高达 55%[6]。本书第 6 章的分析表明，城市老年人所需要的社区助医、日托、助餐等服务，缺口率在 60% ～ 70%，农村老年人对这些服务的缺口率高达 90%[7]。严重的供不应求使得为失能老年人提供相关服务的价格畸高，特别是对重度失能的老年人及其家庭来说，稀缺的护理床位和高昂的诊疗、康复费用对有效需求形成了明显的、严重的抑制。长期护理保险尽管推出了第二批试点，但范围仍然局限在很少的地区。社会保险网没有兜住的失能老年人难以享有长期照护保障服务，“一人失能，全家失衡”。

最后，养老服务业发展的宏观经济形势出现重大变化，挑战明显加剧。

从国际看，当前及今后一个时期，世界正处于百年未有之大变局。新兴市

6 顾严 . 老龄化社会治理的中国方案 . 中国社会工作，2019（35）.

7 顾严 . 且富且老：中国养老困局与治理出路 . 北京：中国财政经济出版社，2017.

场国家和发展中国家群体性崛起，全球治理主体日趋多元化，国际政治格局和经济秩序面临深刻调整。保护主义、单边主义和反全球化思潮抬头，世界多地民粹主义激流涌动。我国发展的外部环境已经发生了明显变化，不确定性、不稳定因素明显增多。在外部环境不确定不稳定的条件下，我国养老服务业“走出去”和“引进来”将会受到不利影响。

从国内看，随着人均国民总收入接近高收入国家门槛水平，潜在经济增长率有进一步下行的压力。一方面，收入的提高使得社会主要矛盾继续深刻变化，人民群众对美好生活的需要日益增长、更加多样，对于养老服务的需求更加多层次，需要养老服务市场不断成长和丰富。美好生活和老有所养的新期盼与不平衡不充分发展之间的矛盾进一步凸显，养老服务“有没有”“够不够”“好不好”等问题“三碰头”，考验涉老政策的适应性。在经济增长放缓中，公共财政收支压力明显加大，“紧日子”甚至“苦日子”不期而至。地方财政增收更加困难，同时支出责任越来越重，由于此前地方债务快速扩张，“十四五”中期有可能出现新一轮地方债务偿还高峰。养老作为地方为主的支出责任，在“财源”严重收窄的情况下，很可能放缓脚步，甚至出现倒退。一直以来通过数量型、以公共投资为主要手段促进养老服务业发展的政策方式面临“断粮”风险，迫切需要及时调整，以适应新的形势需要。

10.4 立足新发展格局的养老服务业

《国家积极应对人口老龄化中长期规划》已经对打造高质量的为老服务和产品供给体系等重点工作进行了部署（专栏 10-1），涉老政策应该对标相应的要求进行设计和完善。从养老服务全产业链的视角看，一要以老年人和老年期为重点，面向全人群，增加财富储备，提升人力资源整体素质，促进全民健康；二要以居家和社区为重点发展养老服务，并且注重与机构充分发展、医养有机结合的衔接；三要以企业和社会组织为主体，在政府兜底保障基本公共服务、守住社保和法治底线的基础上，鼓励各类主体扩大养老服务供给；四要以服务环节为主导，重点发展养老照护和老年健康服务，并挖掘老年文教、养老金融、老年用品、养老建筑等领域的需求潜力和供给潜能；五要以融合发展为导向，促进养老服务的跨人群共享、跨形式贯通、跨主体合作，通过跨行业发挥出范围经济效应，走上可持续的发展路径。

积极应对人口老龄化已经上升为国家战略层面的重大部署，养老服务业作为国民经济中越来越重要的组成部分，也需要紧密对接国家宏观经济政策，找准大方向，顺势而为。

2020 年 4 月，习近平总书记在中央财经委员会第七次会议上首次提出"构建以国内大循环为主体、国内国际双循环相互促进的新发展格局"。5 月，习近平总书记先后在中央政治局常委会和全国政协经济界委员联组会上指出："要深化供给侧结构性改革，充分发挥我国超大规模市场优势和内需潜力，构建国内国际双循环相互促进的新发展格局""逐步形成以国内大循环为主体、国内国际双循环相互促进的新发展格局，培育新形势下我国参与国际合作和竞争新优势"。7 月，在主持企业家座谈会和中央政治局会议时，习近平总书记再次强调："必须充分发挥国内超大规模市场优势，通过繁荣国内经济、畅通国内大循环为我国经济发展增添动力，带动世界经济复苏""必须从持久战的角度加以认识，加快形成以国内大循环为主体、国内国际双循环相互促进的新发展格局"。8 月，在中南海主持召开的经济社会领域专家座谈会上，习近平总书记对新发展格局作出了进一步的论述（专栏 10-2）。

新发展格局给养老服务业提出了新的要求，也带来了新的机遇。

养老服务全产业链中的主要行业，基本上都是以内需为主的行业。发展养

专栏 10-1 《国家积极应对人口老龄化中长期规划》主要任务

夯实应对人口老龄化的社会财富储备。通过扩大总量、优化结构、提高效益，实现经济发展与人口老龄化相适应。通过完善国民收入分配体系，优化政府、企业、居民之间的分配格局，稳步增加养老财富储备。健全更加公平更可持续的社会保障制度，持续增进全体人民的福祉水平。

改善人口老龄化背景下的劳动力有效供给。通过提高出生人口素质、提升新增劳动力质量、构建老有所学的终身学习体系，提高我国人力资源整体素质。推进人力资源开发利用，实现更高质量和更加充分就业，确保积极应对人口老龄化的人力资源总量足、素质高。

打造高质量的为老服务和产品供给体系。积极推进健康中国建设，建立和完善包括健康教育、预防保健、疾病诊治、康复护理、长期照护、安宁疗护的综合、连续的老年健康服务体系。健全以居家为基础、社区为依托、机构充分发展、医养有机结合的多层次养老服务体系，多渠道、多领域扩大适老产品和服务供给，提升产品和服务质量。

强化应对人口老龄化的科技创新能力。深入实施创新驱动发展战略，把技术创新作为积极应对人口老龄化的第一动力和战略支撑，全面提升国民经济产业体系智能化水平。提高老年服务科技化、信息化水平，加大老年健康科技支撑力度，加强老年辅助技术研发和应用。

构建养老、孝老、敬老的社会环境。强化应对人口老龄化的法治环境，保障老年人合法权益。构建家庭支持体系，建设老年友好型社会，形成老年人、家庭、社会、政府共同参与的良好氛围。

专栏 10-2　习近平总书记在经济社会领域专家座谈会上关于新发展格局的重要论述

习近平总书记强调，要以畅通国民经济循环为主构建新发展格局。推动形成以国内大循环为主体、国内国际双循环相互促进的新发展格局是根据我国发展阶段、环境、条件变化提出来的，是重塑我国国际合作和竞争新优势的战略抉择。我们要坚持供给侧结构性改革这个战略方向，扭住扩大内需这个战略基点，使生产、分配、流通、消费更多依托国内市场，提升供给体系对国内需求的适配性，形成需求牵引供给、供给创造需求的更高水平动态平衡。新发展格局绝不是封闭的国内循环，而是开放的国内国际双循环。我国在世界经济中的地位将持续上升，同世界经济的联系会更加紧密，为其他国家提供的市场机会将更加广阔，成为吸引国际商品和要素资源的巨大引力场。

老服务业，有利于缓解中国经济对于外需的过度依赖。笔者利用 149 个细分行业的 2017 年投入产出表，将各个行业最终使用中用于消费支出和资本形成总额的部分合计所占的比例，称为“内需率”。内需率越高，说明一个行业对包括消费和投资在内的国内需求相对贡献越大。2017 年，149 个细分行业的加权平均的内需率为 83.2%[8]。也就是说，当年形成的最终产品，其中有 83.2% 是供国内使用的，另外的 16.8% 通过出口提供给国外使用了。可以预判，在保护主义和逆全球化的冲击下，外需的不确定性、不稳定性较大。受此影响，最终产出中供国外使用的部分会出现较大幅度的波动，甚至会呈现下降的态势，进而对经济增长造成新的下行压力。发挥超大规模国内市场的优势，巩固和扩大内需，是对冲外需不稳定的必由之路。

养老照护所涉及的社会工作行业内需率高达 100%，该行业创造的最终产出完全供国内使用了。居家养老所需的家政服务属于居民服务业，该行业的

8　国家统计局国民经济核算司 . 2017 年中国投入产出表 . 北京：中国统计出版社，2019.

内需率为 99.8%。老年健康涉及的卫生行业、体育行业内需率分别为 99.8% 和 99.2%。这三个行业的最终产出也主要用于国内。与老年文教密切相关的教育行业内需率也高达 100%，与旅居养老相关的住宿、餐饮、铁路旅客运输、城市公共交通及公路客运等行业内需率分别为 85.4%，98.6%，90.2%，96.8%，也都显著高于国民经济各行业的平均水平。货币金融和其他金融服务、资本市场服务、保险这三个与养老金融紧密联系的行业，内需率分别为 96.7%，100%，96.8%。涉及养老建筑的房屋建筑、土木工程建筑、建筑安装以及建筑装饰、装修和其他建筑服务等行业，内需率在 99.4% ～ 99.7%；房地产业的内需率也高达 100%。

相对而言，老年用品涉及的一些行业，内需率比较低。例如，服装鞋帽大类的行业中，纺织制成品行业的内需率只有 22.4%；文教、体育和娱乐用品行业的内需率也只有 33.2%。这些行业需要进一步挖掘内需市场，更好地顺应人口老龄化的趋势，满足老年人的需求。当然，老年用品所涉及的行业中也有内需率比较高的，主要是与食品大类相关的制造行业以及农业中的几个行业（表 10-5）。

以国内大循环为主体并不是不需要国际大循环，而是要为中国经济寻找更加安全可控的增长动力。内需率高并不意味着排斥外需、排斥开放，养老服务业实际上已经对外资开放了。内需率高是一种优势，进可攻、退可守。在立足内需、为国内大循环作出新贡献的基础上，养老服务业完全可以“引进来”“走出去”，为国内国际双循环相互促进作出贡献。

在国内大循环中，不甚合理的收入分配是阻塞循环的一大障碍。尤其是在国民收入分配中，劳动者报酬占比偏低，不利于消费。笔者将各个行业增加值中劳动者报酬所占的比重称为“劳动报酬率”。劳动报酬率越高的行业，其发展对居民收入和消费的促进作用就越直接。

2017 年，国民经济各行业加权平均的劳动报酬率为 51.4%。与养老服务密切相关的社会工作、居民服务、卫生、体育、教育等行业的劳动报酬率分别为 92.8%，74.7%，81.2%，74.2%，70.7%，这些行业的发展一方面本身就意味着内需的扩大，另一方面则通过向劳动者给予更多的报酬来促进消费，进而产生扩大内需的叠加效应。涉及旅居养老的住宿、铁路旅客运输等行业内需率不如前述几个行业高，但也高于各行业的平均水平。老年用品相关的行业尽管内需率偏低，但劳动报酬率较高，这主要是由这些行业的劳动密集型特点决定的。如

表 10-5 国民经济部分行业的内需率和劳动报酬率（2017 年）

行业	内需率	劳动报酬率	行业	内需率	劳动报酬率
社会工作	100%	92.8%	纺织制成品	22.4%	61.5%
居民服务	99.8%	74.7%	纺织服装服饰	46.7%	68.0%
卫生	99.8%	81.2%	皮革、毛皮、羽毛及其制品	57.4%	55.3%
体育	99.2%	74.2%	鞋类	60.2%	63.3%
教育	100%	70.7%	文教、体育和娱乐用品	33.2%	68.1%
住宿	85.4%	67.2%	农产品	92.1%	104.5%
餐饮	98.6%	51.3%	林产品	92.5%	98.6%
铁路旅客运输	90.2%	51.9%	畜牧产品	99.3%	91.7%
城市公共交通及公路客运	96.8%	88.4%	渔产品	97.5%	93.6%
货币金融和其他金融服务	96.7%	39.3%	谷物磨制品	99.0%	39.4%
资本市场服务	100%	78.0%	植物油加工品	98.2%	29.8%
保险	96.8%	51.5%	糖及糖制品	94.6%	27.0%
房屋建筑	99.6%	61.5%	屠宰及肉类加工品	97.5%	47.8%
土木工程建筑	99.6%	71.8%	水产加工品	73.5%	48.6%
建筑安装	99.7%	32.2%	蔬菜、水果、坚果和其他农副食品加工品	90.0%	46.4%
建筑装饰、装修和其他建筑服务	99.4%	58.7%	饮料	97.1%	47.6%
房地产	100%	15.2%	精制茶	91.0%	38.4%
社会保障	100%	93.3%	医药制品	80.3%	38.5%
公共管理和社会组织	99.8%	83.0%	国民经济平均	83.2%	51.4%

资料来源：2017 年中国投入产出表（根据数据计算整理）.

果老年用品相关行业更加紧密地与老年人需求等国内需求对接起来，则有望发挥出与养老服务类行业相似的促进内需的叠加效应。

要在新发展格局中发挥更大作用，养老服务业的融合发展至关重要。通过融合，破除养老服务全产业链中的堵点，也为国民经济的生产、分配、流通、消费之畅通贡献力量。生产上可以盘活新要素，释放新动能，比如通过引入“医”来盘活“养”，提高养老机构床位和设施的利用率，利用率提高了，营业收入和利润增加了，既可以增加或者升级机构设施，也可以向社区和居家养老延伸服务，扩大养老服务供给。分配上更多向劳动者倾斜，通过跨行业的合作，实现交叉补贴，提高一线服务人员的待遇，不仅能够促进服务质量的提升，同时也有利于劳动者消费能力的增强。流通上借力规模经济和范围经济效应，最大限度地降低成本，最快速度地向老年人递送产品和服务。消费上依托超大规模国内市场，跨人群、跨主体、跨方式、跨产业密切合作与深度融合，提供更加丰富的养老产品和服务，创造更加便利的消费渠道和条件，促成更加高质量的消费体验，进而为养老服务业发展筑牢更加坚实的需求基础。

10.5 完善涉老政策具体建议

应对人口老龄化没有完成时、只有进行时，要驯服养老服务短缺这个“灰犀牛”也没有完成时、只有进行时。因此，涉老政策的制定需要持续优化、不断迭代。2020 年 10 月，党的十九届五中全会鲜明提出“实施积极应对人口老龄化国家战略”“发展银发经济”“推动养老事业和养老产业协同发展”。2021 年 11 月，《中共中央 国务院关于加强新时代老龄工作的意见》对健全养老服务体系、完善老年人健康支撑体系、促进老年人社会参与、着力构建老年友好型社会、积极培育银发经济等进行了系统谋划部署。2022 年 10 月，习近平总书记在党的二十大报告中强调“实施积极应对人口老龄化国家战略，发展养老事业和养老产业，优化孤寡老人服务，推动实现全体老年人享有基本养老服务”。另外，《习近平经济思想学习纲要》也将“贯彻落实积极应对人口老龄化国家战略”“大力发展老龄产业”等内容纳入。对标对表党中央决策部署和党的创新理论，秉持养老服务全产业链的跨界融合发展导向，针对本章前几节梳理出

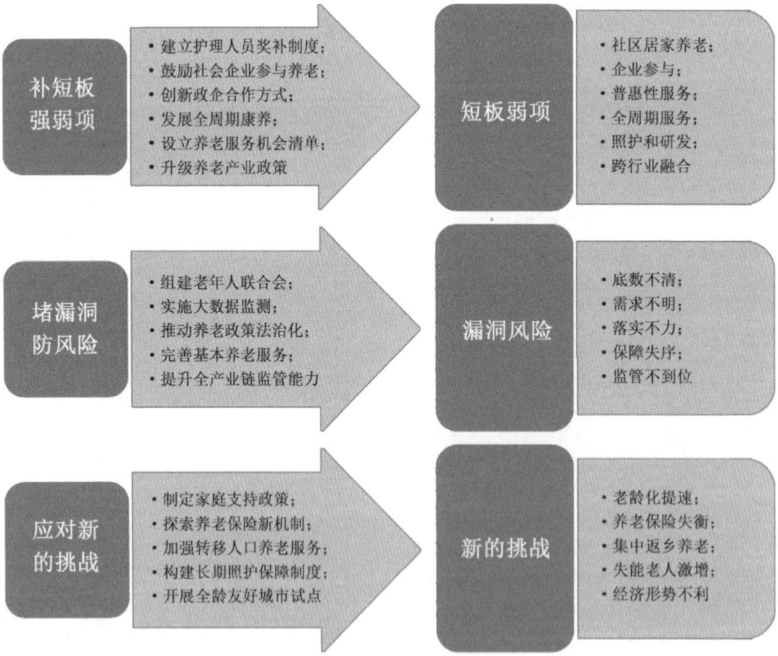

图 10-7 发展养老服务全产业链的具体建议与短板弱项漏洞及新挑战的关系

来的短板弱项、漏洞风险和新的挑战，这里试提出完善涉老政策的 16 条具体建议（图 10-7）。

建议之一：建立护理人员奖补制度。

养老是幼稚产业，一定离不开政策的扶持。养老保障、医疗保险等是间接扶持的政策，各种类型的财政补贴则是直接的扶持政策。笔者认为，已经实施的财政性资金补贴养老服务的政策可以划分为三个阶段。第一阶段是“补砖头”，主要是对养老机构建设进行补贴。在养老床位总量不足、机构设施陈旧老化的情况下，“补砖头”政策有力推动了机构建设，短时间内改变了机构养老的落后面貌。不过，重建设轻运营、重设施轻服务、一边加床一边闲置的问题也暴露出来。第二阶段是“补人头”，将财政补贴发放给老年人，补贴跟着老年人走，老年人及其家属对养老机构或者其他养老服务供应商“用脚投票”。不过，这种补贴很快陷入了福利化的困境，补贴发了，老年人却不肯花掉，而是存起来了。第一阶段床位闲置，第二阶段资金闲置。第三阶段是“补服务”，老年人购买相应的服务才能享受到补贴。比如，北京市海淀区家庭养老照护床位政策规定：经综合能力评估为轻度、中度失能的老年人，按照申请人实际发生服务费用的 50% 给予服务补贴，且轻度失能每月最高补贴 500 元、中度失能每月最高补贴 900 元。这样的补贴政策明显提升了财政资金的使用效率。

如果有第四阶段的补贴政策，能有什么改进？“补服务”的费用支付给了养老服务供应商，但后者如何分配这笔费用，是政策不能影响的。人口老龄化的最大“灰犀牛”式风险是服务短缺，深究起来，服务人员短缺是服务短缺最重要的原因之一。因此，对服务人员进行补贴的政策可以看作是第四阶段。从预算制度看，政府定期向服务人员发放补贴似有不妥，那就相当于变相发工资了。在现有的政策框架下，可以采取以奖代补的方式，对累计从事养老服务一定年限的人员发放财政性的奖励经费。服务年限越长、奖励越高，对从事失能老年人照料等服务、持有专业技术或职业资格证书的服务人员给予额外奖励。这样可以起到鼓励长期服务、失能照护、持证上岗的效果。针对服务人员的补贴，一方面帮助养老服务供应商降低成本，另一方面也能够将政策向最急需的环节、最应支持的人员倾斜。

不妨做个匡算。2019 年，全国 60 岁以上老年人 2.54 亿人，失能比例按第六次人口普查 2.9%，每 3 名失能老年人需要 1 名养老护理员，从事失能老年人照护服务的人员队伍约 245 万人。假定其中三分之一从事服务满五年，每人给予一次性奖补 3 万元。相当于过去五年间，对 80 多万人每人每月发放了 500 元补贴。平摊到每一年的补贴额只有 49 亿元，这个金额还不到 2019 年民政部门支出彩票公益金总额（约 260 亿元）的五分之一。借鉴精准扶贫、精准脱贫的政策，打通财政性资金的使用渠道，破解“买醋的钱不能打酱油”问题，在养老领域就是“盖楼的钱不能补服务”。

建议之二：鼓励社会企业参与养老。

企业是市场经济中具有细胞作用的重要主体，在养老服务全产业链中完全可以发挥更大作用。为了避免企业过度逐利、损害老年人权益，过去的政策把非营利机构作为重点支持的对象。在政策得到落实的地方，一经认定是民办非企业单位、社会团体等非营利组织，就能享受一系列优惠政策。随着养老服务业实践的深入，非营利组织的一些弊端也暴露出来，本书第 5 章、第 6 章等都有介绍，在此不再赘述。划出专门的非营利性养老服务主体，实际上既限制了民非，也限制了企业。在业界，很多营业收入可观的民非都同时注册有另一家企业，为的是绕开不能分红的限制性法规。明明赚钱了，却要绕一道弯来分红。而企业即使从事了相仿的养老服务，也难享受到同样的政策支持。选出来一部分主体进行支持的政策，从现代化治理的更高要求看，未免有“懒政”的嫌疑，暴露出治理的粗放性。下一步应该从选择性地支持一部分主体，转变为选择性地支持特定的服务行为——只要从事政策范围内的养老服务，就应不问出身，不管性质，一视同仁给予支持政策。

传统上认为非营利组织是创造社会价值的、公益性质的，企业是创造经济价值的、商业性质的，这种二分法正在遭受挑战。越来越多的“社会企业”（Social Enterprise 或 Social Business）、“共益企业”（Benefit Corporation 或 B Corp）将非营利组织与企业的特点相结合、将社会价值与经济价值相统一，有效运用商业模式来同时实现股东收益和公益使命。在股东收益之外，将员工权益、社区利益、环境效益以及其他社会责任纳入公司章程之中，并制定相应的策略、采取切实的行动，就向社会企业或共益企业迈出了实质性的步伐。作为商业向善的一项全球运动，共益企业的风潮已经“席卷”了 50 多个国家，甚至有了共益企业的认证系统，世界上已经有超过 10 万家企业成为认证的共益企业，美国超过一半的州还专门进行了立法[9]。

美国最大的公共养老基金加州公共雇员养老基金、我国业界著名的天津鹤童养老院，都是典型的社会企业。从养老服务本身具有的正外部性、养老项目利润普遍较薄的行业特性来看，社会企业的模式很适合养老产业。探索符合我国国情、地域文化传统以及老年人特点的社会企业参与养老的政策支持方式，值得系统性地进行探讨。

建议之三：创新政企合作方式。

将城企联动普惠养老专项行动的方法论向养老服务更加广泛的领域拓展，为地方政府与企业、社会组织之间搭建起桥梁，共同发挥出各自的比较优势，共同扩大养老服务供给，尤其是增加普惠性养老服务。

对于普惠养老来说，既具有当务之急性质，又具有持久影响的是降成本。政府一方面应制定和落实减税降费措施，直接给养老企业让利，进而给老年人让利；另一方面应帮助养老企业对接市场化的资金供给方，促成有效合作，实现多方共赢。

在 2020 年增值税税率、养老保险费率继续执行下调标准，以及免征餐饮、娱乐、文体等服务增值税的窗口期，养老市场主体积极抢抓机遇，并且将政策红利“转赠”“转让”给服务对象，助推养老服务需求的扩大和升级。结合政策落地实施，地方政府引导大型养老企业在产业组织中发挥更大作用，与享受专门减税降费政策的中小微企业、小规模纳税人合作，购买后者提供的服务，在自身降成本的同时也带动养老产业链上的其他企业共克时艰、共同发展。以训稳岗的资助政策也应将养老企业和社会组织纳入，支持一线养老服务人员参与职业技能培训。部分效果明显的政策可在“十四五”规划期乃至更长时期继续适用，有的应进一步细化，形成促进养老企业降成本的持久动力。

有关部门和地方可以通过政策宣讲、推介、申报指导等方式，让大幅增加制造业中长期贷款的政策惠及老年用品生产、适老食品药品、老年医疗器械制造等企业，帮助他们加快技术升级，探索工业互联网和智能制造的新路。创业担保贷款的政策应将创业型养老企业纳入支持，双创示范基地等平台也应向养老企业敞开大门。商业银行大幅增加的信用贷、首贷和无还本续贷额度可以更

9 霍尼曼 . 共益企业指南：如何打造共赢商业新生态 . 北京：中信出版社，2017.

多考虑小微型养老企业，拓宽债券融资渠道、创业板注册制试点等政策则可以考虑有一定实力的大型养老企业。

此外，还可以扩大政府购买养老服务的范围，支持更多养老服务供给主体开展形式多样的服务，满足不同层次的养老服务需求。

建议之四：发展全周期康养。

老龄化绝不仅仅是老年人的问题，而是贯穿绝大部分人整个生命历程、整个社会的深刻变化。例如，阿尔茨海默病通常被认为是典型的老年病。但证据表明，是否会患上阿尔茨海默病，与中年时期的心血管健康状况紧密相关。体重超重、吸烟、患有高血压或糖尿病、胆固醇偏高的老年人，大脑中淀粉样蛋白沉积较多，这些沉积形成的斑块正是阿尔茨海默病的重要指征[10]。健康风险是中度老龄化社会必须开始系统化、整体化应对的一个重大风险，尤其需要将关注点从给“老年人治好病”的诊疗环节，向前延伸到“让老年人少得病”的预防环节，向后延伸到“让老年人尽快恢复功能”的康复环节。

建议加快建立生活方式干预的有效体系，依托社区、工会、医疗卫生服务机构、社会组织和体育健身专业队伍等，构建健康生活方式共同体，科学介绍、大力倡导、广泛普及健康的饮食方式、运动方式、作息安排等。增设公益性的运动医院、体育医院、康复医院和社区康复中心，发展社会体育指导员、体疗师和康复师队伍。针对健康和亚健康、青少年和中老年等不同人群的特点，制定并实施“运动处方”。

建议之五：设立养老服务机会清单。

跨行业融合之所以困难，信息不充分是重要原因。如果做养老的不了解显微镜，做显微镜的不关注指甲刀，就不可能有本书第 9 章举例的 Smolia 精品老年人指甲剪。

政府可以通过设立和不定期公布“机会清单”等方式，将已经掌握的潜在商业机会、可能的应用场景与业界分享，对养老服务的跨界融合进行指引，促进跨行业合作，催生形成范围经济效应（专栏 10-3）。

建议之六：升级养老产业政策。

---

10 Alzheimer's Association. 2017 Alzheimer's Disease Facts and Figures. Alzheimer's & Dementia, April 2017, 13(4).

专栏 10-3 成都的“机会清单”产业促进模式

成都高新区在全国率先建立应用场景“机会清单”发布机制，对培育发展新动能起到了明显的促进作用，作为典型经验获得国务院办公厅的通报表扬。

2020 年 3 月，成都高新区启动“创响中国”大中小企业融通专场活动，先后发布 6 大类“机会清单”，发动中小微企业“接单”并开展“共创计划”路演等活动，力促各类市场主体激发活力、凝聚合力。截至 8 月初，已征集中小企业需求清单共 78 份，纳入成都“共创”融通服务平台企业数据库 550 家，促成大中小企业线上融通对接 220 次，融通专员撮合融通对接共计 30 次。

例如，四川长虹电子控股集团有限公司发布了面向电子信息、AI、物联网、智能硬件、区块链等领域，涵盖技术研发需求、投资需求两大类六细项的“机会清单”，第一时间得到成都慧视光电技术有限公司、成都国科云漫信息技术有限公司的响应。这两家企业已经“接单”成功——与长虹正式签署了合作协议。

（据《四川科技报》2020 年 8 月 12 日报道）

产业政策总体上仍处于产业结构政策的阶段，产业组织政策有了探索，但还很不充分。产业技术政策是下一步的政策重点，进一步升级则需要涵盖结构、组织、技术在内的综合性产业政策。

产业技术政策要以老年用品的研发为关键环节，通过“双创”等系列政策工具，构建以企业为主体、政产学研用紧密结合的养老产品自主创新体系。对于关键共性技术、重点产品，可以组织联合攻关，促进高等院校、科研院所、老年用品应用机构的深度合作，形成基础研究与产业应用交叉融合的良性互动。工信部等 5 个部门于 2019 年 12 月印发《关于促进老年用品产业发展的指导意见》，提出了老年用品需要重点突破的关键技术（图 10-8）。另外，可以遴选已具备一定基础的园区、院所、企业，搭建老年用品科技创新平台，承担资源

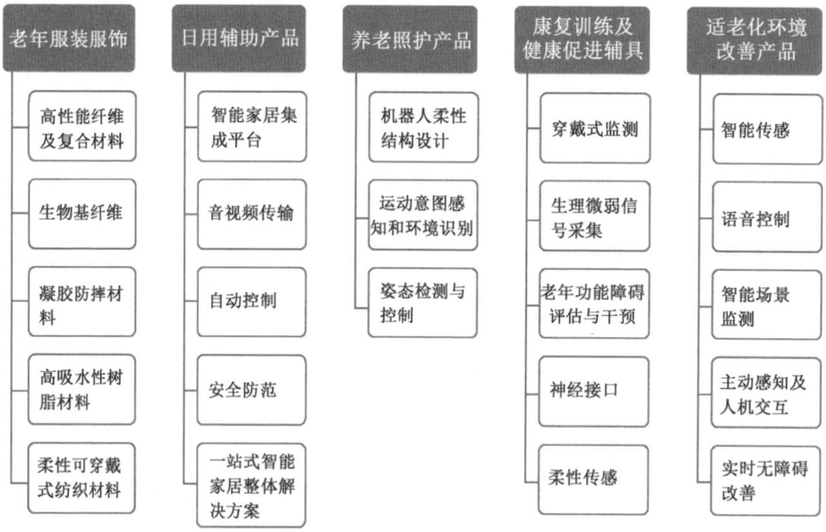

图 10-8　老年用品主要领域需要突破的关键核心技术

资料来源：工业和信息化部，民政部，国家卫生健康委员会，等．《关于促进老年用品产业发展的指导意见》：工信部联消费〔2019〕292 号．

共享、企业孵化、技术研发、成果转化、知识产权转移等功能。

在智慧化智能化产品的研发上，要结合我国应用场景巨大而丰富的优势，探索互联网、大数据、机器人、人工智能、5G 等在居家、社区、机构养老服务以及老年用品领域的广泛应用。目前，工业和信息化部、民政部、国家卫生健康委员会已经开展了四批智慧健康养老应用试点示范，支持的对象包括能够提供成熟的智慧健康养老产品、服务、系统平台或整体解决方案的示范企业，应用多类智慧健康养老产品、利用信息化智能化等技术手段为辖区内居民提供智慧健康养老服务的示范街道（乡镇），推广智慧健康养老产品和服务、形成产业集聚效应和示范带动作用的示范基地（地级或县级行政区）。我国很有希望培育出智慧养老、智能家居、老年用品智能制造等领域的全球领先企业。

考虑到老年用品的实用性远比科技含量更重要，相关的专利更多是实用型的，比较容易被模仿。侵犯知识产权的行为会对创新产生严重的负面激励，因此应在产业技术政策中特别注重对知识产权的保护，鼓励原创、鼓励深耕细作。

建议之七：组建老年人联合会。

老龄化社会的治理不只是政府的事，而是全社会共同的事。全产业链的养老服务，也是跨主体的。老年人自身及其家庭、企业和社会组织等主体应携手合作，共同应对挑战，协商方案，探索新路。在国家治理体系和治理能力现代化的大方向下，共同治理是新格局，精细治理是新方式。笔者将共同治理格局和精细治理方式下的人口老龄化应对，称为共治老龄化（Co-governed Ageing or Collective Ageing）。

在共治老龄化的框架下，政府要立足当前、更要着眼长远地设计制度和政策，兜住基本养老服务的底线，并为市场发育和社会组织培育提供良好的环境。企业等市场主体要发挥资源配置高效的优势，瞄准需求，不断创新，提供多样化、多层次的产品和服务。包括非营利组织、专业社会工作机构、志愿者团队等在内的社会组织要弥补政府失灵和市场失灵，充分体现出植根社区、贴近特定群体的特点，在深度参与社会治理的过程中做好涉老服务。

考虑到老年人需求反映频度偏低、代表性弱的问题，建议组建各级老年人联合会，作为老年人的代表性组织。国家层面可以在中国老龄协会基础上组建“中国老年人联合会”或者“中华全国老年人联合会”，主要承担但不限于以下职责：①宣传贯彻《中华人民共和国老年人权益保障法》，维护老年人在生活、健康、安全、社会参与等方面权利，密切联系老年人，听取老年人意见，反映老年人需求诉求；②与政府、社会、老年人及其家庭共同创造条件，推动实现老有所养、老有所医、老有所为、老有所学、老有所乐；③参与研究、制定和实施与老龄事业、养老服务密切相关的法律法规、政策规划，提供咨询意见和建议；④作为枢纽型社会组织，联系各类为老服务社会组织，关爱养老服务工作者；⑤开展老年人事务国际交流与合作，参与联合国老年人相关公约、计划的履约和评估工作。

地方各级老年人联合会可以参照国家层面的机构来设置，注重促进本地方老年人积极性和能动性的发挥，形成多主体的互补与合力，共同探索老龄化治理的最佳实践，共同建构出养老服务业发展的最优结果。

建议之八：实施大数据监测。

充分利用新兴的大数据技术开展养老服务业监测。首要的是打破行政藩篱，整合分散在各有关部门的养老服务数据，消除信息孤岛。依托人口信息、政务信息、民政统计、投资项目、养老产业统计等基础信息来源，连接市场、社会乃至国际上的相关数据资源，搭建养老服务大数据平台，形成指标化、日常化、动态化的监测体系，掌握养老服务业发展的全貌和实时动态。

建议之九：推动养老政策法治化。

在 1996 版老年法和 2012 版老年法之后，全国人大常委会分别于 2015 年 4 月 24 日、2018 年 12 月 29 日先后再次对老年法进行了修订。立法越来越完善，执法能否落地的问题更加凸显。这与政策的落地是相似的，文件集中密集出台，如何落实？笔者建议，一方面要加强老年法的执法，通过典型案例普法释法；另一方面要推动养老政策的“清单化”落地。

为了促进政策效应的充分发挥，需要系统梳理已经出台的养老政策，区分倡导性政策和实操性政策。倡导性政策要转化为一系列实操性政策，后者要进一步细化，对应三个清单：一是问题清单，即群众、机构等反映强烈的具体问题，比如不能享受“养老机构用电、用水、用气、用热按居民生活类价格执行”的税费优惠政策问题，而非大而化之的笼统问题；二是对策清单，严格针对问题，安排可落地的举措，比如是通过会议协调来解决，还是通过加大人、财、物投入来解决，或者是还需要某项改革配套来解决；三是责任清单，逐条对策都要列明落实的责任主体，还要明确落实不力的罚则，包括曝光、约谈、问责等。

新出台的养老政策，要按照“清单化”的要求，少讲套话，多讲“干货”，列明三个清单，解决具体问题，杜绝“空喊”“空转”。实施一段时间后比较成熟的政策，再通过立法程序上升为法律法规。

建议之十：完善基本养老服务。

如前所述，传统上由政府兜底保障的老年人是城镇“三无”老人和农村五保老人，目前已经纳入特困人员供养体系，基本上实现了应保尽保。由于老年人口众多而且增加较快，我国并不具备建立全面普惠养老体系的现实可行性，只能根据发展阶段和财力基础的变化，渐进式地适度扩大兜底保障的范围、逐步提高保障标准。这要建立在不断完善基本养老服务制度的基础上，分阶段明确国家层面应由政策兜底保障的老年人，一方面可以为地方政府的养老工作提供指引，提前规划公共资源的配置；另一方面也给市场主体和社会力量提出参与养老服务的方向，留足发挥作用的空间。

2023 年 5 月，中共中央办公厅、国务院办公厅印发了《关于推进基本养老服务体系建设的意见》，明确了国家基本养老服务清单。综合考虑竞争性、排他性和外部性原则，以及失能老年人快速增加这个中度老龄化社会的特征，建议将经济困难的重度失能老年人作为重点兜底保障对象，在全国范围内给予切实有力的政策扶持。需要配套建立老年人综合评估制度，包括对健康状况（重度、中度、轻度失能）、经济状况、需求情况等进行综合评价，由养老照护机构根据当地经济发展和物价变动等因素制定分级照护的打包收费标准。各地政府根据公共财力状况、按照评分制定分级保障标准，并动态调整保障水平和入住机构的优先序。公办、公建民营养老机构必须优先收住经济困难的重度失能老年人，逐步按照经济状况、健康状况、需求状况三个维度扩展优先收住的老年人范围，有条件的地区可以率先覆盖经济困难的中度、轻度失能老年人。公共财政基本养老服务补贴实施“费随人走”，无论是民政部门、卫生健康部门、政府机构还是社会力量举办的养老机构和老年护理机构，凡是收住纳入保障对象者，均按标准给予财政补贴。政府举办和公建民营的养老机构，新增床位应以护理型为主，同时加大存量床位向护理型改造的力度。对民办养老机构、长期照护等医养结合机构发放养老床位建设补贴、运营补贴等，也应主要面向收住失能老年人的护理型床位。

家庭病床、基本养老服务补贴、护理补贴、居家和社区养老服务等政策，也应参照基本养老服务的对象来制定和调整。

建议之十一：提升全链条监管能力。

在政府兜底提供基本养老服务的前提下，进一步放开非基本养老服务市场，结合“放管服”改革最大限度放宽准入条件，优化事中和事后监管。发挥行业协会作用，促进行业自律。不再新设以提供非基本服务为主的养老事业单位，不在非基本养老服务领域与市场力量、社会力量抢资源、争利益。选取适宜的项目，积极推行政府购买服务，吸引民间资本、社会企业、社会组织等进入。鼓励养老服务新方式、新业态，避免监管的过度严苛，更多采取帮扶式监管、包容审慎监管的方式，给服务创新留足空间。

特别要加强监管队伍建设，优化监管人员的专业背景结构、从业经历结构，补充经济学、金融学专业人才，从养老企业、民办非企业单位、社会团体等吸纳人才。引入第三方参与的监管机制，委托枢纽型社会组织、专业机构、专家学者开展专项监管，发挥新闻媒体和自媒体等社会监督力量的作用。升级监管技术手段，结合前述大数据监测，提升监管的频度、及时性、有效性。加强预警，增进应急反应能力。

建议之十二：制定家庭支持政策。

居家养老是绝大多数老年人的养老方式，还会有相当大一部分老年人需要依靠家庭成员来照料。社会化的养老服务除了直接服务于老年人以外，还可以通过直接服务于家庭成员、间接服务老年人。可以从这个角度提供政策上的支持，如 20 世纪 70 年代起源于美国的“喘息服务”，目前在我国一些地方也进行了政策“试水”（专栏 10-4）。

从更广的人群看，如果能够针对家庭照料儿童提供政策支持，比如适当延长产假、育儿假、带薪休假等假期，发展普惠性的托育服务和学前教育，则有利于保持适度生育率水平，适度平滑整个社会衰老的曲线。

专栏 10-4　支持老年人照料者的喘息服务

通常认为，喘息服务（Respite Care）20 世纪 70 年代起源于美国，也称间歇护理服务、临时性照顾、暂时性护理等。最初的服务方式就暂时将居家照顾的老人送到喘息服务机构，由专门人员照料几天后，再接回家继续照顾。喘息服务是为了给照料者“喘息”的时间，以释放压力、放松身心。

1993 年《亲属及医疗休假法案》规定，因照顾而使雇佣劳动中断的人可以得到一定的经济补偿。2000 年美国版老年法的修正案把国家家庭照顾者支持项目（National Family Caregiver Support Program，MFCPS）向全国推广，为 60 岁以上的老年人照顾者提供以喘息服务为主的各种社会支持服务。2006 年，专门的《喘息服务行动法案》颁布实施。

国内已有广州、杭州、苏州、北京等地开展了政府购买“喘息服务”的试点，用政策来支持家庭中的照料者。“喘息服务”有机构和居家两种方式，一种是将老年人暂时送到养老机构进行短期托管，另一种是提供临时性的居家上门照料服务，以给家庭照料者减轻负担，提高他们的生活质量。

建议之十三：探索养老保险新机制。

我国现行的《社会保险法》已经实施了 10 多年，其中的一些规定与中国经济社会发展的现实条件相比出现了一定程度的不适应。从养老保险的收支变动态势来看，实施延迟退休的政策需要变得越发强烈，即存在延长缴费年限、客观上增加缴费负担的压力。然而从经济增长和实体经济运行的实际情况看，企业普遍反映社保负担较重，又存在调低费率、减轻缴费负担的压力。要平衡不同的、甚至是完全相异的政策方向，必须充分考虑各个方面、最现实的利益诉求，最好的办法是协商。目前只由主管部门牵头研究，并且在非公开的状态下研究，很难保证论证的充分性和合理性，将来推行时有可能引发巨大的社会风险。

按照“众人的事情由众人商量”的要求，应建立基本养老保险动态协商调整机制，定期对缴费的年限、费率、分担比例及基本养老金待遇水平等进行协商，经协商达成一致再作调整。延迟退休作为广大群众关系最直接、最现实的一个重大利益问题，也应纳入动态协商的框架下，并且将研究和协商的过程公开化。从操作上看，协商可以通过以下三个方式实现：一是启动《社会保险法》的修法程序，调整相应的法律条款，并建立定期讨论修法的机制；二是在国家基本公共服务清单、基本养老服务清单的制定和调整中，引入政府部门以外的协商主体，每 5 年或者 2 ～ 3 年讨论一次基本养老保险国家标准是否需要调整、如何调整；三是由主管部门牵头，建立政府、企业、劳动者、老年人及相关主体协商的平台，并向社会公开协商的过程和内容。

建议之十四：加强转移人口养老服务。

针对第一代农民工集中返乡养老的新形势，一方面要重点加强农村社区居家养老服务平台建设，按照政府兜底特困老年人和经济困难的重度失能老年人、社会公益服务和农村基层互助为主、市场力量补充的格局，因地制宜探索农村社区养老、互助式养老的可行模式，让返乡老年人群也能够享有家门口的养老服务。另一方面要注重城镇保障性住房建设的适老化，在政策上将农民工纳入住房保障的基础上，改进户型结构，面向举家迁移、多代共同居住的需求，调增两室、三室的比例，并在保障房社区配建适宜的养老服务设施，创造条件让长期在城镇工作生活的农民工群体能留在城镇养老。

建议之十五：构建长期照护保障制度。

为减轻高龄化和失能化对现有养老服务体系、医疗保障体系的冲击，发挥长期护理保险试点的示范带动作用，同时弥补社会保险单一层次覆盖保障对象不足的缺陷，可以探索建立多层次的长期照护保障制度，包括社会保险性质、兜底保障性质、商业保险性质等三个层次。

社会保险层次，总结长期护理保险制度试点地区经验，扩大试点范围，逐步在全国推行符合国情的基本长期护理保险制度，形成以医保资金为主、个人缴费为辅、因地制宜、稳定可持续的筹资机制。加快建立全国统一的老年人健康状况分级评估和分级护理体系，指导各地根据老年人失能等级确定护理服务等级，明确待遇保障水平。兜底保障层次，鼓励各地结合实际需求和财政可承受能力，以经济困难的重度失能老年人为重点，探索建立兜底性的长期照护最低保障制度，由公共财政按一定标准，逐步将低保户、低保边缘群体中的中度、重度失能老年人纳入保障，并根据经济发展和财力水平调整保障范围和保障水平。商业保险层次，充分调动保险公司等市场主体的积极性，研发和提供丰富的长期护理商业保险产品，提升个性化、定制化水平，为适宜人群对接优质医疗和护理服务。

建议之十六：开展全龄友好城市试点。

2016 年 10 月全国老龄办印发的《关于推进老年宜居环境建设的指导意见》提出到 2025 年，“各地普遍开展老年宜居环境建设工作，形成一批各具特色的老年友好城市、老年宜居社区”。2017 年 6 月，国务院办公厅《关于制定和实施老年人照顾服务项目的意见》进一步强调推进老年宜居社区、老年友好城市建设，“提倡在推进与老年人日常生活密切相关的公共设施改造中，适当配备老年人出行辅助器具。加强社区、家庭的适老化设施改造，优先支持老年人居住比例高的住宅加装电梯等”。

如本书第 5 章分析，无障碍环境、无障碍出行只是老年友好城市建设的一部分维度，其背后实际上需要更加广泛的全产业链的养老服务来支撑。在老年友好城市建设方面，上海是国内的先行者，也是世界卫生组织《全球老年友好城市建设指南》的参与者[11]。笔者认为，老年友好城市、儿童友好城市、无障碍城市等具有高度的关联性，在各自探索的基础上，可以考虑开展综合性的“全龄友好城市”试点，以提供新的经验和样本，通过试点的融合发挥出更强的示范引领作用，为全社会共同积极应对人口老龄化和全产业链的养老服务发展，不断拓宽新的路径，不断开辟新的空间。

---

11 于一凡，田菲．面向老龄化社会的城市应对．北京：科学出版社，2019.

参考文献

[1] Alzheimer's Association. 2017 Alzheimer's Disease Facts and Figures. Alzheimer's & Dementia, April 2017, 13(4): 325-373.
[2] APPS P, REES R, WOOD M. Population Ageing, Taxation, Pensions and Health Costs. The Australian National University Centre for Economic Policy Research Discussion Paper, 2007,11(564).
[3] BECKER G S. An Economic Analysis of Fertility, Demographic and Economic Change in Developed Countries, NBER and Columbia University Press, 1960: 9-240.
[4] BLOOM D, CANNING D, AHAM B. Longevity and Life-cycle Savings. Scandinavian Journal of Economics, 2003, 105(3): 319-338
[5] BLOOM D, CANNING D, MANSFIELD R, et al. Demographic Change, Social Security Systems, and Savings. Journal of Monetary Economics, 2007, 54(1): 92-114.
[6] BOSWORTH B, CHODOROW-REICH G. Saving and Demographic Change: The Global Dimension. Working Paper, Center for Retirement Research at Boston College, 2007(5).
[7] Brookdale Senior Living Inc. 2018 Annual Report. (2019-09). https://www.brookdale.com.
[8] COALE A, HOOVER E. Population Growth and Economic Development in Low Income Countries. Princeton: Princeton University Press, 1958.
[9] COLIN C, BRYS B. Population Ageing and Sub-central Governments: Long-term Fiscal Challenges and Tax Policy Reform Options. OECD Working Papers on Fiscal Federalism, 2019, 11(30).
[10] COULMAS F. Population Decline and Ageing in Japan – the Social Consequences. Routledge, 2007.
[11] CREEDY J, ENRIGHT J, GEMMELL N, et al. Population Ageing and Taxation in New Zealand. New Zealand Economic Papers, 2010, 44(2): 137-158.
[12] DEATON A. Franco Modigliani and the Life Cycle Theory of Consumption. Working Paper, Presented at the Convegno Internazionale Franco Modgliani, Accademia Nazionale dei Lincei, Rome, 2005.
[13] DROTTER M W. Education for the Elderly: Trends and Problems in the 1980s. Educational Gerontology, 1981, 7(2-3): 105-110.
[14] EASTERLIN R. The American Baby Boom in Historical Perspective. The American Economic Review, 1961, 51(5):869-911.
[15] EASTERLIN R. The Economics and Sociology of Fertility: A Synthesis//Historical Studies of Changing Fertility. Princeton: Princeton University Press, 1978: 57-133.
[16] EASTERLIN R, CRIMMINS E. The Fertility Revolution: A Supply-demand Analysis, Chicago: University of Chicago Press, 1985.
[17] FELIX A, WATKINS K. The Impact of an Aging U.S. Population on State Tax Revenues. Federal Reserve Bank of Kansas City Economic Review, 2013: 95-127.
[18] FORMOSA M. Four Decades of Universities of the Third Age: Past, Present, Future.

Ageing & Society, 2014, 34(1): 42-66.
[19] HEBESTREI L. The Role of the University of the Third Age in Meeting Needs of Adult Learners in Victoria, Australia. Australian Journal of Adult Learning, 2008,48(3): 547-565.
[20] HEBESTREIT L. An Evaluation of the Role of the University of the Third Age in the Provision of Lifelong Learning. University of South Africa, Pretoria (2019-08). http://hdl.handle.net/10500/1498.
[21] HIGGINS M. Demography, National Savings, and International Capital Flows. International Economic Review, 1998, 5: 343-369.
[22] HORIOKA C, WAN J. The Determinants of Household Saving in China: A Dynamic Panel Analysis of Provincial Data. Journal of Money, Credit and Banking, 2007, 39(8): 2077-2096.
[23] HYO Y L, SOONG N J, SEONJA L, et al. The Relationship between Social Participation and Self-rated Health by Sex and Age: A Cross-sectional Survey. International Journal of Nursing Studies, 2008, 45(7): 1042-1054.
[24] International Labour Organization, What about seniors? A quick analysis of the situation of older persons in the labour market, ILOSTAT Spotlight on Work Statistics, 2018.
[25] KENNICKELL A, LUSARDI A. Disentangling the Importance of the Precautionary Saving Motive. Working Paper, 2005.
[26] KOTLIKOFF L. Estimating the Age-Productivity Profile Using Lifetime Earnings. NBER Working Paper, 1988, 2788.
[27] KRAAY A. Household Saving in China, The World Bank Economic Review, 2000, 14(4): 545-570.
[28] LEFF N. Dependency Rates and Savings Rates, The American Economic Review, 1969, 59(5): 886-896.
[29] LEIBENSTEIN H. A Theory of Economic-Demographic Development. Princeton: Princeton University Press, 1954.
[30] LELAND H. Saving and Uncertainty: The Precautionary Demand for Saving. The Quarterly Journal of Economics, 1968, 82(3): 465-473.
[31] LINDH T, MALMBERG B. Age Structure Effects and Growth in the OECD: 1950–1990. Journal of Population Economics, 1999, 12(3): 431-449.
[32] LOAYZA N, SCHMID-HEBBEL K, SERVEN L. What Drives Private Saving Across the World? Review of Economics and Statistics, 2000, 82(2): 165-181.
[33] LUGILDE A, BANDE R, RIVEIRO D. Precautionary Saving: A Review of the Theory and the Evidence.MPRA Paper, 2017.
[34] MANDEL B, MAHARAJ T, KUNIKYO A, et al. How Demographic Change Will Affect Savings, Growth and Interest Rates, Long-term Capital Market Assumptions, J.P. Morgan Asset Management, 2017.
[35] MCKEOWN T, BROWN R. Medical Evidence Related to English Population Changes in the Eighteenth Century. Population Studies, 1955, 9: 19-41.
[36] MCKEOWN T, BROWN R, RECORD R. An Interpretation of the Modern Rise of Population in Europe. Population Studies, 1972, 26: 345-382.
[37] MODIGLIANI F. Life Cycle, Individual Thrift, and the Wealth of Nations. American Economic Review, 1986, 76(3): 297-313.

[38] MODIGLIANI F, BRUMBERG R. Utility Analysis and the Consumption Function: An Interpretation of Cross-section Data//Post Keynesian Economics, New Brunswick, NJ. Rutgers University Press, 1954: 388-436.
[39] MODIGLIANI F, CAO S. The Chinese Saving Puzzle and the Life-Cycle Hypothesis. Journal of Economic Literature, 2004, 42(1): 145-170.
[40] National Institute of Population and Social Security Research in Japan, Population Projections for Japan. (2012-01). http://www.ipss.go.jp/index-e.asp.
[41] DAHAN-OLIEL N, GELINAS I, MAZER B. Social Participation in the Elderly: What Does the Literature Tell Us? Critical Reviews in Physical and Rehabilitation Medicine, 2008, 20(2):159-176.
[42] OECD. Pensions at a Glance 2011: Retirement-Income Systems in OECD and G20 Countries. 2011.
[43] OECD. OECD Economic Outlook 2019 (Statistics and Projections: Long-term Baseline Projections). 2019.
[44] OECD. Pensions at a Glance 2019: OECD and G20 Indicators. 2019.
[45] OEPPEN J, VAUPEL J W. Broken Limits to Life Expectancy. Science, 2002, 296(10): 1029-1031.
[46] PRESTON S. The Changing Relation between Mortality and Level of Economic Development. Population Studies, 1975, 29(2): 231-248.
[47] PRESTON S. Causes and Consequences of Mortality Declines in Less Developed Countries during the Twentieth Century// Population and Economic Change in Developing Countries. Chicago: University of Chicago Press, 1980: 289-360.
[48] RUZICKA L. Mortality Transition in South and East Asia. Population and Development Review, 1986, 8(3): 567-588.
[49] SANDMO A. The Effect of Uncertainty on Saving Decisions. The Review of Economic Studies, 1970, 37(3): 353-360.
[50] SCHULTZ T P. Household Economic and Community Variables as Determinants of Mortality, in International Population Conference. Belgium: International Union for the Scientific Study of Population, 1985: 225-236.
[51] SIMON J. The Effects of Income on Fertility. Chapel Hill N C: Carolina Population Center, University of North Carolina, 1974.
[52] SIMON J. Population and Development in Poor Countries: Selected Essays. Princeton: Princeton University Press, 2014.
[53] Solow R. A Contribution to the Theory of Economic Growth, Quarterly Journal of Economincs, 1956, 70(1): 351-397.
[54] STOLNITZ G. The Demographic Transitions: from High to Low Birth Rates and Death Rates// Population: the Vital Revolution. New York: Doubleday and Company, 1964: 30-46.
[55] SWINDELL R, THOMPSON J. An International Perspective on the University of the Third Age, Educational Gerontology, 1995, 21(5): 429-447.
[56] UNESCO Institute for Lifelong Learning. 4th Global Report on Adult Learning and Education - Leave No One Behind: Participation, Equity and Inclusion. 2019.
[57] United Nations, Department of Economic and Social Affairs, Population Division. World Population Ageing 2009. New York, 2010.
[58] United Nations, Department of Economic and Social Affairs, Population Division.

World Population Prospects 2019. (2019-08-28). https://population.un.org/wpp.
[59] United Nations, Department of Economic and Social Affairs, Statistics Division. International Standard Industrial Classification of All Economic Activities Revision 4. 2008.
[60] United Nations. The Aging of Population and Its Economic and Social Implication. Population Studies. New York, 1956.
[61] World Health Organization. World Health Statistics 2020: Monitoring Health for the SDGs. (2020-05). https://www.who.int/gho/publications/world_health_statistics/2020/en/.
[62] World Health Organization.World Report on Ageing and Health. 2015.
[63] YOSHINO N, KIM C, SIRIVUNNABOOD P. Aging Population and its Impacts on Fiscal Sustainability, Policy Brief Under T20 Japan Task Force 10: Aging Population and its Economic Impact + Immigration. 2019.
[64] JIE Z, JUNSEN Z, LEED R. Rising Longevity, Education, Savings, and Growth. Journal of Development Economics, 2003, 70(1): 83-101.
[65] 科尔巴赫，赫斯塔特 . 银发市场现象：老龄化社会营销与创新思维 .2 版 . 大连：东北财经大学出版社，2016.
[66] 穆尔 . 进军养老地产①：非营利和营利性自理和持续照护养老社区之生存、成功和盈利战略 . 北京：中信出版社，2015.
[67] 弗里德曼，弗里德曼 . 自由选择 . 北京：机械工业出版社，2013.
[68] 渥克 . 灰犀牛：如何应对大概率危机 . 北京：中信出版社，2017.
[69] 塔勒布 . 黑天鹅：如何应对不可预知的未来 . 北京：中信出版社，2011.
[70] 霍尼曼 . 共益企业指南：如何打造共赢商业新生态 . 北京：中信出版社，2017.
[71] 钱德勒 . 企业规模经济与范围经济 . 北京：中国社会科学出版社，1999.
[72] 赫拉利 . 未来简史 . 北京：中信出版社，2017.
[73] 利维巴茨 . 繁衍：世界人口简史 . 北京：北京大学出版社，2005.
[74] 麦迪森 . 世界经济千年史 . 北京：北京大学出版社，2003.
[75] 格拉顿，斯科特 . 百岁人生：长寿时代的生活和工作 . 北京：中信出版社，2018.
[76] 60+ 研究院 . 中国老年教育行业研究报告 .2018-12.
[77] 安徽省民政厅，财政厅 . 关于残老儿童生产教养院实行全额供给取消差额补助的联合通知：（56）民财字第 1143 号 .1956-07-01.
[78] 鲍勇，龚幼龙，王敏达，等 . 上海市社区家庭病床经济效应的动态分析 . 中国卫生事业管理，1999（4）：207-210.
[79] 北京市民政局，北京市财政局，北京市卫生和计划生育委员会，北京市残疾人联合会 . 关于印发《北京市养老机构运营补贴管理办法》 的通知：京民福发〔2018〕411 号 .2018-11-6.
[80] 北京市人力资源和社会保障局 .2014 年度北京市社会保险事业发展情况报告 .2015.
[81] 陈杰昌 . 民政部组织机构与职能演变 // 民政部 . 中国民政年鉴 2002. 北京：中国社

会出版社，2003：658-667.
[82] 党俊武 . 老龄社会的革命：人类的风险和前景 . 北京：人民出版社，2015.
[83] 党俊武 . 中国城乡老年人生活状况调查报告 2018. 北京：社会科学文献出版社，2018.
[84] 党俊武，李晶 . 中国老年人生活质量发展报告 . 北京：社会科学文献出版社，2019.
[85] 董红亚 . 中国社会养老服务体系建设研究 . 北京：中国社会科学出版社，2011.
[86] 董克用，姚余栋 . 中国养老金融发展报告 2018. 北京：社会科学文献出版社，2018.
[87] 工业和信息化部，民政部，国家卫生健康委员会，等 .《关于促进老年用品产业发展的指导意见》：工信部联消费〔2019〕292 号 .2019-12-31.
[88] 工业和信息化部办公厅，民政部办公厅，国家卫生健康委员会办公厅 . 关于开展第四批智慧健康养老应用试点示范的通知：工信厅联电子函〔2020〕164 号 .2020-07-09.
[89] 顾严 ."十四五"中度老龄化社会的挑战与对策 . 中国国情国力，2019（2）：4-7.
[90] 顾严 . 老龄化社会治理的中国方案 . 中国社会工作，2019（35）：10-11.
[91] 顾严 . 且富且老：中国养老困局与治理出路 . 北京：中国财政经济出版社，2017.
[92] 顾严 . 实施延迟退休须满足四组先决条件 . 中国发展观察，2015（10）：63-66.
[93] 贵州省人力资源和社会保障厅，贵州省统计局 . 关于公布 2014 年贵州省城镇单位从业人员平均工资和企业离退休人员平均基本养老金的通知 .2015.
[94] 郭丽君 ."医养结合"养老服务体系 . 北京：科学出版社，2019.
[95] 郭平 .2006 年中国城乡老年人口状况追踪调查数据分析 . 北京：中国社会出版社，2009.
[96] 国家发展改革委，民政部，国家卫生健康委 . 关于印发《城企联动普惠养老专项行动实施方案（试行）》的通知：发改社会〔2019〕333 号 .2019-02-20.
[97] 国家旅游局政策法规司，国家统计局城市社会经济调查司，国家统计局农村社会经济调查司 . 中国国内旅游抽样调查资料 2006. 北京：中国旅游出版社，2006-12.
[98] 国家体育总局 .2014 年全民健身活动状况调查公报 .2015-11-16.
[99] 国家体育总局，国家统计局 .2015 年国家体育产业规模及增加值数据的公告 .2016-12-27.
[100] 国家统计局 .2017 年农民工监测调查报告 .2018-04-27.
[101] 国家统计局 .2019 年城镇非私营单位就业人员年平均工资 90501 元 .（2020-05-15）.http://www.stats.gov.cn/tjsj/zxfb/202005/t20200515_1745764.html.
[102] 国家统计局 .2019 年城镇私营单位就业人员年平均工资 53604 元 .（2020-05-15）.http://www.stats.gov.cn/tjsj/zxfb/202005/t20200515_1745763.html.
[103] 国家统计局 .2019 年国民经济运行总体平稳 发展主要预期目标较好实现 .（2020-01-17）.http://www.stats.gov.cn/tjsj/zxfb/202001/t20200117_1723383.html.

[104] 国家统计局 . 沧桑巨变七十载 民族复兴铸辉煌——新中国成立 70 周年经济社会发展成就系列报告之一 .（2019-07-01）.http://www.stats.gov.cn/tjsj/zxfb/201907/t20190701_1673407.html.

[105] 国家统计局 . 关于一九九〇年人口普查主要数据的公报（第一号）. 1990-10-30.

[106] 国家统计局 . 工业经济跨越发展 制造大国屹立东方——新中国成立 70 周年经济社会发展成就系列报告之三 .2019-07-10.

[107] 国家统计局 . 养老产业统计分类（2020）：国家统计局令第 30 号 .2020-02-04.

[108] 国家统计局 . 中国统计年鉴 2019. 北京：中国统计出版社，2019.

[109] 国家统计局 . 中华人民共和国 2019 年国民经济和社会发展统计公报 .（2020-02-28）.http://www.stats.gov.cn/tjsj/zxfb/202002/t20200228_1728913.html.

[110] 国家统计局国民经济核算司 .2017 年中国投入产出表 . 北京：中国统计出版社，2019.

[111] 国家统计局，国家体育总局 .2018 年全国体育产业总规模和增加值数据公告 .2020-01-20.

[112] 国家卫生和计划生育委员会 .2014 年我国卫生和计划生育事业发展统计公报 .2015-10-29.

[113] 国家卫生和计划生育委员会 .2015 年我国卫生和计划生育事业发展统计公报 .2016-07-20.

[114] 国家卫生健康委 .2019 年我国卫生健康事业发展统计公报 .2020-06-06.

[115] 国家医疗保障局 .2019 年全国医疗保障事业发展统计公报 .（2020-06-24）. http://www.nhsa.gov.cn/art/2020/6/24/art_7_3268.html.

[116] 国家质量监督检验检疫总局，国家标准化管理委员会 . 国民经济行业分类：GB/T 4754—2017.2017-06-30.

[117] 国务院 . 关于成立全国老龄工作委员会的通知：国发〔1999〕22 号 .1999-10-20.

[118] 国务院 . 关于城镇企业职工养老保险制度改革的决定：国发〔1991〕33 号 .1991-06-26.

[119] 国务院 . 关于建立统一的企业职工基本养老保险制度的决定：国发〔1997〕26 号 .1997-07-16.

[120] 国务院 . 关于开展城镇居民社会养老保险试点的指导意见：国发〔2011〕18 号 .2011-06-07.

[121] 国务院 . 关于开展新型农村社会养老保险试点的指导意见：国发〔2009〕32 号 .2009-09-01.

[122] 国务院 . 关于深化企业职工养老保险制度改革的通知：国发〔1995〕6 号，1995 年 3 月 17 日

[123] 国务院 . 关于印发“十三五”国家老龄事业发展和养老体系建设规划的通知：国

发〔2017〕13 号 .2017-02-28.
[124] 国务院 . 农村五保供养工作条例：国务院令第 141 号 .1994-01-23.
[125] 国务院 . 农民承担费用和劳务管理条例：国务院令第 92 号 .1991-12-07.
[126] 国务院 . 批转国家计委关于全国第三产业发展规划基本思路的通知：国发〔1993〕20 号 .1993-03-12.
[127] 国务院办公厅 . 关于调整全国老龄工作委员会组成人员的通知：国办发〔2018〕96 号 .2018-09-30.
[128] 国务院办公厅 . 关于同意建立养老服务部际联席会议制度的函：国办函〔2019〕74 号 .2019-07-27.
[129] 国务院办公厅 . 关于推进养老服务发展的意见：国办发〔2019〕5 号 .2019-03-29.
[130] 国务院办公厅 . 关于印发老年教育发展规划（2016—2020 年）的通知：国办发〔2016〕74 号 .2016-10-05.
[131] 国务院办公厅 . 关于制定和实施老年人照顾服务项目的意见：国办发〔2017〕52 号 .2017-06-06.
[132] 国务院新闻办公室 . 中国人权发展 50 年 . 人民日报，2000-02-18（3）.
[133] 海南省卫生健康委员会，海南省发展和改革委员会 . 关于印发海南省康养产业发展规划（2019—2025 年）的通知：琼卫产合〔2019〕2 号 .2019-05-13.
[134] 何立波 . 新中国民政事业的奠基人谢觉哉 . 党史纵横，2010（12）：27-29.
[135] 河北省人民政府办公厅 . 关于大力推进康养产业发展意见：冀政办字〔2018〕160 号 .2018-10-09.
[136] 河南省人力资源和社会保障厅 .2014 年度河南省人力资源和社会保障事业发展统计公报 .2015.
[137] 胡雅坤，乔晓春 . 北京市养老机构财政补贴政策与机构运营状况的关联研究 . 社会政策研究，2019（3）：13-26.
[138] 挥戈 . 新吴区六大“中央厨房”覆盖所有街道，一天两顿饭菜送进社区——将缓解 8000 老人吃饭难 . 无锡日报，2018-10-18（3）.http://epaper.wxrb.com/paper/wxrb/html/2018-10/18/content_723744.htm.
[139] 姜向群 . 社会保障建设是积极应对人口老龄化的民生之本 // 邬沧萍 . 全面建成小康社会 积极应对人口老龄化 . 北京：中国人口出版社，2016：268-285.
[140] 姜向群，魏蒙，张文娟 . 中国老年人口的健康状况及影响因素研究 . 人口学刊，2015（2）：46-56.
[141] 教育部 .2019 年全国教育事业发展统计公报 .（2020-05-20）. http://www.moe.gov.cn/jyb_sjzl/sjzl_fztjgb/202005/t20200520_456751.html.
[142] 劳动部，国家统计局 . 关于 1992 年劳动事业发展的公报 .1993.
[143] 雷咸胜 . 中国失能老年人长期照护需求规模预测及制度建设对策研究 . 残疾人研究，

2019（4）：80-87.
[144] 李昌平．村社内置金融与内生发展动力——我的 36 年实践与探索．北京：中国建筑工业出版社，2020.
[145] 李凤瑞，刘福旺．中国民政的发展里程——历次全国民政会议回顾．中国民政，2000（2）：17-19.
[146] 李文星，徐长生，艾春荣．中国人口年龄结构和居民消费：1989—2004. 经济研究，2008（7）：118-129.
[147] 李仲生．中国的人口与经济发展．北京：北京大学出版社，2004.
[148] 林闽钢，梁誉．我国社会福利 70 年发展历程与总体趋势．行政管理改革，2019（7）：4-12.
[149] 刘昌平，汪连杰．新常态下的新业态：旅居养老产业及其发展路径．现代经济探讨，2017（1）：23-27+48.
[150] 刘晴．“东邻纪行”之四：日本的老年用品．老同志之友，2007（8）：40.
[151] 刘颂．老年社会参与对心理健康影响探析．南京人口管理干部学院学报，2007（4）：38-40.
[152] 刘泽琳，孙立新．德国老年教育进展及其对我国的启示．老龄科学研究，2019（11）：70-80.
[153] 鲁文，白晴雪．从“被养”到“互养”的蜕变：老年教育模式 与养老服务理念的新解读——以温州社区老年学习苑的建设为例．湖北广播电视大学学报，2016，36（5）：21-24.
[154] 路遇，翟振武．新中国人口六十年．北京：中国人口出版社，2009.
[155] 苗青．社会企业：链接商业与公益．杭州：浙江大学出版社，2014.
[156] 民政部 .2003 年民政事业发展统计公报．（2004-04-03）.http://www.mca.gov.cn/article/sj/tjgb/200801/200801150093819.shtml.
[157] 民政部 .2019 年民政事业发展统计公报．（2020-09-08）.http://images3.mca.gov.cn/www2017/file/202009/1599546296585.pdf.
[158] 民政部．关于开展公办养老机构改革试点工作的通知：民函〔2013〕369 号 .2013-12-13.
[159] 民政部．关于印发《全国城市社会福利事业单位深化改革工作座谈会纪要》的通知：民〔1989〕福字 31 号 .1989-06-27.
[160] 民政部．国家级福利院评定标准：民福发〔1993〕6 号 .1993-04-22.
[161] 民政部．农村敬老院管理暂行办法：民政部令第 1 号，1997-03-18.
[162] 民政部．社会福利机构管理暂行办法：民政部令第 19 号，1999-12-30.
[163] 民政部，国家计委，国家体改委，国家教委，财政部，人事部，劳动部，建设部，卫生部，国家体委，国家计生委，中国人民银行，国家税务总局，中国老龄委．关

于加快发展社区服务业的意见：民福发〔1993〕11 号 .1993-08-27.

[164] 民政部办公厅，国家发展改革委办公厅 . 关于开展以公建民营为重点的第二批公办养老机构改革试点工作的通知：民办发〔2016〕15 号 .2016-08-19.

[165] 民政部办公厅，国家发展改革委办公厅 . 关于确定第二批公办养老机构改革试点的通知：民办函〔2017〕293 号 .2017-10-17.

[166] 民政部财务和机关事务司 .1992 年民政事业发展统计报告 .（1993-04-04）. http://www.mca.gov.cn/article/sj/tjgb/200801/200801150094279.shtml.

[167] 民政部财务和机关事务司 .2000 年民政事业发展统计报告 .（2001-04-03）. http://www.mca.gov.cn/article/sj/tjgb/200801/200801150093959.shtml.

[168] 潘毅慧，朱晓健，曹海涛，等 . 上海市家庭病床服务现状 SWOT 分析及对策建议 . 中华全科医学，2015，13（7）：1140-1142.

[169] 彭希哲，胡湛 . 当代中国家庭变迁与家庭政策重构 . 中国社会科学，2015（12）：113-132.

[170] 企查查 .“银发经济”成新蓝海，我国老年相关企业十年增长 561%. 界面新闻，2020-08-05.https://www.jiemian.com/article/4780786.html.

[171] 乔晓春 . 养老产业为何兴旺不起来 . 社会政策研究，2019（2）：7-21.

[172] 全国老龄办，国家发展改革委，教育部，科技部，工业和信息化部，公安部，民政部，司法部，财政部，人力资源社会保障部，国土资源部，住房和城乡建设部，交通运输部，商务部，文化部，卫生计生委，国家税务总局，新闻出版广电总局，国家体育总局，国家旅游局，中国保监会，全国总工会，共青团中央，全国妇联，中国残联 . 关于推进老年宜居环境建设的指导意见：全国老龄办发〔2016〕73 号 .2016-10-09.

[173] 全国老龄工作委员会办公室，中国老龄协会“中国城乡老年人口一次性抽样调查”课题组 . 中国老年人的现状、问题及政策建议——“中国城乡老年人口一次性抽样调查”总报告 .2003.

[174] 人力资源和社会保障部 .2014 年度人力资源和社会保障事业发展统计公报 .2015.

[175] 人力资源和社会保障部 .2017 年度人力资源和社会保障事业发展统计公报 .2018-05-21.

[176] 人力资源和社会保障部 .2018 年度人力资源和社会保障事业发展统计公报 .2019.

[177] 人力资源和社会保障部 .2019 年度人力资源和社会保障事业发展统计公报 .2020-06-08.

[178] 人力资源社会保障部社会保险基金监管局 . 全国企业年金基金业务数据摘要（2019 年度）.2020-03.

[179] 山西省民政厅，山西省发展和改革委员会，山西省财政厅，山西省自然资源厅，山西省文化和旅游厅，国家开发银行山西省分行 . 关于印发《支持康养产业发展

行动计划（2019—2021）》的通知：晋民发〔2019〕31 号 .2019-03-29.
[180] 商务部服务贸易和商贸服务业司 . 中国家政服务行业发展报告 2017.2017-08.
[181] 上海市卫生健康委员会 . 关于印发《上海市家庭病床服务办法》的通知：沪卫规〔2019〕009 号 .2019-12-10.
[182] 世界卫生组织 . 全球老年友好城市建设指南 .2007.
[183] 宋士云 . 中国社会福利制度的改革与转型 . 河南大学学报（社会科学版），2010（3）：86-93.
[184] 苏东水 . 产业经济学 . 北京：高等教育出版社，2015.
[185] 苏振芳 . 我国民政福利事业的历史演变及其构建 . 福建论坛（人文社会科学版），2007（4）：115-119.
[186] 孙建琴 . 中国老年人膳食指南（2016）解读与应用 . 人民网，2017-03-23.http://health.people.com.cn/n1/2017/0323/c404200-29164663.html.
[187] 孙启良，周谋望 . 中国康复医疗服务体系的发展历程 . 中国康复医学杂志，2019（7）7：753-755.
[188] 孙伟，王莉静 . 养老社区规划与设计 . 南京：江苏凤凰科学技术出版社，2017.
[189] 谭永生，关博，等 . 建立更加公平可持续的社会保障制度研究 . 国家发改委宏观经济研究院重点课题报告，2014.
[190] 唐钧 . 中国有多少失能老年人 . 中国社会保障，2016（12）：38-40.
[191] 天眼查 . 老龄化催生万亿级市场，天眼查数据显示我国养老服务相关企业 10 年间翻 13 倍 . 金融界，2020-05-25.http://finance.jrj.com.cn/2020/05/25171229760536.shtml.
[192] 听雪 . 内务部被撤销溯源 . 中国社会导刊，1999（10）：34-37.
[193] 汪伟，刘玉飞，徐炎 . 劳动人口年龄结构与中国劳动生产率的动态演化 . 学术月刊，2019，51（8）：48-64.
[194] 王灏晨，陈鹤 . 中国残疾老年人长期照料支出预测 // 联合国人口基金会驻华代表处和中国人口学会青年学者小额研究资助项目文集 .2016：89-164.
[195] 王金营，付秀彬 . 考虑人口年龄结构变动的中国消费函数计量分析——兼论中国人口老龄化对消费的影响 . 人口研究，2006，30（1）：29-36.
[196] 王黔艳，李曼琪，闵锐 . 发达国家康复医学发展现状及对我国的启示 . 医学与社会，2017（10）：54-57.
[197] 王秋玲，邵祥东 . 辽宁省老年用品市场供需问题及对策措施 . 辽宁教育行政学院学报，2019（1）：101-106.
[198] 王上，李珊 . 国外喘息服务的发展及对我国居家养老的启示 . 东北师大学报（哲学社会科学版），2014（6）：285-287.
[199] 文化和旅游部 . 旅游抽样调查资料 2018. 北京：中国旅游出版社，2018.

[200] 邬沧萍，杜鹏 . 老龄社会与和谐社会 . 北京：中国人口出版社，2012.
[201] 吴玉韶，郭平，苗文胜 .2010 年中国城乡老年人口状况追踪调查数据分析 . 北京：中国社会出版社，2014.
[202] 幸福 9 号，普华永道思略特 .2017 中国老年消费习惯白皮书 .2018-01.
[203] 徐铮奎 . 日本医疗器械监管概览 . 中国医药报，2019-07-16（8）.
[204] 杨风雷，陈甸 . 社会参与、老年健康与老年人力资源开发 . 劳动保障世界（理论版），2012（1）：34-37.
[205] 杨根来 . 民政部 70 年组织机构与职能演变研究（1949 年至 2020 年）.2020-02-22.
[206] 姚远 . 对我国养老服务历史经验的研究与借鉴 . 北京：华龄出版社，2018.
[207] 应方淦 . 美国老年教育：动力、现状与趋势 . 河北师范大学学报（教育科学版），2007（3）：103-107.
[208] 于一凡，田菲 . 面向老龄化社会的城市应对 . 北京：科学出版社，2019.
[209] 战建华 . 农村五保供养制度的历史演变 . 经济与社会发展，2010（5）：86-89.
[210] 张婷 . 代“老”寻宝记——探秘北京首家老年用品展示中心 . 中国社会工作，2017（5）：16-17.
[211] 张同春 . 保障老年人权益的重要法律武器——老年法起草情况及有关问题的解释 . 老年人，1996（11）：6-8.
[212] 赵富才，宋士云 . 改革开放以来农村五保供养制度模式变迁探析 . 齐鲁学刊，2009（5）：83-87.
[213] 郑秉文 . 中国养老金精算报告 2019—2050. 北京：中国劳动社会保障出版社，2019.
[214] 中共中央 . 关于构建社会主义和谐社会若干重大问题的决定：十六届六中全会通过 .2006-10-11.
[215] 中共中央 . 关于人民公社若干问题的决议：八届六中全会通过 .1958-12-10.
[216] 中共中央 . 关于一九八四年农村工作的通知：中发〔1984〕1 号 .1984-01-01.
[217] 中共中央 . 全国农村工作会议纪要：中发〔1982〕1 号 .1982-01-01.
[218] 中共中央，国务院 . 关于加强老龄工作的决定：中发〔2000〕13 号 .2000-08-19.
[219] 中共中央，国务院 . 关于深化医药卫生体制改革的意见：中发〔2009〕6 号 .2009-03-17.
[220] 中共中央，国务院 . 关于制止向农民乱派款、乱收费的通知：中发〔1985〕21 号 .1985-10-31.
[221] 中国家庭金融调查与研究中心 .2017 中国城镇住房空置分析 .（2018-12-21）. https://chfs.swufe.edu.cn/thinktank/resultsreport.html?id=1664.
[222] 中国经营报，赛迪顾问 .2020 中国健康养老从产业创新与投资趋势 .2020-04.
[223] 中国人民大学中国调查与数据中心 .2014 年中国老年社会追踪调查（CLASS）报

告 .2014-12.
[224] 中国消费者协会 .2013 年中国老年消费者权益保护调查报告 .（2013-10）.http://www.cca.org.cn/jmxf/detail/23886.html.
[225] 中国营养学会 . 中国居民膳食指南 2016. 北京：人民卫生出版社，2016.
[226] 钟水映，李魁 . 劳动力抚养负担对居民储蓄率的影响研究 . 中国人口科学，2009（1）：42-51.
[227] 周大新 . 天黑得很慢 . 北京：人民文学出版社，2018.
[228] 周亚丽，张新华，尹晓林，等 . 珠蛋白生成障碍性贫血并缺铁性贫血患儿的临床特征 . 实用儿科临床杂志，2012（3）：203-204.
[229] 周祝平，刘海斌 . 人口老龄化对劳动力参与率的影响 . 人口研究，2016，40（3）：58-70.
[230] 朱恒顺 . 投入上百亿的“星光计划”为何结局惨淡 . 中国青年报，2015-09-17.
[231] 国务院 . 关于促进健康服务业发展的若干意见：国发〔2013〕40 号 .2013-09-28.
[232] 国务院 . 关于加快发展养老服务业的若干意见：国发〔2013〕35 号 .2013-09-06.
[233] 国务院办公厅 . 关于全面放开养老服务市场 提升养老服务质量的若干意见：国办发〔2016〕91 号 .2016-12-07.
[234] 国务院办公厅 . 转发卫生计生委等部门关于推进医疗卫生与养老服务相结合指导意见的通知：国办发〔2015〕84 号 .2015-11-18.
[235] 习近平 . 高举中国特色社会主义伟大旗帜 为全面建设社会主义现代化国家而团结奋斗——在中国共产党第二十次全国代表大会上的报告二十大报告 . 北京：人民出版社，2022.
[236] 习近平 . 决胜全面建成小康社会 夺取新时代中国特色社会主义伟大胜利——在中国共产党第十九次全国代表大会上的报告 . 北京：人民出版社，2017.
[237] 中共中央 . 关于全面深化改革若干重大问题的决定：十八届三中全会通过 .2013-11-12.
[238] 中共中央 . 关于制定国民经济和社会发展第十三个五年规划的建议：十八届五中全会通过 .2015-10-29.
[239] 中共中央 . 关于制定国民经济和社会发展第十四个五年规划和二〇三五年远景目标的建议：十九届五中全会通过 .2020-10-29.
[240] 中共中央，国务院 .“健康中国 2030”规划纲要 .2016-08-26.
[241] 中共中央，国务院 . 关于加强新时代老龄工作的意见 .2021-11-18.
[242] 中央宣传部，国家发展改革委 . 习近平经济思想学习纲要 . 北京：人民出版社，2022.

图书在版编目（CIP）数据

驯服“灰犀牛”：养老服务全产业链研究 / 顾严著
. -- 上海：同济大学出版社，2023.8
（老年友好城市系列丛书 / 于一凡主编）
ISBN 978-7-5608-9686-1

Ⅰ. ①驯… Ⅱ. ①顾… Ⅲ. ①养老－社会服务－研究
－中国 Ⅳ. ① D669.6

中国版本图书馆 CIP 数据核字 (2021) 第 003692 号

驯服“灰犀牛”
——养老服务全产业链研究

顾严 著

责任编辑 由爱华 金 言
责任校对 徐春莲
书籍设计 张 微
出版发行 同济大学出版社 www.tongjipress.com.cn
（地址：上海市四平路 1239 号 邮编：200092 电话：021-65985622）
经 销 全国各地新华书店
印 刷 上海安枫印务有限公司
开 本 710 mm × 960mm 1/16
印 张 19.75
字 数 395 000
版 次 2023 年 8 月 第 1 版
印 次 2023 年 8 月 第 1 次印刷
书 号 ISBN 978-7-5608-9686-1
定 价 108.00 元

本书若有印装质量问题，请向本社发行部调换
版权所有 侵权必究